REBOOT
數位自我

從出生到登出人生，科技如何影響人格發展？

Elaine Kasket

艾蓮·卡斯凱特——著

白舜羽———譯

用或不用？數位科技人生的難題

曹家榮

世新大學社會心理學系副教授

　　資訊與數位科技已成人們生活密不可分的部分，這句話基本上已經是老生常談。然而，晚近幾年隨著社群媒體、穿戴式裝置、智慧語音助理、AI 機器人，乃至於虛擬實境科技的發展，我們幾乎已然進入了「從搖籃到墳墓」盡皆數位／數據化的時代。這已不單純是數位／數據化生活，更可說是數位／數據化「生命」，也就是說，科技改變的不僅僅是外在的生活處境，如今，令我們成為我們所是的內在發展歷程也受到科技的影響。而這正是本書想要探討的主題。

　　網路心理學家、同時也是諮商心理師的伊蓮·卡斯凱特，在前一本探討數位遺產的書之後，在這本新書中將更全面地帶著讀者思索數位科技如何衝擊人們的生命發展歷程。作為心理學家，卡斯凱特將心理學領域眾所周知的艾瑞克森的發展階段理論作為本書討論的核心。雖然乍看之下，這個出發點似乎略嫌缺乏新意，但我認為，本書最重要的貢獻便在於，卡斯凱特成功地在經典與傳統的基礎上，提出了足以與之對話且拓

展分析視野與洞察的全新模型。透過這個全新模型,卡斯凱特不僅說明了當代人在不同發展階段所面對的,源自於各種資訊與數位科技使用的新衝突,也提出了他認為我們可能重新找回控制自身生活與生命的方法。而我相信,許多讀者會像我一樣,在裡面不斷看到自己的生活與經驗,因而會在一種強烈的共鳴下開始反思自己的數位人生。

我們想成為(或是想要)什麼樣的父母?

譬如說,本書的前四章探討懷孕階段、嬰兒期到學齡兒童時期,對於過去幾年以及現在正經歷這一時期的我來說,卡斯凱特在書中每一個案例的故事都或多或少地敲擊著我的心。當我看到書中那個可以監測新生兒血氧的智慧襪,我馬上打開網頁搜尋相關產品的訊息,同時想著幾年前若有這個東西,就不需時時煩惱孩子是否在半夜被棉被搗住口鼻。更不用提我確實曾動念想買過的那種嬰兒監視器,現在有了更強大的影像辨識功能。從科技作為工具的角度來看,這些高科技產品對當代父母承諾:汝將遠離憂慮,成為更好的父母。然而,卡斯凱特卻指出了一個關鍵問題,我們在這些科技裝置中關注的到底是誰?是那躺在床上的嬰兒本尊,還是應用程式上的數據化嬰兒(或數位嬰兒)?

這牽涉到了晚近隨著監控資本主義興起而被注意到的議題,也就是由各種監控科技(如智慧手錶、數位足跡追蹤等)生成的「數位自我」現象。數位自我指的是,透過各種監

控科技收集的資料形成了對應著（甚至代表了）被監控者的虛擬再現，而平台系統或應用程式往往是依據這一數位自我對使用者採取行動。例如，最常見的例子便是社群媒體平台猜想使用者喜愛的商品並進行廣告投放。晚近關於數位自我的研究已指出，這些數位自我很多時候可能不只是再現，而是「竄改」了使用者主體，這意味的是，我們如今不見得能控制自己如何被平台或系統認識。而回到卡斯凱特的書中，當他提醒著數據化嬰兒如今可能正與本尊爭奪著父母的注意力時，這也讓人警醒並思索著：在這些裝置上，我們關注的「到底是誰」？

　　一方面，這個問題可以說與資料準確與否有關，就像卡斯凱特在書中提到的，「假警報」其實很常發生，這反而讓父母有了更多不必要的焦慮；但另一方面，更重要的是卡斯凱特提到的新的發展挑戰，也就是與孩子的「連結／孤立」問題。卡斯凱特認為，相較於艾瑞克森過去認為嬰兒期發展階段的挑戰是與照顧者之間的信任／不信任問題，今天在各種監控科技介入下，新的挑戰是孩子是否真能感受到與照顧者的連結？當爸媽總是注視著手機螢幕上的數據，而不是照「看」著自己時，卡斯凱特認為，孩子恐怕只會體驗到愈來愈深的孤立感。那麼，我們想成為這樣的科技父母嗎？

　　另一個同樣引人共鳴的經驗是，今天社群媒體上充斥的「曬娃」行為。打從有了社群媒體平台後，使用者的自我展演與社會比較就一直被認為深刻地影響著個人自我認同與形象。有太多研究已經顯示，這種社群媒體自我展演的行為對於

「自我」來說很多時候都是一種毒藥。但過去我們可能比較少注意到，而卡斯凱特在書中清楚地指出的是，當父母在社群媒體平台上展示的不是自己而是孩子們時，這又會產生何種影響。

一方面，有些人在懷孕期間就樂衷於在社群平台上分享著各種關於嬰兒的資訊，例如卡斯凱特提到的性別揭曉派對。雖然在此階段，嬰兒尚未出生、尚未進入自我發展階段，但卡斯凱特認為，當父母以某種方式展示他們的孩子時，就可能為其設定了某種身分的期望——例如，最常見的性別期待。如果你覺得這沒什麼大不了，那至少卡斯凱特提到的另一階段應該要更讓人覺得警惕。相較於懷孕時期，我們最常見的曬娃行為可能是發生在學齡前兒童的階段。作為父母（包含卡斯凱特與我自己）或多或少都想要記錄（甚至炫耀）孩子的成長歷程，而我們經常也都在未經孩子們同意的情況下，將各種關於孩子的生活故事甚至影音分享至社群平台上。然而，隨著孩子們逐漸長大，開始會意識到一個問題，容我直接引述卡斯凱特孩子的話：「為什麼他們自以為認識我？」我相信這句話重擊了卡斯凱特的心，也重擊了我的。作為父母，卡斯凱特認為我們彷彿沉浸在一種社交期貨市場中，我們曬娃並享受著那樣的愉悅，卻沒想到這樣的行為對於孩子們的影響。對應著艾瑞克森的發展階段理論，卡斯凱特將這一曬娃世代下學齡前兒童面臨的衝突稱為「能動性／無力感」的問題。換言之，這同樣與前述數位自我現象有關，這些孩子們可能正經歷著一種無能於述說自己故事，甚至無法控制自己如何被敘述的無力感。那

麼，我們想成為這樣的科技父母嗎？

長大之後，那些仍然關鍵的老問題

兒童期後，卡斯凱特帶我們依序走過青少年期、成年時期、人生末段的老年期，以及不在艾瑞克森討論範圍的「數位來生」。如同前面幾個階段，卡斯凱特繼續探討隨著數位與資訊科技的發展，當代人在科技媒介的關係中需要處理的新衝突問題。例如，青春期階段，在身分認同／角色混淆的挑戰外，由於線上社群生活就像一個又一個同時要求青少年進行演出的舞台，如何在這些充斥著大量社會比較，甚至匿名攻擊的舞台上，建構起一個統合且連貫一致的自我形象，將會是影響其心理健康發展的重要關鍵。而到了成年早期，我相信又會讓許多讀者感到心有戚戚焉的新衝突問題則是：到底在親密關係中，我該不該看伴侶的手機？該不該讓對方時時追蹤我的位置？該不該拍攝私密影片？這些卡斯凱特認為是與界線尊重有關的衝突問題。換言之，如同艾瑞克森過去認為成年早期的發展關鍵問題是如何與他人建立親密關係，今日此一課題不僅仍十分重要，且變得更加複雜。一方面，科技可能讓我們更好地維持親密關係，例如讓遠距離的互動更加容易；但另一方面，就像上面那幾個衝突問題所揭示的，科技可能會讓我們搞砸一切。那麼，我們該如何選擇呢？

到了中、老年期，這些與自我發展有關的選擇甚至影響又更大。卡斯凱特認為中年期的發展衝突問題牽涉到，當我們面

對科技日新月異的發展會選擇擁抱還是抗拒？例如，像是今天隨著生成式 AI 愈來愈成熟地被應用在各產業領域，對於已步入中年且形成相對穩定工作與職業認同的人來說，這些新科技要求的既是外在工作環境的轉變，也造成內在自我評價與認同的變動。最極端的焦慮就會像是卡斯凱特所說的：「我還會有立足之地嗎？」至於在人生最後的階段，卡斯凱特主要討論基因系譜檢測科技帶來的影響。雖然在台灣，探尋自己的基因系譜還不算是成熟的產業，不過讀者們也可以一起想想，當科技可以讓你揭開過去不知道的人生「祕密」——例如，發現自己原來有或沒有某些血緣——時，你會選擇去打開這個可能會破碎、瓦解你一輩子對自己的認識的潘朵拉盒子嗎？

用或不用，始終難解的問題

因此，雖然我們可能早就知道，但跟著卡斯凱特的書走一遭人生，我們能更清晰地感受到，面對這些愈來愈強大的新科技，用或不用始終都是難解的問題。卡斯凱特討論的最後一個階段，雖然無關於艾瑞克森所謂的自我發展歷程，但這個在生命結束後的階段，卻也以另一種形式凸顯了用／不用的難題：當人們逝去後，還該「活著」嗎？這又牽涉到兩個面向的問題：逝者是否有權先行決定自己的「數位死亡」？以及，仍在世者能否或是否應該延續逝者的「數位生存」？前者又再一次地與數位自我議題有關，我們今天還有多大可能性掌握數位自主權，進而決定自身資料的使用與保存？而關於後者，卡斯

凱特在書中也提及了 2020 年發生於韓國的那個令人揪心的案例，一位母親在電視台製作團隊的幫助下，透過虛擬實境科技再次擁抱了她逝去的年幼孩子。我們該如此嗎？不該如此嗎？

　　卡斯凱特在書中自然有提出她的觀點與建議，雖然她也強調自己並無終極解答，但她確實希望藉由本書提供一套讓人們能夠重啟人生的基本工具。但對我來說，這本書最重要的價值來自於，各種可以引發共鳴的案例、一個個同樣衝擊著我的內心的難題，以及，在這些困境中的反思。

獻給倫敦作家沙龍的作家們：
所有螢幕上的那些小方格，
每一個裡面都裝著禮物。

我是個迷失的人。如果我沒有迷失，我就不會寫書。如果我不是在尋找天堂，我根本不會寫出任何東西；如果我不需要天堂，我就不會去尋找它：如果我真的找到了天堂，也不認為會讓我沒那麼迷失。所以我寫作是為了找到天堂……但是，不，也不是這樣。因為我現在已經快到中年，我知道沒什麼好找的……外面沒有天堂，所以我寫作是為了在紙上，或這空白平板的螢幕上創造我的天堂，但我內心的某些東西總在破壞它，讓它變得黑暗。所以，我寫作是為了重整世界，讓天堂再度看起來有希望，即使只有片刻，為了某個人。

——保羅・金斯諾斯《野蠻神祇》

目次

導讀　　用或不用？數位科技人生的難題／曹家榮　　3

引言　　　　　　　　　　　　　　　　　　　　17

第一章　數位孕程　　　　　　　　　　　　　　23

第二章　嬰兒期　　　　　　　　　　　　　　　45

第三章　學齡前幼兒　　　　　　　　　　　　　67

第四章　學齡兒童　　　　　　　　　　　　　　93

第五章　青春期　　　　　　　　　　　　　　　125

第六章　青年期　　　　　　　　　　　　　　　157

第七章　中年期　　　　　　　　　　　　　　　181

第八章　晚年期　　　　　　　　　　　　　　　209

第九章　數位來世　　　　　　　　　　　　　　237

結論　　　　　　　　　　　　　　　　　　　　263

致謝　　　　　　　　　　　　　　　　　　　　275

附錄一　文化世代　　　　　　　　　　　　　　　279

附錄二　艾瑞克森社會心理發展階段　　　　　　279

附錄三　卡斯凱特社會心理科技人生階段模型　　280

注釋　　　　　　　　　　　　　　　　　　　　281

索引　　　　　　　　　　　　　　　　　　　　327

引言

念大學時，幾乎和所有初生之犢的心理學家一樣，我研究了艾瑞克森。[1]他向來名列史上十大最具影響力的心理學理論家。當我們講到「認同危機」、「發展停滯」和「中年危機」等概念時，我們正在引用他的想法。他的前輩佛洛伊德主張，童年早期發生的事情決定了我們成為什麼樣的人。[2]然而這對艾瑞克森來說並非如此：佛洛伊德的人格發展理論過於僵化而決定論，並未認識到只要我們存在的一天，鑲嵌在社會中的自我便持續演化。

因此，從 1950 年代直到 1994 年去世，艾瑞克森發展了一個歷久不衰、廣受歡迎的模型，來解釋生物、心理和社會力量如何不斷塑造我們的身分。如果在網路上搜尋「發展階段」，第一個找到的可能就是他的模型。艾瑞克森將生命歷程依序分為八個階段，從出生到死亡，並描述人們如何在各階段遇到關鍵轉折點。他將這些表述為對立力量間的緊張關係，一種正面、一種負面：嬰兒期的信任對不信任；青春期的身分認同對角色混淆；青年期的親密對孤立。一個人如果能夠養成諸如希望、目標、能力和愛等有益的美德，就更能度過和解決每一次危機，並擁有更佳的心理健康和更強烈的自我意識得以繼續前

進。

　我之所以知道這些，是因為我在三十多年前的心理學第一堂課上，寫了一篇關於艾瑞克森的報告。我無法想像自己是怎麼做到的，我的意思是很難回想 1980 年代末研究到底是如何進行的。我倒是可以想見我在哪裡做研究的：圖書館，因為沒有任何其他選擇可以獲取資訊。卡片目錄就是我的搜尋引擎，我對它們的感官記憶大多是觸覺的：抽屜的把手；指尖下一整疊塞滿的水平卡片紋理。每個人都要讀的核心文本，例如艾瑞克森的資料卡，沾滿了髒兮兮的指紋，上緣因頻繁使用而磨損變軟。研究論文以極小字體排列，放在書架上我幾乎拿不下來的巨冊中。

　當我回想起前網路時代所進行的心理學研究，我的思緒跳到其他生活領域，想到世界有多大的不同。當時網路不過是提姆・柏內茲－李腦中尚未成形的一絲靈光。[3] 我在剛成年時獨自穿越歐洲，拜訪了美國運通在各主要城市的辦事處，詢問是否有我來自家裡的郵件。我的父母很希望每天都能確認我還活著，但這不切實際。我每天的生活費是三十美元，而且沒有多餘的零錢可以打公用電話。我開旅行支票付款並查閱地圖集。當我遺失在旅途中偶遇某人的地址和姓名時，我知道自己再也無法聯絡到他們了。我拍了幾卷底片，聽起來好像很多。我想我可能還把底片留在某處，也許是在櫥櫃的鞋盒裡。

　我向青春期的女兒描述這些古代世界的奇觀，她看著我，宛如我是來自另一個星球的老外星人，這樣講好像也沒錯。拜數位革命所賜，「X 世代」和「α 世代」之間有著天壤

之別。*也因此她認為我對今日世界毫無頭緒，在這點上她並不完全正確。我從早年所處的前數位學習環境以來，一直對心理系學生和心理治療個案進行指導與諮詢的工作，為艾瑞克森的二十世紀思想保留一條活路。但近二十年來，我也持續研究心理學和二十一世紀科技的交匯。我上一個主要研究計畫，是一本探討人過世後網路人格存續議題的書，[4] 讓我陷入長考。我意識到我感興趣的不僅是人如何塑造在去世後仍然會永留網路上的數位身分。我也想理解另一個面向：網路世界和科技如何塑造身分認同。

　　換言之，我想考察艾瑞克森的人生全程發展地圖在今天是否依然適用，因為在這個世代間就發生了天翻地覆的變化。[†]我同時有個人與專業的動機這麼做。就我個人而言，我深刻意識到自己正處於艾瑞克森的中年階段，他稱之為「生產對停滯」。中年人若非持續追求自己的抱負和目標，就會進退不得。在新冠疫情期間，這場正常危機對我來說顯得異常嚴重，當時我所有的工作和大部分社交活動都轉移到了線上。如果不是為了極力避免五十歲生日和疫情封鎖帶來的雙重停滯威脅，我也不會寫出這本書。人到中年，我發現自己既瞻前也顧後，夾在年邁父母和青少年之間，而我仍然能清晰回憶青少年以前的各個階段。

　　專業上，今日個案的困境和麻煩與科技息息相關，對此我

---

*　詳見附錄 1。

†　欲了解艾瑞克森的八階段心理模型，詳見附錄 2。

感到相當震驚。人們沉迷於螢幕，卻為此感到疲乏。父母對孩子在數位環境中長大倍感壓力。愛侶缺乏安全感時，會窺探彼此的手機。受僱者來找我，因為他們對工作中的生產力監控和指標感到不悅，抑或擔心人工智慧會讓他們丟掉飯碗。透過商業基因測試的發現，人們的身分和生命敘事因而顛覆。無論是再也無法取得逝去親人的數位足跡，或因取用過度而發現意想不到的祕密，生者都有可能因此大受打擊。

　　無論是我本人、家人朋友，還是診所的客戶，我發現科技幾乎是現代生活中所有關係裡的媒介者與中間人：親子、師生、情侶、職場、老年照護，科技交織在這些連結之間密不可分。我們不斷做出關於資料與行動裝置的決策，這些決策不僅影響我們自己，也會對其他人造成影響，通常是我們最親近的人。我們受到數位習性制約，似乎無法擺脫束縛，會以特定模式思考討論切身相關的科技，尤其是那些擾動現狀，甚至令人驚駭的陌生技術。

　　身為心理治療師和網路心理學家，很少有人問我科技對人類的「影響」，或我們如何「使用」科技。人們反而會使用更有力道的詞彙：衝擊。我們將科技視為一種主動、強大、銳不可擋的力量，並將自己定位為受害者：被動、別無選擇與能動性。人們會問：「科技究竟對我們做了什麼？」「我們的關係、孩子、睡眠、溝通、自我形象、注意力、哀慟、隱私，又因為科技而有什麼改變？」

　　我認為人們並不像自己想像的那般無助，科技的確會影響我們，但我們並不會因此別無選擇。若我們相信科技對我們有

壓倒性的影響，單方面形塑我們的經驗和行為時，自然而然會產生無力感。在一個由科技主宰的世界中，我們往往覺得自己失去掌控權。但我們始終低估了自己擁有的力量，可以形塑人與科技，以及透過科技輔助的人際關係，並有意識地採取比較健康的心態，有助我們在各個階段應對心理和社會危機：換句話說，重新收復我們的人生。為了尋找一個實用架構來幫助讀者實現這個目標，我找了老朋友艾瑞克森來敘敘舊。其人生階段理論的智慧和洞見至今仍然對我們有所啟發，我將在後面各章中更完整地加以介紹。其中有個概念歷久彌新，或許比以往都還來得更加重要，那就是自我認同：隨著時間推移，將不同「自我」融合成一個連貫的身分，產生持續而完整的自我意識，導引你在不斷變化的世界中向前邁進。[5] 然而不同的是，自艾瑞克森之後世界又發生了諸多變化，他對於認同發展與蓬勃的概念在數位時代可能需要重新啟動。這就是我創建一個全新模型的原因，其中涵蓋了心理、社會和科技，以補充他的原創模型。

　　在本書中，我希望利用這個新的路徑圖來激發你的靈感，並賦予你力量。*我期待能破除人們對科技衝擊普遍的假設和恐懼，就每個年齡和階段，對科技及其挑戰提出不同的回應建議，這種回應能讓讀者與具體脈絡和個人價值觀加以連結。在每個階段中，從數位孕程到數位來世，我將探討讀者如

---

* 欲了解卡斯凱特 2023 年的科技－心理－社會生命週期模型，詳
　見附錄 3。

何／為何傾向以特定方式使用和思考科技，即使這種思考方式適得其反。我將試著喚起讀者的好奇和覺察，了解為什麼會以這種方式使用科技。我將敦促讀者更清楚了解這些選擇的成效如何。而最重要的是，我將邀請讀者致力將科技運用在對自己真正要緊的事情，並促成心之所向的生活和關係。

科技涵蓋了所有可能性──好壞、奇蹟或災難、健康或不健康。讀者不會從本書中得到一體適用的規則或指引，因為你就是獨一無二的你，而且科技的樣態變化多端，對個體或具體關係所產生的影響根本無從預測。取而代之的是，讀者將更了解本身對科技的經驗。讀者將得到必要的內化工具和策略，以求更能將科技納為己用。也能具備足夠的知識，更坦誠並務實地評估選擇對個人與關係所造成的後果。

因此，不要問科技如何影響你，而要問你想用它來創造什麼影響，無論是對自己、對他人，還是對這個科技成癮的世界。

第一章

數位孕程

那年索米爾的春天特別乾。去年夏天的高大草原在亞利桑那州的烈日下已經轉成焦黃色，風中也帶有沙沙聲響。只需星星之火，幾乎到處都可以燎原，南亞利桑那的當地人很清楚在這種日子裡要特別謹慎小心。在這種天氣下，丹尼斯·迪奇或許絕不會有生起營火的念頭，但他和朋友們在柯羅納多國家森林裡卻正在忙些別的事。

如同現代生活中許多重要的時刻，這一刻被錄了下來，準備上傳到社交媒體分享。[1]乾草地上放著一個方形標靶，背景是矮灌木叢和遠方的山丘。槍聲響起，標靶在一種高度易燃的化合物坦尼萊特的威力下爆炸，噴出像高空煙火般的嬰兒藍色粉末，華麗地揭露還尚未出生的胎兒性別。

但迪奇很快就沒有心情為未來的兒子慶祝了。在幾秒鐘之內，四周的灌木就被烈燄吞噬。到了第二天結束，已有七千五百英畝的土地被大火燒毀，最終被燒成灰燼的土地面積是這個數字的六倍，撲滅這場火災的成本高達九百萬美元。[2]

在亞利桑那隔壁州的南加州，有三個孩子的媽媽部落客珍娜‧卡弗尼迪斯看到新聞傷心不已。她說：「當我看到整片森林被燒毀的消息忍不住放聲大哭，用一塊蛋糕不好嗎？現在人們居然會需要把東西給炸了。」[3]

幾年前，卡弗尼迪斯寫了一篇「性別揭曉派對」[4]的部落格文章，在網路上爆紅，引起廣大迴響，但她並未選用那麼「爆炸性」的手法。她的文章裡寫道，切開糖霜蛋糕，用蛋糕體顏色來揭曉孩子的性別：粉紅色是女孩，藍色則是男孩。但跟風的人們並不滿足於蛋糕，轉而發明愈來愈有創意、稀奇古怪的方式，有時甚至會致命。有短吻鱷咬碎西瓜，噴出一穹藍色黏液；[5]有「意料之外」的土製炸彈；[6]有新穎的信號彈；[7]甚至有飛機墜入海中造成兩名飛行員喪命，上面的貨物僅是寫著「是女孩！」的標語；[8]一位準爸爸則無緣參加派對：他在車庫裡製作的「不知名裝置」在一陣亂搞後突然爆炸。[9]

胎兒蜷縮在黑暗的子宮裡，只需安全無慮地成長，對外面這一切毫不知情。即使在這階段，他們已展現出社交性，這是基因的設定：子宮內的雙胞胎會去觸摸對方更甚於觸摸自己，這支持了「社交腦假說」。[10]而在母體外，拜家長創造出的代理數位分身所賜，胎兒也已經開始社交。如同上述的狗血和災難故事所示，其中有些則是透過病毒式影片所傳播。

「在此儀式中，你在親友見證下突然揭露孩子的性別，這是他／她第一個認同印記。」澳洲柯丁大學網路研究教授塔瑪‧利佛表示，[11]「這個新生命就這樣被性別化，認同由此而生！這真是奇特的儀式。」

　　確實很奇特，而且愈來愈讓人摸不著頭緒。但這些時刻轉瞬即逝。爆炸聲響逐漸歸於寧靜，把蛋糕吃完也就忘了。真正重要的並非派對本身，而是在網路上公開這些儀式，及其所造成的效果。這將對此未來人一生中的認同形成持續造成影響。

　　艾瑞克森和其他前數位時代的生命週期理論家從未在他們的模型中納入胎兒期。在網路和社交媒體出現之前，在子宮中度過的時光對身分認同不太重要。如今，數百萬嬰兒從子宮中誕生，並與其親友團培育多月的數位孿生合為一體。現在，產前有很多事情正在發生，數位場域已創造出會產生後果不一的嶄新情境。

　　打從人類有能力在出生前確認嬰兒的生物性別起，家人和社群便從事著產前性別化的過程：為嬰兒室漆上特定顏色、購置特定衣著、選擇在該社會中認可的男孩或女孩名。即便孩子都還沒出生，父母開始討論孩子的夢想，並對他們的才能、特質、興趣與未來職業進行預測。甚至有些父母可能會將這些期待寫在筆記或日誌中，讓孩子未來有一天可能看到。那現在又有什麼不同呢？

　　數位網路具備四種精心設計的特性，是傳統的社交網絡所沒有的：任何上傳到數位網路的資訊都是持久、可複製、可擴展，且可搜尋的。換言之，我們分享的資料不會消失、可以複製、影響層面可能迅速擴大，而且很容易被具有個人、組織或商業利益的有心人士找到。索尼雅・李文斯頓教授是一位研

究數位時代兒童權利的傑出學者，她表示這些特性改變了一切：「人們被迫應對先前在日常生活中不會遇到的情況……這包括了線上貼文／表演的想像受眾、社交情境的崩解和衝突、公私領域活動範疇的模糊，以及……訊息在網絡間與網際傳播的方式。」[12]

　　表演。派對有參與者，表演則有觀眾，而「性別揭露」幾乎毫無例外地兩者兼備。以前僅限於家庭和親人的活動現在被廣泛消費，這並不意外，因為活動本身很可能本來就考慮到傳播而經過精心策劃和執行。在前述所謂的某性別揭曉派對中，有一大群吵鬧的成人和孩子出席。他們以令人感到不適的近距離擠在一隻張開血盆大口的巨大爬蟲動物周圍。除了馴鱷人之外，每一位成人都拿著智慧型手機對著這情景。在該場合見到的每一位成年人，顯然都計劃要跟更廣的觀眾群分享。你仍然可以隨處在網路上看到這段影片，其中包括一個特別的 YouTube 頻道：「2M 嬰兒性別揭露：秀出最棒性別揭露點子的頻道首選，每週上片！」[13] 這位男孩的頭一個身分標記是「克里柏父子鱷魚之旅」的接班人，[14] 就發生在「連網隱私」[15] 的新世界中。

　　孩子們向來肩負著各種期待來到這個世界上。然而，針對他們的既定看法，從來不曾如此詳盡、如此社群，又如此廣泛地連結與記載。他們的資訊也從未如此容易取得，無論是遠親近鄰、粉絲酸民，都能輕易觀看消費。這種預設模板最終或許未必真的會妨礙孩子找尋自己的路，但氾濫的數位公共記錄仍是難以擺脫之重。若在你還未誕生之前，就被人寫下人生的第

一個篇章，有時甚至包含後面好幾章，然後公諸於世，那麼自己主導自己的故事就更顯困難了。

但父母早期所建立的慣習和做法，或許對於未來孩子的認同發展更加關鍵。我們看到其他人在線上的所作所為，強烈地影響了我們自己分享的內容：眾人對於在網路上公開產前身分標記和資訊已經習以為常，以至於分享時往往不加思索。生理性別、超音波相片、親戚姓名、醫院訪視詳情、為嬰兒所取的名字、預產期，以及懷孕追蹤應用程式上的資料，都是時常發布在線上的內容。如果我們未經思索地持續這麼做，人類與社交群體中與他人行為趨同的傾向將主宰我們的決策，那麼這種早期育兒實踐將習慣成自然。如果重複不斷地分享腹中胎兒的資料，將會產生新的個人規範，且形塑出可能歷久不衰的育兒風格和哲學。

顯而易見的是，在這個新的生命階段中所產生的發展張力，主導者並不是還沒出生的個體，而是他們的父母及其更廣泛的人際網絡和社群。父母可以選擇暫不判斷還是公開預測身分，他們在這個新階段的傾向將決定胎兒是一張白紙，抑或有著完整形貌的數位攣生。而後者可能會引起各種意想不到的後果，導致在前社交媒體時代完全無法想像到的事情。「發明」性別揭曉派對的珍娜・卡弗尼迪斯女士，她的故事就是一個例子。

珍娜幾乎是從九〇年代末部落格發跡以來，就已經開始寫

部落格了。還是單身女性時，她書寫約會的軼事。當她結婚時，她關閉了原本的部落格並開了一個新的。她說：「我不喜歡那些數位足跡，我不想在線上留著那些玩意兒。」[16] 然而，當珍娜懷孕時，她仍然擁有大批追隨者。

她分享懷孕進程的照片：從側面拍攝她逐漸增大的肚子，並討論媽寶送禮派對的點子。後來她想出一個新計畫：藉著切蛋糕來揭露她腹中寶寶性別的派對，她在部落格上寫了這件事。這篇文章一炮而紅，被一本當時所有美國婦產科等候室都會放的雜誌選中。珍娜開玩笑說：「那是我人生唯一一次站在 C 位。」各地孕婦都讀了她的性別揭曉蛋糕故事，並想著，這真是個好主意！

這股熱潮像野火一樣迅速蔓延，首先在虛擬世界，接著在真實世界。在一次又一次的災難性大火摧毀整片森林之後，一位評論家在推特上發難：究竟是誰想出這種性別揭露的鬼主意？珍娜的一位追隨者回應：哦嘿！我想我知道你說的是誰。全世界的記者突然之間都想和珍娜討論她所創造出來的怪誕風潮。許多記者帶著對她的預設立場進行採訪，然而她對問題的回應卻讓他們感到驚訝。英國《衛報》的標題寫道：「我開創了『性別揭露派對』的風潮，而為此我感到懊悔。」[17] 美國國家公共廣播電台的頭條則是：「使性別揭露派對流行起來的女人表示，她對性別的看法已經改變。」[18]

當珍娜切開第一個孩子的蛋糕時，蛋糕屑是粉紅色的。在許多新聞故事上所配的圖片中，那個孩子站在全家福照片的中心，穿著一套藍色西裝，頭髮修得極短。「劇情大反轉，」卡

弗尼迪斯寫道，「世界上首位性別揭露派對的嬰兒是個穿西裝的女孩！」[19]

媒體報導將她大女兒公開的非二元性別認同，描寫為她心態轉變的主因。但珍娜告訴我，她的立場其實自始就沒有改變。她說，她從來沒有要公開表態；她在派對上做的是自己認為好玩的事情，當時性別還不是人們熱烈爭論的議題。「這件事從一開始就非關社會性別，」她告訴我，「你在出生時根本無從得知，你只能知道他們的身體器官。」

珍娜的故事具體而微地呈現網路的運作方式。她在特定情境和時間當中，在公共網絡上分享了一個私人故事。儘管她不排斥追蹤者，但她並不打算在網路上爆紅，她只是寫下她在那週所做的事情。她的文章略去了她對社會性別的真實看法，因為她當時根本沒有多想，更何況雜誌只是想要一篇關於派對的生活風格農場文。但人們還是做出了判斷，這是無可避免的。只要故事缺少某個環節，網路創作和消費大軍就會拼湊一個出來，即使那是錯的。

於是，在那篇貼文刊出多年之後，某些議題如今成了充滿爭議的論辯：生理性別／社會性別、先天遺傳／後天教養、影響認同的力量為何；珍娜也在無意間成為不情願的代言人。她說自己很感激能有機會澄清個人觀點，並公開倡議她所相信的事情。但如果她當時有顆水晶球，如果她曾想過自己發明的小把戲，最終可能會導致她自己的孩子或別的孩子，在探索認同的方方面面上遭遇更多困難，她當初可能不會這麼做。

　　有些人可能會覺得珍娜是職業部落客，並認定其分享資訊的動機只是為了錢。但這並非故事的全貌，我們交談時，她是一名法學生，並自詡為社運人士。[20] 不過，無論如何，大多數的未來父母都不是職業部落客，除非發生了什麼災難，否則他們分享的胎兒種種也不會有全球性的影響。然而，任何關於其未出世孩子的線上活動，在父母的社交圈內都會發揮強大的影響，讓家族和社群共同參與撰寫一套關於孩子未來人生的劇本。

　　馬特爾·傑克森*是一位退役的職業運動員，在我故鄉的「英雄殿堂」牆上，有一幅海報大小的黑白照片，描繪他在國家美式足球聯賽中，手中緊抱著球，像蒸汽火車般在賽場上衝刺。

　　他的前兩個孩子都是女孩，當我和他在臉書上取得聯繫時，孩子們都已經長大成人。大女兒非常聰明但不擅運動，這讓馬特爾很難接受。當二女兒展現出運動才華但缺乏熱情時，情況更為艱難。

　　他努力督促，試圖在她心中培養對運動的熱情，但沒有奏效，他不得不接受這並非她想走的路。馬特爾長久以來的夢想就是在自家後院和兒子一起丟美式足球，在遇到他的新伴侶潔達之前，這個夢想似乎日益渺茫。

　　在他倆第一個孩子的性別揭曉派對上，一顆巨大的氣球飄在他們頭頂上。為了將這個祕密保守到關鍵時刻，氣球是不透

---

* 本節所有姓名均經過修改。

明的黑色。一聲爆破後，藍色的五彩紙片飄落，整個房間頓時一片混亂。在歡呼的中心是馬特爾，他舉起拳頭跳到半天高，並緊緊擁抱他的未婚妻，緊得幾乎要讓她提前生產。相機旁的某個人，也許就是拿手機的傢伙，正在尖叫：「加油！加油！加油！」彷彿一位超級運動粉絲為先發陣容登場而加油喝彩。

影片迅速傳開，許多人在社交媒體上轉貼，包括馬特爾本人。他說：「看看我的反應！」並添加一串笑到流淚的表情符號。「在生了兩個女兒的十八年之後，當你發現寶寶是男孩時，這就是你的反應。」那兩個女兒在狂歡者之中的某處，但我看不到她們，也無從得知她們對這次充滿狂熱的男孩派對做何反應。

馬特爾與友人之間的臉書貼文往返在接下來幾個月中不斷歌頌小男寶未來的運動技能。公布性別的幾天後，有人送了繡有馬特爾母校標誌的嬰兒連身衣和編織帽，那裡是馬特爾美式足球生涯發跡的起點。有人開玩笑說，如果超音波師搞錯性別，馬特爾可會有多生氣。也有人發了一張他母校短裙啦啦隊服的滑稽照片。在孩子決定自己的性別認同之前，要保持這些選項的開放性。伴隨的表情符號暗示著笑到打滾，而不是尖銳批評。他是在惡搞馬特爾，而這位即將再度當爸爸的人也以同樣方式回敬：一個不以為然的臉部動圖。

每樣禮物都被系統性地拍照展示，而連身衣則是標準配備，有各種不同款式：耐吉的勾形標誌、馬特爾的大學校徽，以及（在選秀會上）「注定中選」的字句。在馬特爾自己

生日當天，有人送給他一件印有「野獸」字樣和一個巨大啞鈴圖像的 T 恤，還有一件印有「野獸訓練中」字樣的迷你連身衣。

有些時候，馬特爾似乎也對他所協助創造的期待文化有所反省。他發文表示，他兒子以後未必要投入運動，但他接著又指出，他和潔達都曾獲得頂尖的運動獎學金，而且他們也不是家族中唯二表現優異的運動員。他說，DNA 是真實的。

他的親友也都同意。是的，它流淌在血液中。DNA 非常強大。

毫無疑問，我想。毫無疑問，DNA 是很強大的。但在這場天性與教養的對決當中，儘管寶寶的預產期還有幾個月之遙，這場競賽看起來已經相當白熱化。再度聯絡上時，他們的第一個兒子已經兩歲，潔達正懷著另一個男孩，而馬特爾多數的社交媒體貼文都在說他的兩個兒子將如何延續家族的體育榮耀傳統。

馬特爾坦承，他和潔達曾就如果兒子不想玩球該怎麼辦進行過艱難的討論。他不只一次急忙向我保證，不論如何，他們都會愛兩個男孩。但這又牽涉到很多事情。對於馬特爾來說，有些箇中情緒是非常私人的。他說：「我有一段還不錯的體育生涯，但很多人不知道的是，我覺得自己沒有達到應有的水準。我希望看到他能超越我所做的一切。我沒有成功，我想要他成功。」

我第一次看到馬特爾大兒子的照片是在臉書上，父子倆在我老家的英雄之牆前。馬特爾的胸膛滿是驕傲，他輕搖懷中的

兒子，小心支撐著他的脖子。他們穿著相搭的 T 恤和連身衣，上面寫著「傑克森隊」。馬特爾的表情意氣風發，就像他兒子已經加入球隊，彷彿當那藍色彩帶飄落時，所有可能的大好未來已經實現。

在這張照片中，馬特爾並沒有想那麼多。他只感受到連結、血脈、傳承與愛。他想向全世界展現他們兩個在一起的樣子。發展心理學的奠基者之一溫尼考特 21 曾說：「沒有所謂的嬰兒這回事。當你試圖描述嬰兒，你會發現你正在描述的是嬰兒與某個人。嬰兒基本上無法單獨存在，而是關係的一部分。」對於馬特爾來說，期望和關係是交織在一起的，他毫不掩飾地展現兩者。他最喜歡講的是：「我說了我要說的。」

在瀏覽馬特爾和潔達的臉書動態時，我對他們的貼文持保留態度。部分是出於擔心這些資料未來的流向。關於這點，我將在後面的章節進一步討論。但我自己也是數位時代的父母，我分享過超音波圖，並在 Instagram 上發布了一張孩子未來名字的照片：我在光滑的白色檯面上排列著彩色磁鐵字母。看著馬特爾驕傲又快樂的臉，我理解他的動機。我也曾有過那種感覺。

「心靈白板論」的概念和羅馬七丘的歷史一樣悠久。在羅馬那座古老的城市中，只有少數居民能夠負擔昂貴的莎草紙和羊皮紙，所以古羅馬人常用鐵筆在可重複使用的蠟板上寫字，不需要的地方他們會刮平表面再次使用。在拉丁文中，這

稱為 *tabula rasa*。後來，討論到童年關係對個性發展的關鍵地位時，佛洛伊德的理論也使用了這個詞彙。他主張，親子互動會在你的白板上留下最深刻的烙印。

對於馬特爾和潔達尚未出世的男孩來說，他的白板被父母寫下了他們的希望，其中或許包括可以藉由孩子療癒他們自己過去的傷痛，他們的夢想也可以更加完整地實現。

在網路上，同樣的孩子也都是一張白板，直到他們的父母在上面刻下自己的期望。從那刻起，許多其他人也會留下他們的印記，記錄他們的臆測。這些印記也許刻得太深，永遠無法抹滅：持久、可複製、可擴展、可搜尋的數位印記。

塔瑪・利佛有四個孩子，在深入研究和反思之前，同樣也在部落格發文分享老大的個人資訊。他對馬特爾的故事悲傷地搖了搖頭。他說：「萬一那個孩子進不了高中美式足球隊，會坐在小木屋裡看著十四年前的那段影片，害怕告訴父母發生了什麼。」

塔瑪的一個研究興趣是超音波圖片分享。根據 2017 的調查顯示，有超過四分之一的待產父母會在社交媒體上分享超音波照片。[22] 在當今「沒圖沒真相」的文化中，如果你不在 Instagram 上分享寶寶的超音波照片或將其轉化為紀念品，你甚至不算真正有懷孕吧？一則有關網路購物的超音波小物新聞匯總列出了蛋糕、杯子蛋糕、派對邀請函、原始版畫、狗牌等，網站也可以根據客戶上傳的掃描圖像製作擬真娃娃。[23]

如果沒能從英國國家醫療服務體系獲得夠漂亮的圖像，那麼「紀念掃描器」正因「有人想要影像紀念品，如 DVD 或鑰匙圈」，而在商業大街上愈來愈受歡迎。[24]

當塔瑪的妻子懷第一個孩子時，他說他們應該是澳洲最後一批得到超音波錄影帶的父母。懷中間兩個孩子的時候，診所提供了 USB 隨身碟，也許上面還有診所的商標和網址，但他不是記得很清楚。到了第四個孩子，診所提供專屬的社交媒體平台和策略。當塔瑪夫妻表示紙本可能就足夠時，診所的工作人員感到非常困惑。

塔瑪回憶：「他們說，哦，你不會想那麼做！我們會把所有資料都給你。他們用簡訊發送圖片，然後要你和朋友分享！」只要一鍵就可以將圖片發送給其他人。塔瑪將從老大到老么的這段變化描述為「建築式的」，這個詞提醒我們生活中結構和框架的深刻變遷。

超音波圖片分享從社交媒體出現的那一刻起誕生，而超音波「裝飾」不久後也跟著出現。在寫關於「母性裝置」的文章時，[25] 性別研究學者索菲亞‧強森找到一個實際案例：一款名為「妝點我的超音波」的應用程式，允許你為男寶寶維特的掃描戴上五顏六色的棒球帽、雪茄和對話框；或者為女寶寶維多利亞添上皇冠和芭蕾舞裙。當然與朋友分享成品是一定要的。這種應用程式的賣點是純粹胡鬧，有點好玩，當然它們也確實如此。

然而與此同時，有更重大的事情正在發生。藉由在應用程式上客製超音波相片，父母同樣正在將未來的寶寶塑造成某種

特定的人，設定關於身分的期望，而這些期望在未來未必會實現。一方面，這透過「玩超音波照片」來強化親子連結，想像寶寶具有個性，使其感覺不那麼抽象，更加真實。完成的圖片被分享時，其他人也可以加入這個遊戲。大家聚在一起共同強化彼此對寶寶的想像：他喜歡什麼？將來會變怎樣的人？正如同馬特爾和朋友在臉書上所做的那樣。

最後產生的社會存在，結合了隱藏於子宮內的碳基生命形式，和徜徉數位世界、肉眼可見、「被修飾過的」的存在。強森給了這種社會生物一個名稱：賽博格胎兒。[26]

分享你身體外部的解剖照片可能會導致在社交媒體上遭到封鎖，但分享體內的照片反而能逃過審查。當人們分享各種掃描圖像時，有人會覺得很有意思，有人則非常反感，還有一些人可能認為，展示內子宮實在是品味不佳，也透露了太多私人訊息。這麼說，似乎是準父母會承受公開分享的主要後果：偶爾招致批評、靜音或被取消好友。但塔瑪表示，回想起來，他早年分享超音波掃描圖片其實是個「糟糕的主意」。

為什麼對孩子來說這會是個「糟糕的主意」？究竟會造成什麼傷害？在產前階段，似乎不會有臉部辨識或安全相關的考量。如果沒有受過專業訓練，只要看過一次單色模糊，隱約有嬰兒形狀的超音波影像，大概之後的每一張都長得差不多。

塔瑪說：「假設你在 Instagram 上分享十二週大的超音波影像，你拿出手機在診所的螢幕前拍了一張照片。一張普通的超音波影像上就有母親的名字、檢查日期、預產期、診所位置。所有社交媒體平台處理圖片時，首先會看：裡面有文字

嗎？可以提取嗎？即使是圖片形式，很容易將那些資訊重新提取辨識為文字。其次，它會查找詮釋資料。這張圖是在哪裡拍的？何時拍的？我們還能從中提取哪些資訊呢？」

塔瑪說：「這是會有後果的，因為當臉書或 Instagram 偵測到一個人，即使那個人還沒出世，它們就會開始建立個人檔案。這樣的平台不僅會為決定設立帳戶的人建立個人檔案；它們會維護其所有相關人等的個人檔案：這個人的子女 A 和子女 B，當他們成年時，資料能很輕易重新進行身分連結。」塔瑪說：「平台開始建立這是誰的完整圖像，我們知道什麼關於他們的事？如果那份個人檔案在他們出生前便開始進行，到了他們十三歲自己註冊帳戶時，會因為系統上早已存在的大量資訊而使那份個人檔案更加豐富。」

有人可能會辯稱，一旦真實的孩子誕生，數位自我很快也會跟著誕生，也許提前開始沒有什麼壞處。但是，正如塔瑪指出，任何「即將到來！」的公告，都會產生社群的期待，這個社群由親密的利害相關人和好奇圍觀者所組成。如果你在寶寶真的出生時沒有自發分享，將有人敦促你這麼做，增加你持續分享的可能性。生產了嗎？趕快發一些寶寶的照片！如果說那些不在網路上分享孩子點滴的父母不太尋常，那麼那些在懷孕期間會在網路上分享，然後在孩子出生後突然沉默的父母可能更加罕見。

塔瑪說：「（懷一個寶寶）正是你最想和眾人分享的時刻，然而你也最不可能思考到這麼做在幾年後的後果。你沉浸在當下，而且一旦你開始分享，要轉過身說，哦，現在我的

可愛寶寶出生了，我不打算給你看，這很難，你不會這麼做
的。」[27]

數位環境不斷鼓吹我們多多分享，因為這就是它的設計目
的。所謂的「監控資本家」[28]亟欲使用者揭露身分資訊，無論
是與自身相關或所有與我們有接觸的人都來者不拒。他們吸
收你的每一小段資料，並且盡最大可能商品化，以謀求權力和
利潤。現在谷歌了解你的程度，足以直接向你發送欲購物品的
廣告，完全不需要你在線上進行任何搜尋，或在充滿監聽裝置
的場所說出關鍵字。你可能會因為覺得很毛而不喜歡被這樣對
待，但這種操弄經常能奏效。儘管你盡力試圖控制與注意自己
的選擇，你仍然會手滑購買不需要的嬰兒用品、廚房家電和鞋
子。遑論你已經成年，有自主決定的信心與自我控制的嚮往。

或許這些衝動購物所造成的傷害，對象可能只是你自
己、你的存款，然後看買了什麼，可能還會傷害地球環境。但
如果今天分享超音波圖可能在未經思索的情況下，讓父母建立
起一種分享資訊的習慣，最終可能會導致十六年後一個受到完
整建檔的青少年，宛如羊入監控資本家等待的虎口中，這可能
就會讓人三思而後行。當你上傳未來寶寶的子宮內影像時，你
從未想像過，在這麼早期的一個小動作，可能會使你的孩子在
未來更容易受到操縱或剝削。在那個時間點，父母在社交媒體
上的關於懷孕的任何披露選擇，自然都會感覺只跟他們自己有
關係。

「家庭和孩子的關係圖鑑對企業來說價值連城，因為這不僅僅是今天正在發生的事情，」塔瑪說，「他們看的是已經模板化的年輕人最終使用社群服務的價值，這樣的後果不容小覷。」

有一天，孩子身邊的親友都會協助補充他的數位足跡。有一天，孩子本人也會參與其中。然而，在超音波圖的階段，父母的控制幾乎是絕對的，是否要分享有關孩子的個人資訊，這個選擇主要是由父母決定的。但是，人們沉浸在當下喜悅中，並不知曉螢幕另一端受眾現在和未來的觸及和力量。有超過 25％的父母都分享了這張影像。順帶一提，其實這個統計數據很舊了，至少在數位科技的時間線已經是古代。在搜尋比較新的數字未果時，我反而被引流到網路手作市集 Etsy 上的客製化出生宣告商品。粉色布料、粉色嬰兒鞋、淡紅色花朵、嬰兒服和淡紅玫瑰。「我們在此興奮宣布，我們可愛的小淑女即將到來。」在這些典型的女孩風物品之上，有留個地方可以放置超音波影像。列表顯示最近已賣出的可下載設計次數，促使潛在購買者也做出同樣決定。這些影像乾淨、鮮豔，視覺上很吸引人。而且重要的是，它是正方形的，專為 Instagram 的版型量身打造。

塔瑪說：「我不知道現在有多少人直接從掃描轉而尋找這樣的社交媒體模版，這裡的挑戰在於，如何讓人們在看到第一張超音波照片前，就已經先思考過這個議題。」

他所謂的思考過程是刻意為之，而非自然而然；是有所反思，而不是下意識的，也必須覺知到價值和目標。不幸的

是，數位環境主動抑制這種意識，使我們無法察覺自己正在進行慣性與習得的行為，才會有「自動導航」這種說法，因此我們繼續點擊、分享、按讚和滑手機。習慣未必永久不變，但要打破習慣需要對它們有所警覺，這或許能透過你閱讀本書時發生。在你可以考慮習慣是否符合個人目標和價值觀之前，必須先注意到它們，並認為事情沒那麼理所當然。要改變永遠在擺布你的數位環境，對於自身的習以為常感到不適，是必要的先決條件。

　　但或許你已經充分自我檢視，並確認在線上分享你的喜悅和家庭軼事與你所珍視的價值完全一致。如果你想與尚未出生的孩子建立深厚連結，而且在網路上呈現、與你的社群分享有助於做到這一點，那麼這些行為似乎符合你的需求。我懷孕的時候，在社交媒體上貼了大量文字和圖片，分享我未來寶寶的生理性別、預期社會性別、預產期和姓名。這有部分是未經思慮的習得行為，但有部分仍是我有意識的選擇，希望能在重要時刻與我交遊圈中的遙遠成員緊緊相依。但我是一名準媽媽，分享個人私密或可識別資料時，我不覺得自己在做什麼壞事。自覺整件事只是出於關愛。

　　在此時此刻，還有另一件事也讓人覺得只是出於關愛：從孕期開始就使用科技追蹤監控你的子女。在產前，理論上監控焦點應該純粹放在成長、動作和健康上，而且除了每次超音波掃描外選擇有限。但是，廣受歡迎的懷孕追蹤應用程式使得追蹤胎兒成長變成一種遊戲，並讓以下命題早早深植人心：在現代如果要當一位充滿愛心的好父母，就需要密切關注胎兒的一

舉一動。本週你的寶寶有一顆酪梨那麼大！觀看、存儲、處理和分享個人數位資料被定義為資料監控。愛德華‧史諾登揭發了美國國家安全局[29] 所進行的資料監控，讓這個詞彙惡名昭彰。人們會聯想到資本家和惡霸政府，出於邪惡的目的監視和控制人民，是有權有勢者對無力者的侵犯和剝削。但是，有很大比例的監視都是來自父母對子女的，包括那些尚未出生的孩子。在這種關係中，讓人聯想到谷歌、針孔電鈴和國安局間諜的詞彙聽起來並不完全吻合。澳大利亞社會學家黛博拉‧盧普頓是數位兒童研究的專家，她加上一個形容詞：關懷的資料監控。[30]

當父母透過追蹤和監視照顧即將出生的寶寶時，他們也在努力照顧自己。他們正在搔著大家現在都有的癢處，這個誘惑就是量化我們以前從未監控過的各種數據，尤其是這些數據與我們最愛的主題相關時：自己的身體。對個人生理數據的迷戀，讓人忍不住不斷檢查如 FitBit 或 Apple Watch 等智慧手錶上的主要活動記錄圈，並成為新手父母購買應用程式的動力，以便能將胎兒跟一連串愈來愈大的蔬菜水果進行比較。

懷孕追蹤可能很有趣、令人感到滿足和放心，但不是只有這樣而已。在臉書、Instagram 或其他社交平台上與他人分享時，這賦予了（尤其是）母親某種程度的社會資本。我們往往期待父母保護自己的孩子，並要求女性成為「好媽媽」。這個角色的任務向來包括檢視、觀察、關心孩子的安全和健康，無論他們出生與否。數位時代並未發明這種期望，但現代科技使其強度更上一層樓。藉由和線上社群分享最新懷孕近況，你

向其他人發出了某種信號,這可能是你自己正倍感焦慮的事情。或許事實上,你正在運用這些科技來緩解心頭憂,你的不安全感和一無所知。你以前從沒生過小孩,對此毫無頭緒,但沒關係,你正在使用所有相關的應用程式。這個寶寶有受到妥善的照顧。我是一個好母親,我是一個關愛的爸爸。

黛博拉·盧普頓就關懷的資料監控提出了警告,也可以說是一個悖論:「任何關於關懷倫理的討論,都得承認……這些做法對參與監控者與受監控主體兩方來說既是一種解放,同時也在限制自由。」[31] 透過關懷的資料監控,某些監控者或許可以免於社交孤立或擔憂,從而獲得自由。在這種案例中,被監控的腹中胎兒,則可能在以下面向受到限制:其尋找以及保護身分認同的自由。

在這個機器學習和分析能力一日千里的大數據世界中,許多對腹中胎兒的資訊運用還未臻成熟。當新穎的應用程式找到該資訊用途並順利部署時,由於超出了我們可以清楚預見的範圍,在各種陰錯陽差之下,後果可能會如同星火燎原般,迅速且不受控制地悖離父母的原始意圖。

某些形式胎兒資料的產出,如醫療記錄或統計數據,可整合分析以辨識治療先天性疾病,可能為社會帶來巨大的利益。另一些資料則包括準父母在胎兒出生前所分享的身分資訊與其建構的數位分身,這些資料將直接進入一套不斷透過資料挖掘以獲取利潤的生態系統中。健康保險公司正努力找出並預測人們的未來健康狀況,以拒絕為高風險者納保。廣告商正在開發高度精準定位的行銷策略,運用所有針對年輕人弱點的

資訊，賣給他們以為自己需要的東西，以成為他們想成為的人。藉由尖端科技的輔助，詐騙集團的冒充本領每天都愈來愈高超。拜其父母和照護者在網路上分享的資訊所賜，今日的數百萬兒童到了 2030 年代，可能更容易淪為詐騙的受害者。[32]

在胎兒時期和未來幾年內，孩子無法為自己的資料做決定，也無法探索或型塑自己的身分認同。父母和其社群是孩子的代理人，唯有他們才能夠自問：其行動如何塑造出伴隨孩子出生進入世界時的期待。父母可以選擇暫緩對孩子未來個性的判斷，限縮在數位世界中公開身分標記和評論的數量；他們也可以發表可能成為自我實現的預言，可能在未來成為孩子未必能達成的價值條件，或損及後代未來的資料安全。

當以下三件事發生時，行為往往會固化為習慣：進行次數頻繁、由環境觸發和鼓勵，而且執行時像呼吸一樣輕鬆，不用考慮到本身的目標或動機。[33]

由於社交媒體環境是專為讓人養成習慣而量身訂做，許多我們的數位化育兒習慣都是在孩子胎兒期時養成，包括揭露新生兒的個人私密資訊，然而他卻沒有參與或主動權；或透過手機上的「資料化寶寶」來追蹤胎兒；或將未來的孩子納入不時在公開網友群體中所分享的資訊中；或使用孩子的資訊以取得社會資本，有時甚至用如性別揭露的表演形式為之。父母腦海中未必有意識到這些社交獎勵，但就如同許多習慣一樣，潛意識才是主要駕駛人，如果你放任它的話，設定的路線往往會偏離你的目標和價值觀。

第二章

嬰兒期

　　小貓頭鷹的官方網站流露著令人安心的色調：淡淡的冷綠色，一抹淺褐色。[1]特定詞彙顯眼突出地如咒語般重複，聽在新手父母的耳中如甘露。睡眠。休息。平靜。輕鬆。網站引導頁下方有一系列來自滿意客戶的證言，述說他們過去一度承受的焦慮與疲憊，但現在都已如過往雲煙。點入「為何選擇小貓頭鷹」的頁面，使用者將進入可愛滿溢的畫廊：無牙的微笑、圓潤的臉頰、明亮的眼睛。[2]每張圖片旁都有一個故事。

　　透過山雨欲來的副詞傳達，劇情張力隱微升高。他看似是個健康的嬰兒。當時她的血氧濃度沒有問題。起初他的呼吸還算正常。透過這些幽微的語言暗示，我們不寒而慄地明白，這個弱小無助的嬰兒正面臨生死之際。如果現在父母遭到誤導而放鬆警戒，如果他們在危機迫近的某一刻做了錯誤的決定，一切都將覆水難收。首頁中無聲循環播放的影片捕捉到此敘事階段中步步逼近的心理恐懼。一位母親打開通往黑暗臥室的門。她身後的走廊很明亮，但不足以照亮嬰兒床所在的角

落。那位媽媽的眉頭深鎖，眼神中充滿恐懼。房間是不是太安靜了？毯子有沒有在動？

故事的高潮是夢魘般的情節。她的血氧濃度下降了。他的眼睛是睜開的，但他沒有反應。我把手放在她的胸口，沒有動靜。他沒有呼吸。父母搖晃著孩子，尖叫他們的名字，對伴侶大喊快打 119，並慌張地趕往醫院。

但接著情節逐漸平息。照片集中的每個孩子都從死亡的邊緣被拉了回來。經歷了那一夜的絕對恐怖後，嬰兒們快樂且健康地長大。父母變得冷靜、得到充分休息且生產力高漲，治癒了所有過去的創傷，現在和未來的擔憂都不復存在，因為故事的結局總是如此：珍貴脆弱的孩子上床睡覺時，再也不會不穿上要價 289 英鎊、能監測血氧的小貓頭鷹智慧襪。[3] 當應用程式發出綠光時，父母大可放輕鬆。在小貓頭鷹英國官網上的五十篇使用者證言中，「心安」兩字共出現了三十二次。

歡迎來到以人機介面育兒的世界。

前幾個世代的人沒有它似乎也都能過得挺好，那麼現代父母真的需要「嬰兒科技」嗎？如果孩子尚未學會走路，父母幾乎不會離開他超過幾公尺，因此無論是最新流行的嬰兒監視器，還是能連上雲端的智慧襪，這些昂貴的電子玩意真正能為你的生活帶來多少價值？況且，對於那些無法用眼睛追蹤螢幕上閃爍圖像，或用微小雙手握住裝置的孩子來說，數位科技能產生多大的影響力？從嬰兒的視角看，嬰兒期必定是前數位化的伊甸園，那是在第一顆「蘋果」出現之前的純真年代。

艾瑞克森說過，嬰兒的發展任務是探索信任與不信任。嬰

兒需要信任其照顧者，並間接地信任這個世界，然而照顧者也希望能有所依靠。在我們擁有華麗的監控技術之前，疲憊的父母尋求指引的對象是長者和較有經驗的同輩。然後他們開始信任遠方的專家：從十八世紀開始，醫生和心理學家開始告訴世人如何育兒。[4] 美國兒科醫生班傑明‧史波克出版了第一本兒童照護建議暢銷書，正好趕上第二次世界大戰後的嬰兒潮。[5] 最終促使育兒建議成為價值數十億英鎊的產業，產業中充斥著勢不兩立的大師們。[6]

對於哪種嬰兒照顧方法最能讓他未來一生一帆風順，這些專家的意見分歧。在光譜的一端，有一派主張紀律和時間表，認為嬰兒需要嚴格的睡眠與餵養時間表，以及「放著讓他哭」的睡眠訓練法，最終能使孩子更有韌性、獨立且能夠自我安慰。[7] 在光譜的另一邊，則鼓勵親子間的親暱和緊密支持性的接觸，這一派被稱為敏銳型／回應式育兒。[8]

陪審團的意見已經出爐：後者的育兒風格被證明對寶寶最有益處，[9] 但這對父母來說未必總是容易做到。二十四小時的敏銳和回應需要大量時間、精力與彈性。而在現今的社會和經濟環境，相較於當初提倡敏銳型／回應式育兒支持者在鼓吹其理念時的世界，步調要來得更快、要求也更高。

例如，在二十世紀中期的英國，兒科醫師和精神分析師溫尼考特，經常在廣播上鼓勵「平凡而投入的母親」以直覺來從事親職，並寬待自己的不完美。他說，「夠好的母親」對嬰兒來說就是最好的母親。[10] 然而，走出家門，工作機會正在增加，試圖結合工作和親職的母親面臨極大壓力，還經常受到嚴

苛的評斷。[11] 到了解放的 1970 年代，當潘妮洛普‧李奇接棒成為回應型育兒的倡議者時，受到了極大的反彈。一份報紙回顧她的職涯，斗大標題寫著：「使母親感到內疚的傳奇人物」。[12]

所以從歷史上來看，即使只是要成為一個「夠好的」、有回應的父母，同時保持自身理智，有時也會感覺像在解一個不可能的難題。但是，如果科技能讓人兩者兼備呢？

現在我們有了嬰兒的現代便利設施，當今嬰兒科技的美好承諾是：讓你成為寶寶的終極專家；即使身為育兒菜鳥，也可以創造出對寶寶每個需求都能細緻回應的環境，更棒的是自己的生活也能更加輕鬆寫意。只要有了「嬰控科技」（babyveillance，專為嬰兒監控技術所創的合成詞），或許父母毋須滿足於「足夠好」的育兒。在萬事最佳化的二十一世紀，如果有科技解決方案能解讀、預測，並對孩子做出回應，同時也讓父母好過些，究竟有何不可呢？

這得取決於嬰兒科技對那些嬰兒所需的最重要照護是否有實質幫助而定，而現今的監控技術究竟是讓嬰兒單純受到監視，還是有真正被看見，仍是一個有待辯論的問題。對於被監控的嬰兒來說，新的發展挑戰是「連結／孤立」，與艾瑞克森的「信任／不信任」密切相關。

嬰兒科技聲稱能夠做到令人難以置信的事情，使父母的生活更加輕鬆，嬰兒的生命更加美好。隨意在網路上逛逛，你將會找到各種創新設計，目的在於減輕阿法世代父母的憂慮。

有了諸如小貓頭鷹智慧襪之類的嬰兒穿戴裝置，父母可以

透過雲端傳輸在手機上收到心率和血氧飽和度報告。像 SNOO 或 Sense2Snooze 這樣的智慧型嬰兒床[13]，則可以偵測嬰兒哭聲，並作出擬仿人類輕撫背部或搖晃嬰兒床的動作反應。酷柏人工智慧寶寶好眠組聲稱是第一台人工智慧嬰兒監視器，它可以追蹤寶寶的細微動作，產出睡眠分析，並在嬰兒翻身卡住或臉被毯子蓋住時向父母發出警報。[14] Nanit Pro 則將舒緩的白噪音或搖籃曲與溫濕度感應器加以結合。

智慧型手機應用程式「哭聲翻譯機」宣稱，只要有五秒鐘的錄音，就可以判斷嬰兒是餓了、累了、身體不適、壓力大，還是純粹無聊。在經歷過一次「難忘」的跨大西洋航班後，這是我願意付出大把鈔票來獲得的洞見。[15] 網站上寫著，透過了解哭聲的真正意義，您將能作出更迅速有效的回應。網站繼續寫著，這不僅對於當下那一刻很重要，可能對孩子未來的一生都很重要。您的孩子將更有信心！更信任照顧者！孩子將享受「品質更佳的情感發展」，這又與「終身增長的認知能力」相關！儘管應用程式商店上有許多類似產品，但「哭聲翻譯機」是我看到唯一一個將自己分類為「醫療類」的應用程式。[16]

如果哭聲翻譯機告訴你孩子餓了，小幫手近在眼前。阿南達嬰兒企業對「智慧餵食奶瓶」的描述聲稱，產品可以藉由無線網路和藍牙協助您與嬰兒建立親密關係，並「透過無縫的資料轉移減少父母和照顧者之間的透明度鴻溝」，這在以前稱為彼此交談。[17] 您心肝寶貝的智慧彙報當中有您想要的一切資訊，還有一些您不知道自己需要的資訊，這是一台溫度監控

器，「IBM 華生分析可以即時追蹤和監控嬰兒的成長狀況」，以及一台稱為「便便圖書館」的東西，它可以是診斷資訊的來源，也可以是輸入「輸出」的機會，如果這能夠讓您感到心動的話。憑藉這些神奇的機器，父母可以用以前未曾想過的方式觀察、解讀和分析他們還不會說話的嬰兒。[18]

身為新手父母，我猜自己或許有發展出母親應該具備的第六感，但我的恐懼從未因此而完全緩解。我怎麼能信任自己？我只是個菜鳥。在育兒的世界中我就像是隻誤闖叢林的小白兔。我自己的母親在千里之外，我身邊沒有經驗豐富的長輩來替代她的位子，我也不知道該遵循哪位育兒專家的意見。如果這些高科技、醫療級的小工具在凌晨三點時出現在我的電腦螢幕前，承諾可以緩解我的痛苦，並即時準確地察覺我孩子的狀況，我肯定會全部買單的。

如果原本看不見摸不著的神祕生命跡象，可以轉化成我床頭櫃上基地台發出的綠光，保證一切正常，還可以透過應用程式傳送到總是在我身邊的手機上？好的，一切拜託了！

為了討論嬰兒科技的趨勢，當我首次聯繫牛津大學網際網路研究所的維多利亞·納許教授時，我們交換了撫養女兒的經驗，她們都是在 2010 年前後出生的同輩孩子。在我們家不再需要舊式嬰兒監聽器時（講得好像我們真的需要過一樣），嬰兒監視系統已經可以接上雲端、使用無線網路、與智慧型手機相連，而且這些裝置逐漸攻占市場。難怪我在地方臉書買賣交換社團中想賣掉監聽器時都乏人問津。

維多利亞表示：「孩子睡著的時候，代代相傳的監控方式

是摸摸他的額頭或聽聽他的呼吸。然而在千年之後，我們就突然需要智慧襪、智慧床墊，或某種其他裝置嗎？」「這樣的壓力從何而來？這種敘事為何會出現？」[19]

有一個來源是顯而易見的：老派廣告的海妖式誘惑。精明的行銷人員長期以來廣泛使用嬰兒來訴諸我們的根本直覺，神經造影已經證實嬰兒臉孔會活化大腦的情感中心，引發我們的興趣、注意力、關懷和保護心態。[20]幾十年來，他們用嬰兒來傳達安全、信賴感和家庭價值，藉此販售所有的產品，從香菸、啤酒、輪胎無所不包。

家長的生物本能是保護和照顧孩子，用同樣的嬰兒面孔向初為人父母、關愛本能爆表的家長兜售嬰兒安全產品，這可是一筆大生意。在前一章出現過的澳洲網路研究教授塔瑪・利佛，形容新的嬰兒穿戴裝置是「很有趣的案例，業界發明了產品後再來說服市場這是絕對必需品。」這正是廣告產業最擅長的伎倆。[21]

維多利亞說：「在這些公司所提出的宣稱當中，大多呈現了一種敘事：成為更好的家長、更平靜的家長，一個有得睡的放鬆家長。」「他們精準捕捉到父母面對這些壓力時刻真正關心的焦點：有了小小孩就會睡眠不足。」

我自己孩子的嬰兒時期早已是多年前的塵封往事，然而網站上的小貓頭鷹證言仍然讓我胸口感到侷促不安。我很清楚他們的精心策劃，先把我嚇個半死，再讓我放下心中大石：本公司產品會消除你的恐懼。我的孩子已屆青少年，我是精神煥發的媽媽，保持警覺，充分運用批判能力。不管聽起來有多荒

謬，這種行銷方式仍然可以對我產生魔力。

不過對大多數熱衷的購買者來說，價格能否負擔很可能會是一個問題。塔瑪告訴我，在美國，小貓頭鷹甚至提供分期付款計畫以便服務業從業人員購買，但這樣的價格並不罕見。在《週刊報導》2022 年 9 月消費者對最佳嬰兒監視器的總結中，消費者付出的帳單介於 166 至 369 英鎊之間。[22] 為了一台監視器，花費幾乎與主要家用電器的金額相當，你必須要非常關心孩子的健康，被該設備的價值所說服，或是認為「好父母」一定會在嬰控技術上花大把鈔票。

當你感到無助或不確定時，圖個心安完全是有道理的，特別是如果不信任自己的直覺。你會諮詢谷歌大神，努力觀察嬰兒，（再次）與你的伴侶確認是否應該要擔心，記錄下來，然後仔細端詳應用程式上的數據。每次你圖到了心安，感覺就會好一些。

但這裡有個問題。圖個安心之所以「會有用」來自於負強化，負面的意思是像恐懼這樣的情感被消除了，而強化意味著你將來更有可能再次圖個安心。為了追求不可能實現的確定感，你的成癮之路已經儼然成形。而確定感正是嬰兒監控的行銷掛在我們面前的胡蘿蔔獎賞。在你自己發覺之前，可能已經開始運用各式各樣的小裝置，來監控管理嬰兒世界的每個小細節，這反而會損害你的天生直覺。

我們成年人現在已經習慣使用科技來監控自己的日常生活。現在有各種應用程式和裝置可用來監控睡眠、血糖、心率、血氧飽和度和運動時間。在那之前，人類還是設法活了下

來。不過若有機會將這些數據轉化成引人注目的精美圖表，理解生理功能並加以遊戲化，這種知識的好處似乎不言自明。

然而，受到監控會讓你有何感受呢？當你在這場遊戲中勝出，當圖表往下或向上推進，當目標達成或運動圈成圓時，你就有好好關照自己的健康。如果數據不好看，你會感到內疚或憂慮。但如果手機上的圖像看起來不錯，那就是說明你狀態良好的證據。

我們將所有信任都託付在這項科技上。我的智慧型手錶無法診斷當下的心臟病發作，也不能警告我心臟病即將發生，正如小貓頭鷹無法預測或預防嬰兒猝死症候群。但是在面對我自己身體中的不明感覺時，我仍信任科技會為我解釋它。當我買下智慧手錶時，並沒有理由懷疑我的心臟有任何問題。但我認為如果一項新的穿戴技術可以提醒自己可能錯過的病情，那肯定是件好事。此外，沒有什麼比了解自己更能讓我們感到著迷，並占據我們的注意力了。

當然，了解孩子可能更吸引人。如同一項研究顯示，在小孩出生後，女性使用自我追蹤應用程式的時間比例會顯著下降，取而代之的是把時間花在嬰兒追蹤應用程式上。[23] 有些父母對新生兒的健康沒有特別的擔憂，但覺得能監測孩子心率和血氧飽和度的玩意似乎也沒什麼壞處；有些人沒有心臟問題，卻仍腦波很弱地升級購買能畫出心電圖的手錶。這兩類人在新科技所給的承諾之前都是脆弱的。監測這樣的健康資訊，最差的狀況似乎也相當無害，但如果幸運的話則可以拯救性命，這種方法可以避免小貓頭鷹網站上那些忠實用戶過去的

夢魘般經歷。技術的存在就是為了以防萬一，是我們每天下意識部署的其中一個小策略，用來抵禦對自己和弱小嬰兒的生存恐懼。嬰兒穿戴設備的（虛幻）理想承諾是：每一項技術進步都賦予人類更大的自由，遠離凡人的恐懼。想當然耳，強化預測和掌控的感覺會使你成為更好的父母，因為你會變得沒那麼焦慮。但是，嬰兒監控真的能給你這樣的感覺嗎？

我們知道，有四分之三的消費者購買小貓頭鷹是為了「求個心安」[24]，我們也知道這個設備並不總是能使命必達：父母廣泛回報，有時它會產生剛好相反的效果，特別是在夜間發出假警報時[25]。我們尚未收集足夠的資料來分析其對育兒實踐的影響。維多利亞提供了關於父母實際「在真實世界」使用小貓頭鷹的第一份實證研究。[26] 這項研究規模不大但相當深入。參與研究的英國媽媽在之前對此裝置一無所知，當時小貓頭鷹在英國既沒有廣告也還未進行商業銷售。當她們首度開箱時，有幾位媽媽感到失望，因為它沒有更多如測量體溫等功能。因為研究計畫是在夏季最熱時進行，這是新手父母會關心的事情。有些人希望它能夠保持運作，比方說有位母親在開車出遠門時為女兒穿上，隨即發現沒有連上家用無線網路就無用武之處。但這些父母，其實全都是媽媽，還是堅持撐過兩週，以探索此前從未受評估的產品。究竟使用類似這類高科技可穿戴監測器，是否會對她們或孩子產生任何實質性的差異？

在為期兩週的實驗結束時，研究者指出，參與研究的母親本身對這雙襪子有著「知情但隨意」的態度，她們相信裝置對

其育兒方式沒有太大的影響。然而，研究者們掌握了研究中的各種資訊，並且從制高點分析這些資訊，他們並不同意父母的看法。他們觀察到監控裝置正在產生影響，而父母自己卻沒有完全意識或注意到。

首先，這雙襪子就減輕父母焦慮的成果上並不佳。維多利亞說：「一方面，人們喜歡潛在的確定性。資料監控裝置的客觀性提供了額外的保證。儘管這些裝置自我宣傳能為父母提供保證，但某方面來說，它們可能只是產生了新型態的焦慮和壓力。」[27] 在研究開始時原本就感到焦慮的母親，包括那些嬰兒有醫療狀況的，最容易被小貓頭鷹所吸引。然而，假警報很常發生。當應用程式變紅，或者基地台在夜間發出警報時，可能不代表發生什麼不祥的壞事。也許只是襪子沒穿好，或者好動的嬰兒把它踢掉了。但這些事件，或數字中難以解釋的波動，未必總是能獲得良好解釋，這些謎團會需要更多焦慮的關注。

其次，正如研究人員所言，這個裝置以特別的方式讓父母與嬰兒分離。首先，如同成人往往對健康數據比對健康本身更為著迷，使用這雙襪子，讓父母將相當程度的注意力，從真實的嬰兒轉移到了連結應用程式上再現的數據化嬰兒身上。一位母親描述自己和伴侶一起坐著監控數字，而他們的嬰兒在另一間房間沉睡。你看，現在是 108。嗯，現在是 105。研究人員將此現象稱為「作為共同育兒活動的戀物化追蹤」。[28] 另一位媽媽對她嬰兒的生命徵象非常著迷，希望數據正常且總是在預期範圍內，以至於她每五分鐘就要檢查一次。「這真是令人上

癮。」一位媽媽在她的研究日誌中寫道。父母使用應用程式來更加確認自己的嬰兒，用智慧襪來做實驗和測試假設。羅伊是否像洛拉想的那樣淺眠？*

是的，數據證實了這點。如果莎拉能搞清楚莉莉的生命跡象如何對應即將入眠或醒來的時點，莎拉是否能增進自己的睡眠和工作效率？

小貓頭鷹應用程式似乎改變了人們與他人合作照顧嬰兒的方式。所有的研究參與者都有男性伴侶，但這些男性沒有一位自行下載這款應用程式，他們經常向媽媽們詢問嬰兒的生命跡象，而媽媽們是孩子數據的主要守門人。如果在「量化嬰兒的過程中出現異常」：資訊流中出現缺口、令人困惑或異常的數據、不知道是否為真的偽陽警告，這會成為家長或社交圈內人共同思考的謎團。嬰兒科技往往會引起伴侶間的緊張和意見分歧，兩方會議論這項小工具及其數據的必要性、準確度和益處。由於資料非常容易分享，媽媽們將數據片段轉發給更廣的社交網絡，從一開始就確立了「分享式養育」的路線。（我們將在下一章回到這個話題。）在「量化嬰兒」的研究中，研究者說明了嬰兒科技數據流對父母來說，是一種既令人安心又引人入勝的虛擬連結，使他們轉而從數據而非實際接觸中獲得關於孩子狀態的資訊。有了能在手機上追蹤、監測和分析資料的機會，降低父母親自檢視實際嬰兒的頻率。換句話說，手機上的數位嬰兒與其本尊正互相爭奪父母的注意力。

如果這種趨勢持續下去（目前看來會是如此），我們可能需要擔心。準父母已經收到強烈訊息，認為他們「應該」要使

用小貓頭鷹，因為它簡直是必需品。一位媽媽向我描述，她的朋友們原本打算為新生兒集資購買小貓頭鷹，當她說自己不想使用時，她們徹底驚呆了，甚至有些指責的意味。[†]隨著阿法世代讓位給預計在 2025 年出生的貝塔世代，嬰兒科技只會變得更加複雜而且聰明強大，鼓勵我們依賴技術來協助照顧這些小小嬰兒。不久的將來，「無機恐懼症」，即離不開的智慧型手機的分離焦慮，可能會比與孩子分離更令我們膽顫心驚。那對嬰兒來說將代表著什麼呢？

　　籠中有一隻小恆河猴。牠的棕毛從頭上豎起，眼睛在牠那可愛又皺巴巴的臉上又大又黑。由於在出生不久後牠就與母猴隔離，在實驗室中被養大，所以牠形單影隻。不過，有兩個奇怪的身形與牠共處一籠，它們的頭部均由塑膠和金屬製成，看起來像機器人。其中一尊是由冰冷堅硬的金屬網格構成，但它身上有嬰猴所需的生存要素：兩台機械式的奶水分配器，模擬放在真正母猴乳頭可能的位置。但嬰猴卻緊緊抓住另一尊身形，它不提供食物，卻包裹在溫暖舒適的毛巾布料中。有時當牠餓得無法忍受，牠會伸長四肢，一邊用腳抓住毛巾布母親，一邊從鐵絲母親那裡獲得奶水。如果籠中響起驚人噪音或有陌生物體進入時，這個小生物會立刻逃向毛巾布母親，用所

---

* 這些姓名均為範例，非相關研究中之真實姓名。

† 不到一歲嬰兒的不具名母親，2022 年 9 月。

有力量緊緊抓住她柔軟而無生命的身體。

　　哈利・哈洛在 1950 年代首度進行在今天眾所皆知的實驗時，當時的心理學家普遍認為，緊密連結父母和孩子，並能保障嬰兒福祉的，是食物而非身體接觸。許多育兒專家深信父母反而應該節制情感和出現次數，以免把孩子寵壞。但哈洛的研究力排眾議，指出身體的親近和舒適對於正常發展的重要性，僅僅滿足基本需求是遠遠不夠的。在某些實驗中，哈洛餵養嬰猴並滿足其他維持其健康的條件，但不提供任何陪伴。在沒有真實或替代的母親陪伴下，一些嬰猴表現出心理失常的行為，痛苦地在籠中打轉並自殘。有些不幸死亡。其他則蜷縮在角落，拿下身上的布尿布並與之依偎。[29] 此後累積了幾十年的研究，讓我們對於早期身體接觸的具體重要性有了更深入的了解。你可以輕易看到觸摸、緊擁和懷抱能安撫嬰兒，但比較看不到的是內在發生的事情，以及早期接觸所能帶來的長久身體益處。我們現在知道，有無深情的撫摸可能引起「表觀遺傳」變化，也就是改變嬰兒基因的運作方式。在出生最初幾天獲得肌膚接觸的嬰兒，一年後對壓力的反應較小。[30] 正面的身體觸摸，與未來更健康的心臟、腸道和免疫系統在統計上相關。[31] 另一方面，被迫與母親隔離的幼獸，如哈洛的恆河猴那樣，儘管被充分餵食，成長仍受到極大限制。[32] 令人心痛的羅馬尼亞孤兒研究顯示，在孤兒院中無人撫摸的孤兒，在長期缺乏接觸和依附對象下，對其肉體是多麼大的摧殘。[33]

　　健康的生理發展遠非嬰兒親密接觸的唯一好處。肌膚撫觸可以增進舒適感、安全感和信任感。雖然用像軟毛刷這類物品

撫觸也有一定效果，但皮膚對皮膚的接觸，才是真正讓號稱「愛的荷爾蒙」的催產素激增的有效作法。正如同：儘管由鐵絲製成的「母親」有比沒有要好，但比起真正有血有肉的猴媽媽，其實是個差勁的替代品。[34] 被搔癢，以及隨之而來的各種笑聲，會讓嬰兒體內充滿多巴胺。[35] 隨著嬰兒逐漸理解這些感覺良好和社交荷爾蒙的效果，並與親密的身體接觸互相連結，他們也學會了如何成為一個人。

在哈洛的恆河猴實驗之後，英國心理學家約翰・鮑比 [36] 將研究發現應用在人類上，他的理論影響力相當深遠，幫助公眾擺脫了舊有受佛洛伊德影響和行為主義驅動的觀點，兩派均著重食物的優先性。鮑比認為，一致、親密、可靠的陪伴會創造出「安全基礎」，構成父母與孩子之間健康的依附關係，這種關係將持續影響個體一生中與他人建立親密連結的能力。儘管這不是完全萬無一失的方法，畢竟基因、環境和依附之間有著複雜的交互作用。但如果照顧者敏於回應，而且他們與嬰兒之間有雙方都享受的互動，安全依附的可能性就會大增。[37]

如果嬰兒有安全基礎，成長到兒童期時，他們的不當行為表現可能會少得多，在壓力情境下更能夠調節自己的情緒並自我安慰，更易於關注他人的需求，更能享受和協調與他人的社交關係，以及更富同理心。嬰兒若缺乏或接受不一致的連結，或對觸摸的感受是負面而痛苦的，則有可能在長大後面對衝突或困難時表現出不信任、自我保護的本能，與他人相處時傾向於支配或退縮，且有在精神疾病和行為問題上有更高的風險。[38]

　　研究者瑪麗・艾因斯沃斯指出這些議題可以歸納為幾個類型。她觀察了不同孩子被單獨留在房間裡或與陌生人相處，然後看到照顧者回來時的反應。這些稱為「陌生情境」的實驗建立了我們現在所知的依附類別。[39] 安全依附的孩子看到照顧者回來時很高興，並且很快重新建立起彼此的連結，但焦慮依附的孩子則有不同的表現型態。有些孩子看似毫不在意；有些則表現出黏人和抗拒；還有些行為不定，僵住或逃跑。艾因斯沃斯相信，父母在孩子嬰兒時期對他們的回應可以預測這些行為模式，她的照顧者敏感度假說指出，不敏感或漫不經心的照顧者可能會撫養出迴避型依附的孩子；不一致的照顧者很可能撫養出矛盾型依附的孩子；而虐待或忽視則可能導致衝突而恐懼的行為，模式宛如完全沒有母親的小恆河猴。

　　儘管這數十年來大多數的孩子都顯現出安全的依附模式，但當父母仰賴更多的嬰兒科技，而非親自在場時，可能會改變這一點。圈養在智慧而敏於回應的嬰兒室中，嬰兒或許對他們的人類照顧者變得更加漠不關心，這可能產生更高比例的迴避型或矛盾型依附，而他們終將長大成人。照這種邏輯下去，甚至可能出現末日般的科幻情節，透過正常互動育兒等同於忽視，當然這種可能性微乎其微。慈愛的父母使用嬰兒科技來輔助他們的照顧，而非作為擁抱和真人的替代品。技術上，即使我們想將嬰兒照顧和處理工作委託給機器人照看，要能夠這樣做，還有很長的一段路要走。哈洛的研究焦點在於與真實母猴完全斷絕聯繫，羅馬尼亞孤兒的例子也是極端的。

　　儘管如此，當父母被一則帶有「哭泣技術」的智慧搖籃廣

告所吸引時，他們可能正在走向一個危險的滑坡。該技術承諾在嬰兒哭泣時用「前後擺動、舒緩聲音、多段式速度和振動等級」來回應他。[40] 如果我們開始過度依賴科技來代替人的感知和回應，隨著機器在這兩方面日新月異地大幅度躍進，我們可能會逐漸視其為父母撫摸和眼神接觸的等價替代品。隨著嬰兒成長，他們的視力和協調性與日俱增，真人的互動將變得更形重要，尤其是照顧者與嬰兒的眼神接觸時間持續限縮的情況下更是如此。

艾瑞克森主張眼神接觸是建立嬰兒信任的關鍵要素 [41]，這也對嬰兒與人類世界的社會化極其重要。敏銳式／回應式的育兒方式包括肢體接觸、回應嬰兒的面部表情、模仿他們的聲音和話語，以及很多的彼此對望。嬰兒對這種連結的深刻需求和渴望，由一項名為「面無表情實驗」[42] 的經典心理學研究中得到了驗證。

在「面無表情實驗」的影片中，[43] 一個活潑機警的嬰兒坐在兒童椅上。母親跪在嬰兒前與她玩耍，握住她的手，看著眼睛直視她的臉，並模仿她的聲音和面部表情。哈佛大學心理學家愛德華・特羅尼克博士在旁解說，母親和嬰兒是同步的，「在世界中共同調節彼此的情緒和意圖」。嬰兒全心投入並且感到快樂。

接著，事情有了變化。母親按照研究人員指示，在兩分鐘內不對嬰兒做出任何回應，她停止了所有動作。她沒有離開房間或把身體移開，但臉色平淡毫無表情，彷彿陷入抑鬱或心神恍惚。嬰兒立刻感到焦慮，她盡其所能試圖重新取回母親的注

意和互動。她指點、嘟囔、尖叫、揮舞手臂、伸手碰觸、在高
腳椅上扭動身體，最終開始嚎啕大哭，心碎不已。

　　當她的母親終於恢復注意力時，嬰兒也回復了常態，一切
都沒事了。特羅尼克博士解釋，當關係修復是可能的──也就
是當嬰兒能再次成功獲得父母注意時，一切都可以好起來。[44]
理論上這種片刻是短暫的，也因此溫尼考特向我們保證可以當
個「夠好」的父母就好。但是如果在抑鬱或疾病等狀況下，父
母有更長的時間無法回應嬰兒呢？或如果他們根本就不是真的
意志消沉──只是被智慧型手機分散了注意力，永遠在看別的
地方，儘管與嬰兒同處一室，但親子對望的互動程度完全無法
和過去相比呢？

　　目前的研究結果並不樂觀。我們在盯著智慧型手機時所呈
現的表情，與面無表情實驗中造成嬰兒極大負面反應的表情驚
人地類似。[45] 毫不意外地，家長使用智慧型手機的行為，已被
證實會增加嬰兒尋求關注的次數，且在難以獲得父母注意時加
深焦慮。[46]

　　獲得並保持父母注目及回應的難度愈高，可能的負面影
響就愈大。在評論一次嬰兒和爸爸之間進行的面無表情實驗
中，理查‧柯恩博士解釋：「後果可能相當悲慘，嬰兒可能會
難以再信任他人，也難與人產生情感連結；且難以自持，無
法平靜地探索和參與世界。因此，我們了解到那些最初的關
係，父親與嬰兒之間初始的回應和互動，是嬰兒未來從幼童到
大人都需要的成功關鍵。」[47]

　　隨著嬰兒的認知逐漸成熟，更能處理詮釋所見所聞，他們

的觀察力變得和觸摸或眼神接觸一樣重要。發展心理學的先驅們，包括心理學家尚‧皮亞傑和教育家瑪利亞‧蒙特梭利等人，都主張嬰兒具有的認知能力是我們所遠遠低估的。如今，神經科學確認了嬰兒們是小小科學家，觀察著身邊的環境和人，在心中筆記、學習並建立連結。[48] 每當經驗或現象重複出現，嬰兒的學習就會被強化鞏固。

　　想像一下，一個八個月大的嬰兒，父母有資源在家中安裝光纖網路，有薪水去揮霍購置昂貴設備，有意願去細讀理清產品評論。在生命來到六個月大時，嬰兒在某種程度上會理解他們是持續被觀察的，而環繞四周的機械眼睛、鏡頭和燈光是這個布置不可或缺的一部分。嬰兒注視並伸手去摸那些漂亮形狀的五顏六色，那些他父母如此專注的發光矩形物體。他還未意識到應用程式上的臉孔是自己的，這些形狀和色彩代表的是自己身體的機能。

　　也許嬰兒也開始理解更抽象的事物，需要在很多年後才能用言語表達出來：在這個世界上，安全才是最重要的。透過資訊流創造並維持絕對完美的安全性，以所有科技能賦予我們的來取得知識，或至少是擁有知識的幻覺。嬰兒藉由觀察和耳濡目染，學習到的是，人類透過這些物件來連結和回應彼此是正常且被期待的。有時候本尊甚至因為物件的注意力競奪，可能很難從父母那邊得到任何回應。

　　崔斯坦‧哈里斯是非營利組織人性化技術中心的代表，他

表示我們全都是有史以來規模最大的人體實驗受試者。這場巨大實驗有很大一部分牽涉到把持我們身體獎酬系統的技術，讓我們為了追求多巴胺的刺激而不斷尋求反饋或安慰：只是瞄一下手機就能產生多巴胺。[49] 或許智慧型手機和嬰兒監控技術兩者加成對父母來說無異雪上加霜，結合了求得心安的迴路與多巴胺獎勵的迴路。與此同時，當父母愉悅地沉迷其中，並安心地與他們的賽博格嬰兒相連結時，嬰兒本尊未必會感受到同等的益處。

我們很擔心科技對較大孩子的影響，他們已經能夠自己使用裝置。然而，隨著智慧型手機變得愈來愈厲害，能夠精準捕捉留住父母目光；隨著父母愈來愈信任用科技來偵測回應嬰兒需求，我們絕對不能忽視以下的壓倒性證據：對於小小孩來說，肢體接觸和眼神交流是不可或缺的。這兩件事都會強烈影響神經生理結構的發展，從而將在更長遠的未來支持其生理、社交和道德機能。而到了嬰兒能夠觀察詮釋成人行為的時期，無論準確與否，他們將會接收到經久不變的訊息：他們對所愛之人來說究竟有多重要。

無論從父母或嬰兒的經驗和觀點上來看，艾瑞克森的「信任／不信任」理論依然歷久彌新。父母對於科技界面育兒的信任程度愈高，就愈容易依賴用手機上的賽博格嬰兒從遠處追蹤嬰兒本人的生命徵象，而愈來愈不會使用父母過去曾經仰賴的五感。從一種不同類型的「知道」中發展出的本能：更緩慢、更混亂、來自感官經驗因而不完整，可能會因此萎縮。即使技術可以優化一切，完美從來就不是育兒的必要條件，事實

上也未必最適合嬰兒。如果有充足的愛、連結和肢體接觸這些基礎，「足夠好」的親職並非一種缺失，它對健康發展來說反而是最佳狀態。[50] 跟其他領域一樣，在育兒遊戲中，追求毫無瑕疵往往會產生反效果，正如伏爾泰所言，莫因強求完美，而使好事難成。

如果受到新穎嬰兒科技的光鮮亮麗所惑，這種對「完美」的追求註定失敗，也沒有必要，且將對父母和嬰兒造成重大損害。我們基本上是回到了嬰兒只需要食物、庇護和溫暖就足夠的時代，一舉倒退回哈洛進行恆河猴實驗、鮑比建構依附理論、史波克以他的敏銳／回應式育兒觀念革新了育嬰顧問產業之前。我們不能讓智慧型裝置逐漸成為貝塔世代的鐵絲母親，這可能會讓這個世代與世隔絕、有社交障礙，身體也不健康。我們現在已經擁有足夠的知識，不能集體夢遊，再次回到那種過時的思考方式。肢體接觸和互動會讓父母和孩子都更快樂，對嬰兒發展至為關鍵，其重要性完全無法遭忘忽視。

現代科技保護並改善了有醫療狀況嬰兒的生命，對嬰兒的幫助可說是居功厥偉。有朝一日，科技或許能預防像嬰兒猝死症候群這樣的悲劇，但目前像小貓頭鷹智慧襪這樣的產品還無法做到這一點。在嬰兒晚期到幼兒時期，小孩子可以透過視訊通話和遠方的親屬形成強烈的社會聯繫，為當中每個人帶來喜悅和益處。但在現代「連結／孤立」的緊張關係中，父母愈是試圖使用科技與嫩嬰建立連結，小嬰兒所體驗到的孤立感就愈深。在這一段凝視與撫摸重於一切的形成期中，決定嬰兒只是受到監控，還是真正有被看見，科技是一股愈來愈強大的力

量。

　　幸運的是，父母和照顧者仍然有權自由決定他們要購買多
少科技產品，以及如何使用它們。只要他們能保有初心，做出
真正能促進相互連結的明智選擇。

第三章

學齡前幼兒

「要是你生活中的每一刻都受到監視該怎麼辦？」預告片如是問。[1]

在電影拍攝的小鎮上，5,000 台攝影機追蹤著一名男子的一舉一動，他是世界上最受歡迎的電視節目明星，只有自己渾然不覺。他完全不知道自己出生時就被領養，領養者是那家現在拍攝、剪輯並播放他生活的電視製作公司。他的朋友、愛人和同事全是受僱的演員。他妻子總習慣熱情而詳細地介紹餐點中的食材，這全是付費的置入式行銷。

直到有一天真相大白：主角險些被從朗朗晴空下墜落的照明設備擊中。他向上瞇著眼，發現了宇宙中的一隙裂縫。就在他仔細注視時，幕後黑手迅速修補起天空中的黑色破口，那是溫室外製作團隊的隱形員工們所為。

當他意識到自己整個人的存在是為了那些螢幕前的觀眾而精心策劃，節目男主角開始質疑自己的真正身分。他是否擁有自己的個性，還是那些特質僅僅是被他的奇異境遇所塑造或提

取出來的？無論他以為自己擁有哪些自己主宰生活的能力，如今謊言都被揭穿了。

作為一部奇幻劇情片，《楚門的世界》提出了某些棘手的存在主義難題，但其基本前提在 1998 年上映時仍然顯得荒誕不經。[2] 導演彼得・威爾甚至說：「這不可能會發生。」[3]

然而，在接下來的數十年，我們已經相當接近能夠讓這情境發生的地步。「實境節目」是一種在 1990 年代初興起的類型，在二十一世紀的前十年中迅速竄紅。與此同時，記錄並與世界分享自己的真實生活，變得前所未見地容易。YouTube 於 2005 年進入大眾的視野，而透過影片分享個人生活的「影音部落格」，隨著 Flip Video 等小巧、易操作的攝影機硬體推出而呈現爆炸性成長。Flip 的廣告標語是：拍攝簡單，分享簡單。第一代 iPhone 於 2007 年推出，擁有影像品質、編輯工具和其他進階功能，這些特色此後一直是智慧型手機戰爭的武器。2022 年，韓國電影導演朴贊郁與蘋果公司合作，僅使用一支 iPhone 13 Pro 拍攝了電影《人生如夢》。[4]

每個人隨時隨地手中都握有能上網的鏡頭，對我們的親密關係和社會都有著巨大的影響。2022 年，科技記者艾米莉亞・泰特採訪了從出生起就被社交媒體上的文字和影音部落格記錄下來的第一批孩子，探討他們進入青少年時期並發現自己聲音的感受。[5] 提及父母迄今發布他們兒時生活的編輯版本，這些聲音是曖昧不明的。泰特將生在阿法世代的這群人稱為「楚門嬰兒」。

許多泰特受訪對象的父母所發布的影片，都是經過生硬的

擺拍。看似自然的時刻往往是靠哄騙或賄賂才得以呈現，有點類似「親愛的，對著相機笑一個！」的概念，只是更加曠日費時而已。這些影片是刻意營造出來的，但與電影中的楚門‧伯班克不同，這些「楚門嬰兒」通常都知情，並參與了整個過程。記錄分享他們的生活肯定不像在《楚門的世界》中那樣有害或者剝削人。對吧？

　　為了理解「楚門式」的實境秀童年對成長中心靈可能造成的潛在影響，我們有必要先深入探討幼年人類的發展心理學。我們把這些早期階段稱為「形成期」並非毫無理由：這段期間形成了我們對自己、他人和世界看法的基礎。艾瑞克森將從嬰兒期到學齡兒童之間分為兩個階段。

　　首先是學步兒。這個詞喚起了後嬰兒期渴望而堅定的能量，以及蹣跚嘗試超出幼童所能駕馭的更大獨立性。根據艾瑞克森的理論，學步兒處於自主獨立與羞愧懷疑的對決中。[6] 他們不用再完全仰賴照顧者，而開始尋找自己的路，發展批判性思考，做出自己的決定，從錯誤中學習，並回應身體的需求。

　　當父母第一次看到孩子靠一己之力蹣跚前進時，有些爸媽會發現自己無法掌控的可怕與困難，並且會因此做出回應，變得過度保護或約束。也有些父母為孩子提供安全、接納的基地，讓他們有歸返之處；同時也鼓舞獎勵他們的獨立探索。並發現這麼做要容易得多。[7]

　　在學步兒階段，過往的嬰兒科學家成了更有效率的小海

綿，以驚人的速度吸收資訊並得出結論，其中也包括對自己的理解。學步兒將他人回應的言行當成原料建立起自我感。孩子們將成人的行為和反饋融入其個性基礎中，其中包括了「價值條件」，即關於行為好壞的內化規則與假設，以及自己是否可以被接納。[8]

透過早期童年時期的經歷，你的「早期適應不良基模」開始形成，這些主題和模式將持續影響你和你的人際關係，透過情感、思想、記憶和身體感官在你的一生中展現無遺。早期適應不良基模的發展來自於受挫或未獲滿足的核心情感需求，包括與他人的安全依附、自由表達情感、自由和自主，以及認同感。

你可能無法確認自己早期適應不良基模（或其他基模）的來源，因為這遠在最早記憶所及之外，兩歲半之前的記憶通常模糊難辨。[9]但今天令你挫敗的脆弱之處，很有可能一開始就是從那些最年幼的時光引起的，不僅僅是由重大事件，也包括那些無數隱晦的細微互動、語言與非語言訊息、生命中人們一閃即逝的言行回應所構成。

我進行心理治療時的成年客戶必須對童年時被強加的價值條件提出假設。他們從現在的感受和思考逆推，建構故事來推測早期適應不良基模可能是如何形成的。他們無法倒帶檢查過去真實發生的情況。

但與前幾個世代相比，若父母在社交媒體上很活躍，阿法世代的孩子出生的前幾年有大量細節被記錄下來。可以直接窺探他人大腦的技術目前（尚）不存在，但透過瀏覽父母過去的

臉書或 IG 動態，相較於我對自己父母年輕時想法的理解，阿法世代遠遠更能窺見父母的思想和情感。一個阿法世代的孩子可以回顧性地見證父母每天情緒和態度的變化，父母談論育兒和孩子的方式，以及他們對孩子明示或暗示的希望、期待和判斷。

　　某方面來說，阿法世代可以倒帶回放。在一連串螢幕所擷取的時刻中，他們可以觀察自己早期基模和價值條件的開展，就像在看延時攝影影片中的植物一樣成長和綻放。

　　接著是從三歲到五歲的階段，英文中似乎沒有常用的詞彙來描述這個階段。唯一浮現於心的詞彙指涉尚未到來的事件：學齡前兒童。你可能對這段時期的生活有所回憶，因為此時支持敘事和記憶的大腦部分已經有更好的發展。艾瑞克森將此一階段定調為主動性對內疚感。[10] 孩子變得更加獨立，主張自己的意志，自主決定值得花時間和注意力的事物，並反抗別人向他們強加的想法。如果照顧者表現出輕視和減損的態度，價值條件和無用感就會增強。相對的，若父母支持並為孩子的萌芽興趣撐出空間，便可讓孩子的目的感較不受限地綻放。

　　這些關係動態是早期童年中的標準議題。身為父母，很難不讓自己的希望、恐懼和需求蔓延到孩子身上，事情一直都是這樣。我們的核心情感需求之所以被稱為「核心」是有原因的。然而，當我們把這個熟悉的早期童年心理學配方加入「社交媒體」的新成分，會發生什麼事呢？

　　儘管年幼的孩子可能會發現許多智慧型手機或平板電腦的

功能，但他們通常不會按照原本設計來「正確」使用社交媒體，也無法建立自己的個人檔案。相反地，他們由自告奮勇的代理人所代表。驕傲、寵溺而善意的父母一向會展示孩子的照片，吹噓他們的成就，並將自己的假設、期望與投射，編織在為孩子量身建構的敘事當中。然而正如同前面懷孕期的情況，社交媒體加重了父母在孩子生活中的權力、影響和衝擊，偶爾是正面的，但往往都是負面的。

究竟要曬娃還是不曬娃，這是個大哉問。

在充滿新造科技詞彙的複合語世界中，「曬娃」是指在社交媒體上披露有關自己孩子資訊的行為，這種做法在數位落差的「富人」這一邊非常普遍，以至於《紐約時報》曾發表過一篇令人難忘的文章，標題為〈如果你沒有「曬娃」，你真的有在育兒嗎？〉[11] 文中隨附的影片描繪了不同年齡的孩子們與他們困惑、有些戒備的曬娃父母進行對話，其中大多數父母對於分享行為可能會有問題的想法，都感到不解和抗拒。

並不是只有父母會分享孩子的相關資訊。如果學校或醫院診所在網路上發布有關孩子的資訊，父母完全有權抗議。但當分享者是自己家裡的人，而且利害相關人有些會獲益於曬娃，有些則否時，情況就變得更加棘手。2020 年，荷蘭的一位曬娃祖母因為在臉書和 Pinterest 上發布了她愛孫的照片而上了新聞。要求刪除照片的是她自己的女兒，也就是孩子們的母親。當奧瑪堅拒自行刪除時，女兒將她告上了法庭，並且勝訴。[12]

孩子們還在成長時，他們的資訊被擷取分享，而他們還

無法全然理解這些技術，或有能力自行來決定數位參與的程度，這對孩子來說是什麼感覺呢？曬娃行為與孩子的核心情感需求有什麼樣的交互作用，並會如何影響父母與孩子間的關係？很大程度上，因為曬娃，這個時期的生命增添了一個新層面：能動性對無力感。

2010 年 1 月的舊金山，麥克‧艾靈頓坐在舞台上。麥克是報導高科技和新創公司的線上刊物 TechCrunch 的聯合創辦人，他正在表揚科技新創領域創新者的「脆片」頒獎典禮上採訪創業家。艾靈頓身著西裝，和他一起上台的人受到觀眾熱烈的掌聲歡呼，卻只穿著輕便的牛仔褲和灰色拉鍊連帽衫。[13] 憑藉著平台的飛速增長和驚人收入，這位年輕人的公司連續兩年在頒獎典禮上獲得「最佳整體新創公司」獎。此前的十二個月為他的平台帶來了五千萬名新用戶，而平台才更新了設定，讓所有社交媒體貼文均預設為公開。[14] 如果多數使用者對這一變化不以為意，可以肯定的是隱私倡議者十分惱怒。

艾靈頓先生提到這個爭議，評論說：「你在隱私問題上總是在試探底限。」「網路隱私會怎麼發展呢？」

這位年輕人開心揮舞著手說：「嗯，回顧過去很有趣對吧？」「我們剛開始做的時候……很多人問……到底為什麼要把資訊放在網路上？」他接著描述同樣一群人如何無縫接軌，開始與廣大受眾分享更多不同類型的資訊，包括在公領域中分享個人資訊。「這種社會規範只是隨著時間演變而來

的，」他說，「我們認為，我們在系統中的角色是要不斷地……創新和更新我們的系統，以反映當前的社會規範。」

穿著灰色連帽衫的男子當然是馬克‧祖克柏，時任臉書的執行長，直到今天都還在任。他貌似不經意地提倡公開是新的私密，並主張藉由改變臉書的隱私預設，他的公司只是給世界提供更多想要的選擇。隱私不再是社會規範？這項啟示應該是爆炸性的消息，亟需進一步討論，但艾靈頓轉而談到其他事情，問祖克柏是否計劃繼續「積極」收購其他公司。針對這個問題，我們現在知道了答案。兩年後，臉書將收購 Instagram。

聲稱人們不需要、不想要或不期望隱私非常大膽，如果是真的，將幫助祖克柏收割巨大的財富。畢竟，他的平台商業模式完全仰賴用戶盡可能分享有關自己和他人的資訊，多多益善。在接下來的十年中，祖克柏在公開聲明中對隱私的重要性時而往東，時而往西。他的公司並沒有回應新時代的隱私和揭露規範。相反地，祖克柏和他的同輩創業家正在創造這些規範，並取得了極大的成功，引發了無數辯論，關於我們是否仍能控制自己的選擇，是否能夠規劃自己的命運，或者科技是否劫持了我們的意志，並偷走了我們的自由。

基於我自己的曬娃歷史，我很有興趣去了解分享孩子資訊時，受到哪些操弄以及社會壓力。儘管這看來有點反諷，但在這一章中，我將分享自己的故事，在這些故事中，我恰好是個既有經驗也受過訓練的專家。父母需要對自己充滿同情，同時

充分同理孩子，才不會在科技地景中迷失方向，因為它們相當有技巧且幽微地催促人們分享。儘管我知道早期童年所有相關的重要理論，我依然熱衷曬娃，此一事實更證明了這一點。

當艾靈頓和祖克柏在討論隱私的終結時，矽谷離我其實很遙遠。我坐在倫敦一處新粉刷的托兒所裡，懷裡抱著我的女寶寶。我跟很多 2010 年同梯的新手父母們都一樣，用在社交媒體上的超音波照片宣布了寶寶即將到來的消息。我女兒的數位自我在臉書上誕生，比她實際出生的時間早了幾個月。

到了她十歲時，據報導，全球約有三分之一的人口至少每個月使用臉書一次。[15] 2020 年 1 月，祖克柏的公司正在準備資料隱私日的新聞稿，而我則坐在筆記型電腦前試圖刪除與我孩子相關的所有貼文，這些貼文都放在現在屬於 Meta 母公司的兩個旗艦品牌平台上：臉書和 Instagram。[16]

十年的社交媒體記錄要清除竟然意外地棘手，臉書並未提供大量刪除的選項。起初，Instagram 似乎更容易一些。我眼睛掃過圖框尋找她的臉龐，她獨特的髮型。刪除了我所能找到的每張圖片後，我做了自以為的最後一次檢查。但她的照片又出現了。是我眼睛出了問題，還是 Instagram 在和我玩貓捉老鼠的遊戲，藏起又露出先前隱祕的圖片庫？又是一輪刪除，再一次檢查，還是有漏網之魚，在一張張我發誓剛才明明還不存在的照片中。

我很想放棄，但我不能。女兒不時會來查看，看我進度如何。

我之所以進行這項差事，有部分是因為研究和撰寫了一本

書，內容關於我們的資料在人去世後會發生什麼事，這讓我更認真地思考數位生活。但實際上開始倒數刪除日的時間在大約一年前，和我的女兒共進午餐時。

她想要點一杯檸檬汁。我說：「或許可以吧，不過我先想問你一件事。」她戒慎地歪著頭，想知道今天飲料的交換條件是什麼。

我說：「如果你不介意的話，我想錄下我們的對話，這是我計畫的一部分。」*

她立刻問：「你不會拿來貼文吧？」

有時，只是從包包裡拿出手機的動作就足以引發這種反應。對於我的問題，她的本能反應正是我想要溝通的首要原因。「我在新聞上讀到一則關於一個青少年的故事。」我意識到自己漫不經心的語氣是裝出來的，父母希望孩子們對他們敞開心扉時都會用這種語氣。

「她提到她的父母在臉書上張貼她生活中的照片和瑣事，以及她對這種作法的感受。」

我不想告訴她更多細節，讓她的回應有所成見：那位十八歲的奧地利女孩因為父母在網上發布了數百張她的照片而感到極端不適，用她自己的話來說：「他們恬不知恥，也毫無節制。」她在 2016 年把他們告上法院，聲稱他們侵犯了她私生

---

* 以下對話來自我和女兒的談話錄音，經她同意在本書中使用。

活的權利。[17] 或者在法國，成年人可以告他們的父母，針對他們在未成年時被發布的圖片請求賠償。即使沒有這些八卦細節，我的女兒還是很感興趣。她把著色本推到一邊。

「我想知道你是否願意告訴我你的意見和想法，」我繼續說道，「有很多父母在孩子還沒有大到足夠了解社群媒體時就在上面分享資訊，告訴我你怎麼想。」

她回答：「我不喜歡你在臉書上分享那些好笑的對話。」

我整個人都呆住了。她指的是我們母女之間關於各種主題的對話，多年來我一直忠實記錄並與親朋好友分享。我給它們起了類似文藝復興時期蒙田散文集那樣的標題。[18] 論愛情。論自然。論記憶。親朋好友們都愛不釋手，按了很多讚，並敲碗要求更多。我也很喜歡它們，自從上次聖誕節我把文字印成實體書以來，女兒看起來也樂在其中，每晚都在床上翻閱。難道她不喜歡嗎？

我忍著沒說話，驚覺不為自己辯解所要耗費的努力。既然她終於有機會暢所欲言，她一五一十地全都說了。所有她感到遭到背叛的時刻：她請我不要分享但我還是照做不誤；我在她不知情的情況下貼文時她又驚又氣。那些陌生人似乎對她瞭如指掌，像老朋友一樣和她打招呼的場合。所有我剝奪她決定自我界限的時刻。所有她感到被看光光的時刻。

我不是職業部落客，也不是網紅美拍家庭的女主人。我不像葛妮斯・派特洛或紅粉佳人這些名人擁有大量的社交媒體追蹤者，他們最近因為未經孩子同意在網路上分享孩子資訊而上了新聞。[19] 派特洛的女兒在一篇特定貼文的評論中指責她。[20]

我只是一個在現代世界中有孩子的人，與其他有社交媒體帳號的父母沒有太大的不同。當然，我對攝影和寫作的熱情，再加上我和家鄉之間五千英里的距離，可能讓我和其他人在使用社交媒體上有所不同，顯然是用得更多。但我的隱私設定是嚴格的，我的動機是純粹的：分享所愛、保持聯繫、感動人心。我女兒卻有不同的看法。

她對某些事件的記憶力非常驚人，幾乎涵蓋了她整個人生。她可以提起三歲以前發生的事情，這些事情在認知發展中的學步兒階段根本不太能夠記住。她聽起來並不生氣，只是在陳述事實，似乎已經認命了。

我說：「寶貝，我很抱歉。你希望我做什麼？」她的眼睛亮了起來。母親突然給了她一個選擇，也許是她本來就應該擁有的選擇。她把握機會抓住了這個新權力。

她說：「我希望你把它們全部刪掉，而且我不希望你再發布關於我的貼文。」

我心中一陣翻攪退縮。許多論點不由自主湧入我的腦海，要基於便利、效率、回憶還是喜悅的理由來拒絕她的要求。或許也是因為要與我們所關心的遠方親友保持聯繫。如果我向她保證我的隱私設定，那會讓她可以接受嗎？如果我提醒她我的好友列表有多嚴格，我就能保住我的寶貝珍藏嗎？我從沒做過嬰兒書。相反地，我建立了這個精心策劃的線上典藏庫，裡面有美麗的照片和迷人的對話。這一切都如此容易、自動、簡單，可以同時為自己、她父親，還有她——當然是為了她！——記錄下這些時刻，並與祖父母、叔叔、阿姨分享。這

樣的回憶是神聖的，我心想。你不能就這樣摧毀它們。

　　但問題都說出口了，也得到了回答。我還能有什麼選擇呢？我女兒的腳跟有節奏地踢著長椅底部，凸顯著長長的沉默。

　　她說：「這什麼時候才能結束？」

　　這一刻在我們之間僵持不下。她的意思當然是錄音。她允許我用語音備忘錄記錄下她提出的震撼彈，在我們關係的前十年，我拿她的資訊來恣意揮灑，現在她準備往前進了。

　　我說：「現在，現在就結束。」

　　我已經把照片存到其他地方，無論是實體格式或隨身碟上。我甚至下載了我在臉書上的整份檔案，並將貼文和圖片印成書，每一冊的尺寸隨著我每年在社交媒體上所花的時間呈指數級增長。儘管如此，每次刪除時，我的胸口都會有一陣擔憂襲來。我徹底被制約，深信數位備份對於安全保存紀念品和重要文件的必要性。如果房屋失火燒毀了相冊，又融掉硬碟該怎麼辦？在網路上翻閱多年的回憶，我回想起那些如果不是在臉書和 Instagram 上記錄的話，我會完全忘記的事情。我的胃不斷翻騰。如果我又忘記了，永遠失去這些回憶該怎麼辦？

　　我猜想，或許這種不適感也是刻意設計的。也許他們從程序上到心理上都讓我難以抹去我和女兒的資料。他們希望我能自行放棄資料刪除計畫。這些狡猾的刪除障礙讓人抵抗無效，是比我聰明許多的矽谷開發人員所設計的招數嗎？

　　同一個月過了幾天後，臉書編輯部發表了一篇文章 [21]，這篇文章可能是在我進行刪除計畫的同時間所研擬的。如果沒有社交媒體，資料隱私日就不會存在。這個一年一度的活動始於2007 年，就在臉書在市場公開的幾個月後，其宗旨在喚起人們對資料隱私的意識。[22] 在祖克柏 2020 年的聲明中，他承認儘管臉書公開宣稱要為使用者建立更強的隱私保護，但在這方面還有「很多工作要做」。他向人們保證已更新「隱私檢查」的工具，公司現在更加透明公開其收集的用戶資訊，包括平台內與平台外的。這篇短文有一個很長的標題：「給予您對於隱私的更多控制，開啟新的十年。」[23]

　　給予。你不能給予你沒有的，也不在你能力範圍內能贈送的東西。如果一個社交媒體平台可以將隱私控制權交還給我，那麼首先它必須擁有這種控制權。當然，對我個人隱私的考量不是那天在一個十歲孩子的注視下刪除貼文的主要原因，這個孩子已經成熟到能鼓起勇氣主張自己的權利。我想知道的是，是什麼樣的內在需求與外部影響使我在一開始創造了這成堆的資料。

　　推動父母曬娃的力量複雜且雙向，但我們可以先看看這個配方：一些個人心理學、一些行為心理學、一些社會心理學，再加上一點神經心理學的調味，最後倒入一杯人機互動的雞尾酒杯中。個人心理學部分涉及所有人類共有的一個核心情感需求：在關係中感到安適、歸屬感、獲得部落的認可和回應。

　　初次為人父母，而且遠離家人和故鄉，我渴慕著這一

切。我的親友可能無法定期與我女兒共處，這對所有人來說都很痛苦，但這些痛苦因為我透過社交媒體盡可能生動地呈現她的生活樣貌而得到了很大的緩解。孤立感降低了，連結感增強了。

無論是對於我和許多親友來說，這種連結管道都是一條生命線。難怪不管我分享什麼，他們都會給予回報，而行為心理學指出，我們會重複進行得到回報的行為。當我分享與孩子相關的內容時，相較於任何其他內容，我的社群會按更多的讚與回覆，尤其是當貼文有精彩的照片和母女之間有趣對話的文字記錄時。讚揚我的寫作或攝影則更加刺激這些強化作用，不過是出於別的原因：它們認證了我身為作家和攝影師的珍貴認同，我一直害怕會因為成為母親而失去這部分的身分，或不可逆地被改變。藉由以我自己的方式貼文策展，魚與熊掌我都得到了：是的，我是一位母親，但我的社群讓我知道以前的我依然存在。

人類行為同時受到個人特質和社會情境的影響，儘管我們往往低估後者，但社會情境才是更強大的驅力。特別是當我們感到不確定，在一個嶄新或曖昧的情境下，我們不知道該怎麼做或如何行動時，我們會看看別人是怎麼做的，這種現象稱為社會證明 [24]。如果每個人都在做某件事情，如果這種行為符合常規和預期，我們就會這樣做。我們這種部落動物會步調一致，根據他人行為來調整自己。這麼說來，我們的步伐會跟隨潮流的方向和速度，當然也包括網路流量。[25] 而當我們與所屬部落的步調一致時，那種感覺很棒。

　　由於科技公司產品的成功關鍵就是要影響我們的行為，他
們將所有的心理學知識融入他們所設計的裝置、平台和服務當
中。許多矽谷的創業家和開發者都曾就讀於史丹佛大學，那裡
也是佛格教授的行為設計實驗室所在地，先前被人稱為說服技
術實驗室。[26] 儘管我們希望抵抗來自科技的無窮推坑，有些人
認為這已是幾近不可能的任務。哲學家詹姆斯‧威廉姆斯先前
是谷歌員工，他寫道，世界上最聰明的腦袋都致力於收割你的
注意力，盡可能延長你上網的時間，並讓你自願交出最大量可
變現的資訊。[27]

　　但此處還有另一個心理學概念是相關的。在 1960 年代，
賓州大學進行了一系列著名的實驗。[28] 教科書中對這項研究的
插圖總是會有籠子裡看起來滿面愁容的狗，這些籠子的地板是
由金屬網格所製成。這些狗之所以感到憂愁，是因為地板會導
引痛苦的電擊。任何動物都會努力避免這樣的負面刺激。而這
些狗一開始的確在嘗試。在實驗的某些條件下，狗可以跳過障
礙物或押下槓桿以避免地板電擊。然而，在最殘酷且最震撼的
條件下，狗兒沒有任何出路。無論怎麼努力，狗都無法逃避電
擊。

　　經過一段時間後，處於這種狀態的狗了解這種情況無法
逃避，便會躺在地板上。當痛苦襲來，牠們會哀鳴但不會移
動。牠們已經內化的信念是自己無能為力，因此當研究人員
用美食誘惑牠們，或用更多懲罰威脅牠們，或示範逃脫方法
時，這些狗都動也不動。研究主持人馬丁‧塞利格曼將這種放
棄稱為「習得的無助感」。人類也會出現習得的無助感。如果

你深信現況無法改變，如果你相信他人控制一切，沒有任何出路，那為什麼還要費力嘗試呢？

在和我女兒關於曬娃的對話中，我問她為什麼多年來沒有抗議我的曬娃行為，沒有向我明確指出這對她造成多大的困擾。她為什麼先前都沒有告訴我？

她疲倦地聳聳肩。

「我不覺得你會罷手。」她說。

身為一名曬娃的父母，我與科技的關係不但對我的孩子沒有幫助，反而傷害了我們之間的關係。但我知道原因。也許就像你一樣，我也被大型科技公司的商業模式所操縱，無形中強化了資料分享的行為。這裡絕對不是要進行道德判斷。但我知道我必須停止。身為一名心理學家，我的老本行建立在有可能改變的基礎上，並且找出能夠使人們選擇改變的槓桿，滋養對他們個人而言重要的事物，其中可能包括力量的增長，以對抗他們生活中存在的某些社會和科技影響。對我個人而言，這個槓桿是我願意承認我的曬娃行為已經干擾到女兒的某些核心情感需求。[29]

核心情感需求不僅對兒童來說是重要根基，生命的每個階段都需要滿足或關注這些需求，因為它們是所有良好關係的基礎，幫助我們在家庭和工作中過更快樂穩定的生活，對自己更有信心。而其中一個關鍵的情感需求是自主性。正如我們所見，這在早期童年中影響甚鉅，因為孩子們正在長成自己的樣

子，而父母則在努力讓這一切發生。

父母和家庭是否應該對兒童的最佳利益擁有最終權威，這在某種程度上取決於每個人的文化背景，反映在所處國家的法律中。在英國，一般認為父母是未成年子女資訊的守門人，而父母的表意自由權利通常凌駕於兒童隱私權之上。儘管孩子可以運用「私人資訊濫用」的論點來主張他們的隱私權受到侵犯，但勝訴的機率相當渺茫。況且在廣泛分享個人資訊的曬娃文化中，很難證明「濫用」。[30]

諷刺的是，法國，一個成年人可以因為父母在他們兒時在社交媒體上分享的素材而起訴父母的國家，竟同時也以一種成年人主導一切的育兒風格而聞名：「我說的算。」（*C'est moi qui décide.*）[31]。在美國，「父母豁免原則」則為了家庭和諧，防止小孩起訴他們的父母，這意味著孩子們未來無法因為 Instagram 上的兒時泡澡的照片，將他們的父母告上法庭。[32]這種豁免也有例外：如果父母對孩子犯下「故意和惡意」的罪行或不當行為，孩子便可以尋求補償。然而曬娃時，很少有人理解到行為對當前或未來的傷害，更不用說會故意和惡意為之了。但當我注意到《紐約時報》的〈如果你沒有「曬娃」，你真的有在育兒嗎？〉[33]影片中反覆一貫的主題時，自主性的問題，以及人們是將孩子當作自身的「複製人」，還是他們自己，這些疑問浮現在我的腦海中。但分享我的生活很棒，而你是我生活的一部分。

出於尊重他們孩子的意願，有些現代父母根本不曬娃；或者為他們設定某個年齡門檻，孩子稍大時會在貼文前徵詢他們

的意見，或者至少在孩子主動或被動反對時退讓撤文。另外有些父母則進行協商或請求，提供獎勵或達成協議，以便以特定頻率或在特殊場合發布照片：每月一次、開學或學期結束時、在家庭假期或活動中。還有些父母向非常年幼的孩子徵求許可。

在那次午餐隱私高峰會期間，我問了自己的女兒這個問題。我說：「你希望我以前有問你的意見嗎？那樣會更好嗎？」

我女兒的語氣很有耐心，只是有點老成持重。她舉了一個比她小的朋友的例子，姑且稱她為亞德莉安，她以願意讓一切公諸於世而聞名。「『如果亞德莉安的媽媽說，嘿，亞德莉安，我可以拍一張你在浴室裡的屁股照，然後發布到臉書上嗎？』她會把屁股貼在鏡頭前扭動並說：『當然可以！』」我女兒說。「但是亞德莉安很瘋，而且她只是個孩子。」*

她說得對。如果行為人沒有能力理解同意的後果，那麼同意就毫無意義可言。以社群媒體來說，父母往往與孩子身在同一條船上，因為只有真正的知識和理解才能授予完全的同意，但成年人在此也很難掌握事情全貌。許多人僅聚焦在一些明顯的缺失，如在社群媒體上發布幼童圖片，卻沒有意識到更幽微、未必那麼可見的問題。即使我們對抽象的未來後果有些預感，當下的具體衝動往往占了上風。但曬娃對孩子的現在和未來可能產生的影響是全面性的。首先，正如先前所指出

---

* 所有素材均引自我和女兒的錄音訪談，經同意使用。

的，曬娃可能為下一代帶來財務上的災殃。孩童資料對市場行銷人員來說是一座金礦，面部識別技術將幫助未來的市場行銷者精準識別鎖定這些孩子，以至於他們可能無法抗拒要賣給他們的商品。詐騙者也會趁機大撈一票，據估計，到了 2030 年，曬娃將導致超過七百萬起由身分冒充所造成的財務欺詐案件。[34] 拜當今的資料共享行為所賜，未來的罪犯可能更容易以剛成年的成年人名義取得信貸，或清空他們的銀行帳戶和數位錢包。我自己經歷過超精準的網路行銷誘惑，也曾遭遇身分盜竊的不便與成本，我很擔心在無意間增加了讓其他人更容易淪為這些犯罪受害者的可能性，更不用說是我的孩子了。

尊嚴和安全也實在令人擔憂。阿拉斯泰爾・麥吉本是前澳大利亞兒童電子安全專委。他在 2015 年的報告便指出，戀童癖影像分享網站上有多達一半的圖片源於親友的社交媒體。[35]

諾丁罕特倫特大學法醫心理學教授貝琳達・溫德專門研究性侵犯罪的問題，她表示：「人們有種錯覺，認為如果嚴格限制隱私設定，便能擁有很大的控制權。[36] 他們告訴自己，我知道我的朋友是誰，我只有我認識的人在圈子裡。我知道當我在網路上發布孩子照片時會怎麼樣，或不會怎麼樣。」「但人們忘記了，他們朋友名單上的每一個人，都與一整群其他個體互相連結，或者可能有他們不知道的漏洞，使得這些圖片能夠更廣泛地傳播出去。」

貝琳達隨即補充：「許多圖片並沒有腥羶色或需要質疑，而是完全不會違反任何社交媒體社群指南的清白照片。」然而在網路的其他角落，或在暗網上，這種圖片依然可以放在

性剝削的脈絡下被觀看。如果這已經讓人感到不適，她還有更驚人的數據。據估計，英國兒童性虐待的比例大約為每二十人中有一人，這數字足以讓人感到坐立難安。[37] 那麼，到底是誰在侵犯別人呢？

貝琳達說：「大約有 80％的性犯罪是由沒有前科的人所犯下。他們不是那種喪心病狂的怪物，他們的性格中 99％可能是很棒的人，然後有 1％是你看不到，連他們自己都感到羞愧丟臉的部分，他們隱藏在一個很黑暗、很黑暗的地方。」

我們很想推定自己在社交媒體上選擇連結的人都是好人，親友名單上的每個人都是安全的，朋友的朋友也應該還算不錯，也因此才有了這種隱私選項。不幸的是，你的線上和線下的社交圈中很可能包含性侵犯。

雖然與性虐待有本質上的差異，企業對兒童資料的剝削也可能對兒童的生活產生嚴重的後果。在《監控資本主義時代》一書中，肖莎娜・祖博夫解釋了我們如何將自己和他人所生成的資料，餵入愈來愈精密的預測工具中，來預判我們當前和未來的選擇。[38] 接著全球的監控資本家將由此產生且價值連城的「預測產品」，賣給渴望獲取當前和未來消費者相關資訊的市場行銷人員，其中也包括兒童。她將有關未來消費行為資訊的大筆生意稱為「行為期貨市場」。[39]

這些市場有很大的商機，由於父母帳號上滿是兒童照片和其他資訊，企業將這些資料變現的誘惑非常強烈。例如，臉書的「剪貼簿」功能將各個孩子的圖像整理成父母帳號上的專屬相冊 [40]，對父母來說可能很好，但對提供該功能的公司來說，

這項功能的方便性令人生疑。

　　隱私規範試圖保護孩子，讓他們免受那些不關心孩子個體性、人性和長期前景的公司所影響。父母對此當然也不遺餘力，卻不完全理解自己的行為很有可能會損害到這些利益：不僅僅是曬娃，還包括購買具有臉部識別和人工智慧功能的智慧型玩具，讓小孩的資料被蒐集。[41] 此外，父母為廣大線上觀眾創造出生動的孩子形象，可能也衝擊了這一階段（或每一階段）的核心情感與心理需求：自己書寫故事的自由。

　　被父母曬娃的孩子與網紅有一個共通點：準社交關係。[42] 人們認為他們認識你，但你知道你並不認識他們。

　　「你好有名哦！」我有群朋友第一次見到我的孩子時這樣說，孩子看起來有些慌亂。「你現在都聽什麼音樂？」他們急切地問，期待她列出一些經典搖滾歌手。我寫過一篇關於她的大衛・鮑伊主題生日派對，這篇貼文格外受到歡迎，特別是活動剛好在歌手去世的那天舉辦，讓人感到苦樂參半。我太樂意向世界炫耀我的樂迷女兒了。但她的品味已然改變，她提了一些走摩登普普風的音樂。

　　這樣的回答並沒有得到正面的強化。我的朋友們臉色沉了下來，向孩子傳達她給的答案出錯了，她當前的偏好或處世之道有些不對勁。擔心朋友會以為文章全是我編出來的，或至少誇大了她的興趣，我有點慌張並變得緊迫逼人。我說：「嗯，你還是喜歡很多種類的音樂，對吧？」

　　她沒有符合預設的價值條件，這些標準是由於我把原本屬於她、代表她的事物拿去分享，固著了她「理當如此」的偏好和他人對她的期望，使之變得明顯且強大。我的行為限制了她的彈性以及變化發展的能力，而不用感到不自在或內疚。但大家都說，你不是更像一個鮑伊迷嗎？他們指涉的是她的認同，而非她的品味。

　　我覺得這段回憶很難為情。回家的路上，她顯得很焦慮，甚至有些惱怒。

　　我很有名嗎？她問。為什麼他們自以為認識我？

　　雖然我很關心行為期貨市場，但身為一名父母和心理學家，我同樣關注我自己命名、所謂的「社交期貨市場」——在社群成員之間發布和交易的資料，這些資料可能會影響孩子的社交和發展軌跡。阿法世代是第一代自出生起就被曬娃的世代，數百萬名孩子在素昧平生網友的假設和期望中長大，此中影響仍尚待觀察。

　　但從這則軼事中，我知道的是：在分享有關我自己孩子的資訊時，我既深且廣地干擾了她可能發展的領域，這是在網際網路出現之前無法實現的。在同時包括我倆、更廣泛的社會群體中，我減損了她個人認同的視野，這是她尚未遍歷且完全有權自行探索的。她幾乎沒有空間享受自由。她感受到的不是自主，而是困惑和懷疑。她無法在對話中主動發聲，反而被迫為自己目前的音樂品味辯護，並莫名感到內疚，因為她不再那麼

喜歡大衛・鮑伊了。

這就是法語的「我說的算」。我甚至從未意識到這是我所做的決定。我的權力就是如此之大。我的孩子沒有明說反對我分享，但她的確表現出心理學家所稱的抗議行為：使用間接的言語和行動來表達她情緒上的不適感。[43] 翻閱過往我在臉書上發布的對話，我發現了證據，顯示我無視她的感覺持續發文。

你在把這個寫下來嗎？要放到每個人的手機上嗎？

我在講養雞場的時候，你一直在寫。你在做什麼？

就像成癮者一樣，我開始掩蓋犯罪痕跡，偷偷記錄，對我的行為撒謊。這足以證明我在某些層面上是知情的，而她也不是傻瓜。最好的狀況是，她學到我的利益比她的重要。最糟糕的狀況是，她感覺到煤氣燈效應。她十歲時參加一所中學的線上開放日，當校長提到他們的畢業生是「成品」時，她眉頭皺了起來。

她對我說，我不是一項產品。這洩漏了她對商品化的敏感度，而她並未從任何直接接觸社交媒體的過程中獲得這種觀感。她是從我那裡感受到的。

網際網路具有放大效果，加劇本來就存在的早期童年問題影響。其中某些後果將在當下展現，某些則會在未來慢慢浮現。在那個將來，孩子自己使用社交媒體，無論那時以何種樣態呈現，將賦予他們更多的控制權。然而屆時某些模板、模式與基模早已根深蒂固。

如果讓一個孩子覺得，他對隱私和自我呈現的偏好不如父母的需求來得重要，想像一下這竟是個性發展的基礎。

當一個孩子的故事，是為了親友甚或陌生人的更廣泛觀眾而書寫框定，即使是由全然善意、充滿愛心的家長公關機器所進行，也剝奪了孩子成為自己說書人的機會。人們認為他們已經了解我的孩子，這限制了她的自由，無法按照自己的方式開展，做出自己的選擇。她不是自己故事的說書人，她是我故事裡的主題。

因此，對於當今數位阿法世代的兒童和未來貝塔世代的兒童來說，能動性／無力感是非常重要的課題。我有點害怕思及自己的孩子所感受的無力感，儘管我暗自希望在同意了她的請求，刪除過去貼文並在未來避免分享後，可以修復過去關係上的傷害。透過開啟討論、為過去行為道歉、詢問她的意願並執行她的要求，我還給她發聲和影響的權利。我透過言語和行動的展現告訴她，我相信她有權形塑自己的道路，並承諾將努力給她更多空間去做這件事。我希望我承認了自己現在已認定的既成錯誤，向她為我的行為提供脈絡，但沒有將脈絡作為辯解或藉口。透過這一切，我希望展現謙卑和尊重，並希望她回首時會因此記住我。我希望她將這種考量帶給她遇到的其他人，無論在線上或實體皆然。

想像一下不主動在社交媒體上分享孩子資料的替代方案。想像父母刻意並有意識地尋找其他滿足自己情感和社交需求的方法。想像父母積極地創造更廣泛、更有創意的選擇，和他們在乎的人分享自己和家庭生活，藉由對益處和後果的全面

性了解，有意識地抗拒科技的無形壓力和推波助瀾。這不僅是為了避免立即或潛在的不良後果，也是為了追求立即或潛在的好處。

即使在這個曬娃和社交媒體的時代，如果孩子們仍能體驗到自己是有主導權的敘事者而非無權力的子民，他們在心理上更有可能成長茁壯。孩子們有更多自由來發展探索初萌芽的自我，擺脫諸多虛擬他人的密切關注，將會是更好的方向。是的，我們可以詢問他們是否同意發布，但我們不必把這樣的決定放在他們不夠厚實、尚未準備好的肩膀上，我們自己就不必發布。相反地，我們可以將他們希望如何在數位世界中呈現自己的問題留給他們，這是一道複雜的難題，可以在未來進一步處理。

第四章

學齡兒童

我在美國郊區長大，人們會提到「鑰匙兒童」。這個詞彙雖然不是為 X 世代創造的，但在嬰兒潮世代的孩子們小時候確實進入了日常用語。我不知道我母親是否同情這些孩子，她當時的工作是照顧我們，或許她暗自欽羨那些去辦公室工作的父母也未可知，但我自己很羨慕那些擁有家裡鑰匙的孩子。他們可以自由享用餅乾罐中的點心，沒人看管；騎著他們的越野自行車在不該去的街道上奔馳；聲稱他們已經做完了作業，即使實際上一個字都沒寫；而且還可以在下午自由看電視，完全不受限制。他們可以做任何事，去任何他們喜歡的地方，只要他們在下午 6 點之前到家並表現中規中矩，他們的父母將一無所知。

我自己的女兒開始上學時，生活已經大不相同。*我們住在某個昂貴的城區，夫妻倆都必須工作，而且職業照顧者很

---

* 素材經同意使用。

貴。每天，我們其中一人必須犧牲收入或重要會議，去學校接女兒。但大約在她十歲的時候，她的書包裡裝著一張通知單回來。若父母希望他們的孩子能夠不受陪同離開學校，必須簽署這份同意表。

我們的女兒真的能成為一個鑰匙兒童嗎？這裡不是 1970 年代的印第安納州，這裡是倫敦。我渴望完整的安全感，或許是以保全系統的形式存在。除了在科幻節目或未來主義的週六早晨卡通中描繪過，這在我小時候是無法想像的。我讀到一篇意見投書，認為放學後獨自一人會「影響認同形塑」，對此我有些擔心，但也許不必然是全然負面的。擁有一點自主性對她發展中的自我感難道不是好事嗎？她可能會喜歡自己的獨立性，因為我們信任她而感到自豪，並發展出強大的資源尋求技能，對吧？此外，我想在這個年齡階段透過人機界面進行育兒可能是一種雙向體驗，而非嬰兒期的單向監控。知道她的父母意識到並關心她是否在家，能夠透過我們所安裝的科技與父母溝通，也許我們的女兒會感受到包容和安全感，其實不是真正的獨自在家。

在網路上點個幾下，一套能夠實現新生活方式的系統，就經過研究、比較、購買，快速送到我們手中。一台輕薄的影音門鈴會捕捉到她用小手笨拙地摸索大門鑰匙的畫面，第二個裝置會確認她已經進入走廊。我們可以相互交談，我來自遠方的聲音會模糊地從門鈴發出或在客廳嗡嗡作響。下午 3 點 20 分，跟治療案主同處一室的我，感受到智慧手錶連續兩次的振動。知道她已經到家，自她出生以來，我下午在診所中可以比

以往任何時候在身心上更加專注。

　　她十一歲時轉學到一所更遠的中學，促使我們進行安全評估：學校不再是這條路過去一點的地方，所以監控不得不隨著她移動。在考量隱私問題時，內疚和不確定感不斷令我困擾，但我不僅一意孤行，而且還沒得商量。你想去學校並自己在附近走動嗎？沒問題……只要我們能追蹤到你在哪裡。

　　每天，我多次拿起手機定位並想像她的位置。當她的圖標在那條街道上緩慢移動時，她正拖著腳步前往公車站。當圖標停留在那棟建築的角落時，她正在上英語課。當圖標快速在那條路移動，她正乘坐倫敦的紅色雙層巴士飛快地回家。我猜想她是安全的，我肩膀上的重擔也隨之減輕。

　　從一開始她就不喜歡這種監控。那水果可能是午餐的剩菜，或放學後俱樂部的分發品。後來當我回顧那天我家前門的監視影片時，我看到了這一幕。她的藍色小眼睛在某一刻與攝影鏡頭平行，然後她退後一步，慢條斯理、有條不紊地將吃一半的香蕉磨到鏡頭上。

　　當上學的第一天到來，一切都改變了。儘管家庭成員或許仍然是最主要的影響者，但朋友、同學和老師在孩子形成自我概念中扮演了更顯著的角色。突然之間，他們要面對許多嶄新且困難的事情：閱讀、算術、乖乖坐著、上課專心，以及和其他孩子相處。漸漸地，小孩開始意識到，要在家庭之外的世界中取得成功，意味著要展現社會所重視的某些特質和技能。即使從家庭中獲得無條件支持和愛的孩子，當他們發現外界的認可和接納往往有更多條件時，也可能感到不那麼堅強。有些孩

子勇於面對挑戰,培養自尊心和良好的自我評價;而有些孩子則掙扎求生,對自我和本身的能力感到懷疑。艾瑞克森將五到十二歲之間的階段命名為「勤勉對自卑階段」。[1]

內部與外部、家庭與學校、這裡與那裡。在二十一世紀,科技已經模糊了曾經明確區分的這些領域界線。家庭的「內部」領域與學校、同儕、旅行和戶外遊戲的「外部」空間之間,分野已然模糊,因為新世界裡的追蹤和監控技術創造了一個超高度連結的訊息網絡,將孩子生活中曾經分隔的領域串連在一起,並涵納了可能產生深遠影響的資料。

當他們對著門口的影像門鈴揮手上學、當背包上掛著藍牙追蹤器 AirTag、當智慧型手機響起來自父母的提醒、當學校的行為和表現受到數位的追蹤,他們都在領受關於自己善良和可信度的訊息,哪些衡量指標是重要的,以及人們如何看待和評價他們。在如此頻繁的電子監控發生之前,孩子體驗到的是更多的獨立性,可以探索世界的興奮與焦慮,陷入困境並不得不自己想辦法解決。在幾乎每一個錯誤都擺在長長的數位連結上的另一個環節之前,失敗和錯誤比較容易遭到遺忘。

但如今,即使數位時代的孩子們走出家門外探索廣大世界,他們很可能仍是被監護人,處於號稱仁慈而保護的監控狀態之下。現在有種新的緊張關係,與艾瑞克森的勤勉與自卑階段互相交織:自信與不安。究竟追蹤和監控學齡兒童促進了何者不是一個簡單的問題,但可以確定的一點是:使用各種裝置和應用程式來觀察和儲存兒童的資料時,父母和教育者正在過程中塑造年輕人對自己、他人和世界的看法。

正如嬰兒期一般，學齡期的安全問題始終占據照顧者的心思。如同孩子還很小的時候，父母再次深切感受到孩子潛在的脆弱性，更加意識到自己控制的極限，更加傾向積極管理他們與孩子之間的距離。也跟嬰兒期一樣，更高等級的監視逐漸不僅僅被視為令人不安的潛在解決方案，對於有能力與意願保障孩子安全的人來說，這更是正常，甚至是被預期的做法。如果你有能力負擔這種科技，為何不使用呢？

然而繼續仔細審視，我們會發現與嬰兒期的類比開始無法成立。對於嬰兒而言，在生理和心理上依賴照顧者是生存之所需。對於學齡兒童來說，擺脫這種依賴則是一項重大的發展里程碑，但對父母來說放手何其困難。我還記得小時候萬聖節的討糖活動，回頭瞥見我的父親在一段適度的距離外跟著我們。我不知道我爸媽實際上究竟有多少次尾隨我們，但現在的阿法世代父母可以從家裡輕鬆地做到這一點。

儘管如此，他們的任務可不輕鬆。現代監控父母的工作量與嬰兒監護時期相比龐大而繁雜。對心率、血氧飽和度和安全睡姿的關注早已拋諸腦後；隨著學校生活的開始，對孩子身體健康的擔憂僅僅是一座巨大冰山的一角。海平面之下是更為細緻而廣泛的領域，父母的焦慮從豬朋狗友到霸凌，甚至是陌生人綁架和死亡，但爸媽們似乎都能接受挑戰。適逢 2022 年資料隱私日，網路安全公司惡意軟體位元進行了一項關於父母的兒童追蹤行為調查，發現 84％的父母以某種形式進行追蹤。[2] 九歲是孩子最常成為監控對象的時點，他們的監護人會公開或祕密地以科技監控，這也是安裝影像門鈴時我自己孩子的年

齡。[3] 隨著孩子年齡增長到青少年階段，監控量也隨之增加，在近 900 名完成調查的家長中，有三分之一以上報告說，他們至少保留了部分監控的隱密性。

「他們在哪裡？」是家長們最常向科技提出關於孩子的問題，而應用程式可以輕易回答這個問題，無需尷尬的對話或鬼鬼祟祟的跟蹤。2019 年的一項調查發現，40% 的英國家長經常使用全球定位系統來確認孩子的位置，有 15% 的人承認他們「經常」這樣做。[4] 請容我向還不熟悉這項科技的新手們保證，這一點都不困難。幾乎所有的智慧型手機都可以透過諸如安卓手機上的監護工具「家庭連結」或 Apple 產品上的「尋找」等應用程式內建兒童追蹤功能。

如果您想要更多的功能，您可以下載一款有超過三千萬活躍使用者的「社交網路」應用程式，這款應用程式看起來不太社交，可能更像是跟蹤狂：Life360，它聲稱只要在每個家庭成員的手機上安裝應用程式，便可用親友定位器來「保護和聯繫」其中的每一位成員。[5] Life360 因為家長們的熱愛而獲得了豐厚的報酬，現在正瞄準新市場：比如愛寵物成痴的主人和脆弱的老年人。[6]

在 Life360 中，您坐在環形監獄的中心，可以一覽無遺。當孩子進入或離開您指定的「地理圍欄區域」，您將收到通知：住家、學校和其他經常去的地方周邊，例如最好的朋友家裡、附近公園等等。就像生產銷售嬰兒監控技術的公司一樣，Life360 的設計者清楚知道家長的雙重致命弱點，便是危險的威脅感和緩解焦慮的承諾。網站上的標語寫道：準備輕鬆

呼吸吧。我們提供專為現代生活設計的安心感。

第二個最常見的問題可能是他們在做什麼？當然，他們離線的活動可以從定位資料中推斷，但同樣令人擔憂的是孩子們的線上活動和對話。在 2020 年，英國五到十五歲的兒童中有61％擁有自己的平板電腦，55％擁有個人智慧型手機。大多數的孩子從很小的時候就開始觀看 YouTube 和其他影片分享平台，不管是五歲還是十五歲，觀看線上影片的孩子比例從未低於 90％，昨日的電視換成了今日的 YouTube。十六歲以下兒童有將近四分之三的人玩線上遊戲，有時可以與陌生人在線上聊天。即使設置了最嚴格的控制，孩子依然有可能偶遇內容不當的網站。[7]

您可能會誤以為社交媒體要到青少年時期才會是重點，這些平台雖然在設計時限制使用者需滿十六歲，但絕不會僅僅是為這些人所獨有：英國八至十五歲兒童有將近一半擁有針對十六歲以上使用者的帳號，其中三分之一的兒童擁有成人帳號。[8] 雖然有些孩子獨自偽造年齡以取得這些平台的訪問權限，但並非總是如此，其中很常有家長協助。而且，儘管今天的孩子打開電子郵件的頻率，可能與成年人透過信鴿收到信件一樣，但有超過 97％的十二歲以上兒童使用即時通訊軟體[9]，而且至少在歐洲和英國，如果跟他們說 WhatsApp 僅適用於十六歲以上，他們會感到很荒唐。[10] 如果每位家長和教師都按照應用程式的指示去舉報未成年帳號以求將其關閉，那麼學校的操場上將會發生暴動。

這些統計數據清楚表明，有海量的內容需要家長去監

控。現實中家長們不可能監控上述所有細節，原因與很少有人願意讀完線上平台的使用條款相同：誰有那麼多閒時間？此外，多數人也沒有興趣與這個年齡段的孩子們協議如何監督的事宜，因為他們很自然地對自己的隱私益發保護。因此，許多父母找到了解決方案：外包給自動化的科技，有問題時就會發送提醒。

Qustodio 和 Bark 分別是英國和美國最受歡迎的兒童監控應用程式，它們所提供的便利性承諾非常誘人。在撰寫本書之際，Bark 尚未通過英國和歐盟的隱私法規審核，我和許多英國父母聊過，他們都希望這一天能早日到來。Qustodio 允許遠端監控，但並不像 Bark 一樣自動化與發送通知。Bark「在背景中悄悄運行」，偵測可能對兒童造成直接或潛在傷害的惡人及令人不安的素材，諸如網路獵手、霸凌，以及暗示藥物使用或自殘的內容。[11] Bark 就像一隻隨時待命的警犬。你不必當壞人，也不必花時間環伺，因為 Bark 會按照需要透過通知讓你知情：我們發現了潛在問題。

一部關於 Bark 的影片描繪母親和孩子坐在沙發上，各自專注於自己的裝置。在過去，媽媽可能根本不知道兒子正在遭受霸凌；也許他會感到羞愧而不願說出口，不確定如何討論這個問題，或者他可能想要自己處理這個問題，擔心父母的任何舉動都會使情況變得更糟。但這個家庭使用了 Bark，在男孩因看到自己的螢幕而皺眉的一瞬間，他母親的手機亮起了一條簡訊。轉向鏡頭，媽媽解釋說，Bark 使她能夠尊重兒子隱私，不必閱讀他的每一條訊息。

「Bark 幫助我和兒子攜手合作，彼此信任，並建立更深的情感連結。」她說：「此外，他們的資料始終受到保護且保持隱私，這讓我更加安心……Bark 使我們更加親密。」為了說明這種親密，她放下手機並轉向兒子。她說：「嘿，我們能聊聊嗎？」他回答：「當然好。」[12]

用這種解決方案監控小孩的數位生活，感覺就像是父母夢寐以求的事情。在這個階段中，朋友對於孩子的自尊發展往往比父母來得更為重要，因此面對孩子的沉默不語往往並不容易處理。然而，父母用來保護孩子安全的資料，是否同樣也可能被其他力量利用導致他們容易受害？

已有許多討論指出，誰從目前系統中使用者產生的資料獲益，以及誰可能因這樣的現況不利或受到傷害。[13] 毫無疑問地，潛在受害者包括當今的兒童，他們的資料是推動行為期貨市場發爐的燃料。儘管 Life360 在 2022 年初承諾逐步淘汰資料販售措施，但在此之前，它一直是位置資訊產業最大的原始資料來源之一，為美國軍事承包商和一些全球最大的資料仲介業者提供服務。他們提供的數據甚至往往都沒有經過匿名化。[14]

該公司在商業模式和實務上遠非孤例。我們應該關注，孩子這些如此全面和私密的資訊最終會流向何處，而這些資訊最終被去識別化後，是否仍可能傷害到他們，無論是在社交上、職業上、教育上、財務上或身體上皆然。即使像 Bark 這樣的應用程式向使用者保證資料隱私持續受到保護，這樣的宣稱更多是合約上的表述，而非實際上的作法。從兒童資料中可

以獲得龐大利潤的事實，即使企業拍胸脯保證，聲稱試圖降低這些資產對渴望購買的貪婪資料仲介的吸引力，我們都應該保持懷疑態度。評估兒童使用智慧技術議題的「常識隱私計畫」在報告中表明，Bark 並不符合該計畫對隱私和安全的建議。[15]

　　已經有那麼多資料在外面流通，這很容易讓人感到沮喪，屈服於幾乎已經習得的無助感。我訪問物聯網隱私論壇創始人吉拉德‧羅斯納博士，當我說希望本書能協助恢復人們對個人資訊的控制感時 [16]，他笑了。他認為馬已經逃出馬廄，現在擔心門有沒有關沒什麼意義。「現在我們對個人資訊的個別控制基本上是一種幻覺。」他說。[17]

　　當然，在目前所處生活的科技和法規生態系統中，我們所面臨的更廣泛問題，似乎超越我們或孩子任何個人能動性的概念。即使是收割我們資訊的公司也無法弄清楚馬跑到哪裡去了。在持續進行的劍橋分析醜聞訴訟中，特別調查員訊問兩名資深臉書工程師，在被問及臉書究竟儲存了哪些我們的資訊，以及資訊位置時，工程師一點頭緒也沒有。「我不認為有任何一個人能回答這個問題，」其中一位工程師尤金‧扎拉邵說，「我不知道，這是一個相當棘手的難題。」[18]

　　如果扎拉邵宣誓的證詞所言無誤，那麼對於我們一般人來說，對資訊的控制或選擇還有什麼希望呢？

　　但全球思考和在地行動是有力量的。為了協助孩子們在「勤勉／自卑」／「自信／不安」階段的健康心理發展，如果我們對相關理論和研究更為敏銳，並能根據這些知識採取行

動，我們會發現自己掌握更多的力量。

　　試想一個十歲孩子，他可能住在內城區、樹木繁茂的郊區，或者人煙稀少的鄉村地區。他們經常獨自在家中和學校間往返，騎著自行車在自己和朋友的家之間穿梭。和大多數生活在數位落差優勢端的孩子一樣，在他們的日常生活中，口袋或背包裡總是攜帶著配備各種兒童管理和追蹤系統的裝置。

　　家長的監控與孩子所享受的自由之間存在著一種密不可分的交換關係。孩子每週的螢幕使用時間可能被詳加記錄，並且與他們的零用錢呈現負相關：螢幕使用時間愈少，獲得的現金愈多。當孩子沒有立即回應家長的電話或簡訊時，家長會使用裝置追蹤器來發出提示音。當孩子裝置圖示停留的位置與他們所說的地方不一致時，質問和處分就會隨之而來。如果孩子的朋友在訊息應用程式上講黃色笑話或發送了糟糕的圖片，大約一分鐘後，家長就會敲門或發來簡訊。嘿，我們可以聊聊嗎？

　　有一天，孩子意識到，至少有一種父母正在進行的追蹤方式是他們先前不知情的，可能是臥室裡安裝的攝影機，家庭影像安全系統的一部分。孩子告訴父母這讓他們感到「毛骨悚然」，他們不喜歡這樣。而他們得到的回覆是：「沒辦法，你才十歲。我們得確保你在我們工作時是安全的。」

　　這個孩子的經歷將塑造他們理解自我、他人和世界的框架。童年發生的特定事件或行為模式在我們的情感、認知甚至生理上留下深刻的印記，可能將持續一生。當我問我的成人心理治療客戶，現在造成他們最多麻煩的僵化信條和假設時，他

們可能未必記得最早的根源，但他們總是將這些問題與學生時代發生的過往連結起來。

這些思想、情感、影像和感覺的綜合體，就是上一章所提到的「早期適應不良基模」。它們在嬰兒期和學步期形成，並在童年晚期的階段進一步發揚。[19] 無論你覺得自己今天懶惰、勤奮、大膽、恐懼、自主或黏人，你可能都能夠從學生時代的記憶中辨識出形成這些自我概念的基石，也可能還記得你的父母在那段時間的一言一行，這些都協助塑造了你現在依舊看待自己的方式。

早期適應不良基模是複雜的巨獸，我們多數人都擁有不只一個，因此心理治療師和心理學家有時會運用一些方法來找出案主最強烈的一個。有一份問卷聚焦於早期適應不良基模本身[20]，另一份則揭示了案主父母如何促成基模形成的方式。[21]「我的父母過度擔心我可能受傷」，這是其中一項的描述，要求受訪者從「完全不符合」到「完全就是我父母」的等級對這個陳述進行評分。「我的父母過度保護我。」「我的父母讓我覺得我無法依賴自己的決定或判斷。」「我的父母替我做了太多事情，而非讓我自己去做。」「我的父母控制了我的生活，我幾乎沒有自由或選擇權。」

觀察這些陳述，想像一下上文描述的阿法世代孩子可能會多麼強烈認同，以及父母出於善意使用科技可能如何形塑孩子的獨立性、表現和認可，這些對孩子來說都是本階段的關鍵心理發展。例如，一項童年的核心需求是能在表達自己時不用懼怕負面回應。成年人有自己的恐懼和問題，對於孩子線上和實

體的交流，有時難以表現出開放和不帶評判的態度。這個年齡還不夠有自信心，父母的認可依然相當重要，父母的凝視可能會產生顯著的寒蟬效應，這個詞彙通常指言論和集會自由受到政治或社會權威的遏制，但也適用於此處。孩子可能會害怕暴露蛛絲馬跡；如果父母在他們的智慧手機或平板電腦上發現了不喜歡的內容，父母可能會覺得他們是壞孩子。他們可能有自覺不可告人的欲望，或者對自己的身體某處感到羞愧，或者他們覺得格格不入，深信自己愚笨或不受喜愛。這難道不是童年和前青少年時期的正常發揮？或許吧。但若僵固為一種持續到成年的基模時，就會有問題了。

當今學童的超高度連接性，使其父母可以每天全面檢視孩子的外在與內心世界，後者的推斷來自線上對話、造訪的網站和搜尋歷史。威權型父母專注於維持控制，並透過任何必要手段確立家長權威。如果發現他們不喜歡的事物，或許最有可能作出負面反應。他們的孩子可能面臨一個特別艱困的兩難局面：他們是要承受羞愧、暴露甚至懲罰的風險，自由表達自己和線上同儕交流，還是為了爭取父母的認可和接納，而壓抑溝通和探索？

孩子對父母行為背後意圖的假設，可能是他們體驗正面抑或負面的關鍵。從孩子的視角來看，監督所傳達出的訊息是：他們能力不足、不值得信任、不能獲得自由，因為他們無法應對或不配擁有。因此，在沒有他人過多干預或沒有安全網的情況下，他們可能會對自我看顧的能力感到不安。我最初使用全球定位系統追蹤孩子的目的是為了保護她免受傷害，安全

無虞。但隨著時間的推移，我的監控範圍擴大了。如果注意到她的圖標在麥當勞附近徘徊，我會懷疑她未經許可吃垃圾食物，我會打電話給她，讓她在朋友面前出糗。如果我發現她在火車上往西而不是往東，我會立刻傳簡訊給她，剝奪她自行修正路線的機會。

「我希望你相信我」，她回家時抱怨道。「我很信任你啊。」我回答，但這對我們兩人來說都言不由衷。我不信任的是其他人，我接著說，告訴她一些恐怖故事，這些故事可能讓她對自己在這個世界上的脆弱性信念產生了強烈的影響。

當父母監視孩子時，一定不是刻意傳達出他們不信任或懷疑孩子的能耐。相反地，他們可能會跟我一樣，感覺正在以一種更安全的方式，拓展我女兒發展獨立性的範疇。實際上，這在某種程度上或許是真的，但也有其他事情同時發生。一旦她偏離計畫，走到不同的路上，或在追蹤應用程式上出現在意想不到的位置，我就會介入，我以為這不是管太多，只是善意的詢問檢查。在這個過程中，我削弱了另一個核心情感需求的滿足，那就是自發性和遊戲，包括安全的淘氣行為，比如與學校的新朋友一起繞道去麥當勞。

有些孩子喜歡並樂意父母的監視，知道媽媽或爸爸在看著他們，知道他們在哪裡，會讓他們更有安全感。但其他阿法世代的孩子正在反抗。他們認為父母的擔憂和監視活動傲慢且拘束，可能反過來以過度的自信來回應：我不需要任何人協助，我自己四處鬼混沒關係，合宜的謹慎反而付之闕如。他們可能偷偷摸摸，反叛不羈，不斷想方設法來逃避父母的監

視。隨著童年期過渡到成年期，把謹慎拋諸腦後和易受創傷的嚴重不安全感都可能為這些剛剛成年的新鮮人帶來問題。關於這個世界的險惡，我很好奇那些曾經告誡女兒的恐怖故事，是否將我自身的恐懼轉移到了她的身上，植入了危險就在你身邊的想法，無論人是否在網路上皆然。方方面面來說，科技既是餵養這種焦慮的飼料，若說要讓科技成為減輕這種焦慮的主力，也是註定失敗的策略。當然，育兒的標配就是沒有安全感和焦慮，這正是 Life360 這樣的應用程式大受歡迎的原因，也正是為何大多數父母都使用科技來監控他們的孩子。再次強調，有 15％的父母「幾乎總是」這樣做。[22] 在兒童監控技術還沒變得如此先進之前，父母必須面對孩子在外面的世界裡獨立、與父母分離的事實：你無能為力，你必須習慣。這種焦慮終有一天會消失，或至少能減輕。

　　如今，我們助長了不安感的氣氛。儘管廣告宣傳夸夸其詞，監控技術並不能消除恐懼。恰恰相反，科技強化了恐懼，讓它保持活力。你一擔心便查看應用程式，你看到圖標或訊息，你暫時覺得好一點，這種查看應用程式的行為獲得正強化，我們可能會因為尋求安全感及其幻覺而過度依賴查看的行為。但我們告訴自己，在今天的世界裡，我們一定得這麼做。我們一次又一次地向孩子們強調，危險無所不在，我們愛他們，所以使用這項科技只是為了保護他們的安全。這就是他們學到的事情。難怪現在整個社會都由於對潛在危險的持續警戒而步履蹣跚。學齡兒童的重心之所以從父母轉向同儕，部分原因是兒童間互動沒有上對下的負擔、更加平等，有時也不那

麼劍拔弩張。對於一個正準備展翅高飛的孩子來說，這段時間必須花在更平等的關係上頭。不管他們的父母有多愛他們，孩子們認為自己對成人的行為只能逆來順受，而在事情出錯時，他們便成了這些行為的受害者。

在遠端技術監控出現之前，關心並留意孩子的活動與其較高的自尊心呈現正相關。父母監控對孩子心理健康的影響程度，取決於前者是否伴隨著真正的情感支持；父母與孩子之間是否有開放而誠實的交流；另外，孩子內／外控的平衡也是重要的。內控意味著有更多核心情感需求被滿足：他們感到有能力、自主和自由，並對自己和自我節制充滿信心。相對地，外控則讓孩子感到無助、依賴和不安，就像風中的稻草。成人總是代為處理孩子手中的事情，發號施令，插手援救或高聲責罵。父母操控一切。他們緊握著手機。

一向都有保護心強的父母、嚴格的父母、愛管閒事的父母，但他們以前可沒有如此強大的火力和能耐。當你手中握有這樣的權力，不去使用它是非常、非常困難的。

而全球疫情肆虐時，兒童對科技的依賴又加深了。社會學家麥克‧威許很早就開始用「情境崩解」一詞，指涉多重受眾被扁平化到同一個地方的情況 [23]。在疫情封鎖期間，數百萬名學生和家庭經歷了這樣的情境崩解：學生們往往被迫使用遠距學習，[24] 在家就是上學。[25] 走進解封後的教室，學生也迎來了更為先進和鑲嵌的科技基礎架構。學校永遠改變了。[26]

監控通常從學生進入校園那一刻開始：英國學校的學生受到與監獄囚犯或機場旅客一樣多的監控 [27]。以師生和校園安全

作為系爭法律基礎，任何英國中小學都可以在其建物和操場上安裝攝影機、使用追蹤軟體監控學生的學校裝置和網路使用情況、利用學生證中的晶片追蹤學生的去向，甚至在出入口或餐廳安裝生物識別掃描器，讓學生取得免費的學校餐點。[28] 在一份關於學校生物識別技術的 2022 年報告中，英國生物識別和監控攝影機專委弗雷澤·桑普森認為，這些技術的導入過於快速，缺乏應有的慎重與思辨。[29] 然而，一旦學生坐到座位上準備開始學習，資料點便來自教育科技。

針對中國各地學校目前使用由人工智慧驅動的先進教育科技設備，西方媒體進行了語帶諷刺和示警的報導，這些設備得益於數十億美元的政府投資。學生在一天開始時必須戴上頭帶，每十分鐘測量一次腦波，紅燈亮起表示孩子正在專注，或者白燈表示注意力正在飄移，儘管也許學生只是動來動去，或單純只是頭帶不夠緊。監控攝影機和可愛的機器人會掃描教室，分析孩子的健康狀況並計算他們打呵欠的次數。每個學生的數據都傳輸到老師的電腦進行即時監控；傳輸到家長的聊天群組中，讓家長可以比較自己孩子與同齡孩子的表現並做出回應；也聲稱以研發為目的傳輸給政府參考。[30]

中國的教育科技引發了全球自由民主倡議者的重大關切，特別是因為這些兒童的資料可能會被納入中國正在發展的「社會信用」系統中。在中央集權式的社會信用情境中，國家監控個人線上和離線行為的各個層面，為模範公民提供獎勵，若被判定不符合嚴格的道德和社會標準，便從他身上剝奪特權。[31] 莎曼莎·霍夫曼是專門研究中國共產黨國家安全

手法的專家，她說：「西方完全不應該複製社會信用的任何層面，一個自由民主的社會甚至連想都不該想。」[32, 33] 的確，對任何人進行社會評分或排名的概念可能會讓你感到不安，更何況是對年輕人這麼做。但如果你是一名家長或教育工作者，你是否熟悉流行的教育科技工具 Google Classroom 或 ClassDojo？

統計數據表示你可能很熟。ClassDojo 的公司聲稱，美國從幼兒園到八年級，有驚人的 95％ 的學校使用該產品，而英國則是其他 180 個使用該平台的國家之一。[34] 根據 2022 年數位未來委員會／五權基金會的報告，該平台在英國被廣泛用作學生上傳作業的空間，家長可以在這裡看到自己和其他孩子的平台「積分」。[35] 只要課堂教師評定表現優異便可獲得積分，包括幫助他人、專注任務、完成作業、參與團隊合作，和展現持之以恆的精神；相反地，不交作業、上課插話、準備不足、霸凌和不尊重等行為則會被扣分。

我先前從沒聽說過 ClassDojo，直到我七歲的女兒問我們她可否將 ClassDojo 下載到全家共用的 iPad 上。她想要監控她豆豆公仔們的行為，這是帶有閃亮眼睛的小型填充玩偶。進一步詢問後，她透露她的積分在上學期間都會在投影牆上的螢幕中上上下下，放學後她想要在家裡當那個打分數的人。對於孩子參加校外教學、接受宗教和性教育，以及在宣傳素材中使用孩子的照片，學校會徵求家長的同意，但他們從未提過使用教育科技來追蹤課堂行為。即使校方真的請求同意，我也不確定家長能說什麼。數位未來委員會所指出的教育科技議題中，其

中一個重大問題便是同意。權力失衡和社會壓力使單一家庭或孩子很難拒絕，而且即使同意了，若沒有真正掌握自己同意的內容，那也沒有太大的意義。

無法徹底掌握孩子在學校使用的教育科技可能帶來的後果，是完全可以理解的：學校可能也沒有真正理解或無法完全控制這些後果。其中一個問題是，孩子們可能會輕易地被引流到資料安全性較低的數位領域：Google Classroom 和 ClassDojo 都可以跳轉到外部的應用程式和平台，而這些平台的資料安全性良莠不齊。另一個問題是，教育科技應用程式可以在模糊且令人困惑的隱私政策保護下進行技術性操作。這可能依然允許平台蒐集出售有關年輕學習者的資料，這些資料來自兒童相關的豐富資料庫，數量和類型未知。[36] 還有一個問題是被駭的風險：2018 年，美國聯邦調查局發布了一則有關教育科技的示警，凸顯了經常被儲存的數據敏感性，包括個人可資辨識資訊、生物特徵、學業表現、行為、健康、網路瀏覽記錄、地理位置和課堂活動。FBI 的報告表示，網路犯罪者正瞄準學校，利用個資來羞辱、威脅和霸凌兒童；在一家大型教育科技公司遭遇安全漏洞後，學生資料在暗網上出售。[37] 2023 年初，一個有組織的駭客團體從英國 14 所學校竊取了高度機密的學生資料。[38]

一些平台已經提出改善：Google Classroom 在 2022 年底通過了「常識隱私計畫」的最終隱私檢查，但 ClassDojo 未能通過，而新的應用程式如雨後春筍般不斷出現。[39] 資料未來委員會的報告結論指出，要管理孩子的資料如何被處理和使

用,「對任何學校、父母、照顧者或孩子來說,都是幾乎不可能的負擔」。[40]

看起來,這似乎已經遠遠超出我們的控制範圍,面對這種情況,我們是否應該聳聳肩放棄嗎?

或許不完全是這樣,家長、教師、學校和監管機構仍然保有一些影響力。經過疫情初期急就章推行各種教育科技之後,也許現在是時候重新評估真正的需要,去蕪存菁,並認真思考對於那些正在世界上尋找立足點的孩子們來說,在課堂上使用社會信用評分可能帶來的心理傷害。

在西方國家的教室裡,(目前)尚未透過測量腦波的頭帶和掃描面部的機器人來收集學生資料;相反地,輸入到系統中的資料來自個人。ClassDojo 有各種功能,但原本且持續至今的應用是由教師產生的,主要是對學生行為的主觀觀察和判斷:專注還是躁動、天使還是頑皮。數位未來委員會的委員們寫道:「這些人的判斷,可能公平,也可能偏頗,都會被手動輸入到應用程式或網站中,成為行為(甚至生物特徵)資料。」他們主張這和專制政府的做法沒什麼差別,並指出歐洲經濟暨社會委員會在歐盟人工智慧的相關草案立法中,已提議全面禁止這種社會信用評分。那麼,為什麼學校還是這麼做呢?

為了更深入了解情況,我前往拜訪蘿拉*,她是倫敦一所

---

* 蘿拉非其真名。

小學的校長。[41] 我們坐在她的廚房裡，而我們各自的孩子都在小學裡體驗過 ClassDojo，他們在另一間房裡玩耍。蘿拉主導的學校裡並未使用這個應用程式。但她說，如果她想要使用，她甚至可能不會想到要諮詢學校董事會或徵求家長的許可。

她是一位經驗豐富、思維敏捷的資深教育者，但我們的對話是她頭一次考慮到 ClassDojo 平台的更廣泛的隱私議題。

蘿拉表示，她理解為何像這樣的應用程式能獲得老師青睞，並猜測可能特別吸引那些缺乏經驗或感到應付不來的教育者，他們擔心如果班級表現不佳，可能會反映在自己本身的不足。此外，應用程式的卡通怪獸頭像和遊戲化面向也令人難以抗拒，它能夠讓孩子保持學習動機，特別是那些比較有競爭意識和成就導向的學生。投書《衛報》的一位教育工作者表示：「這個程式真正讓我買單的是它對學生的奇效。」[42] 北卡羅萊納州的小學老師賈姬‧波爾在部落格文章「ClassDojo 如何幫助我成為年度最佳教師」中，詳述了這個「我們都熟知並熱愛的」應用程式如何促進與家長的即時溝通。[43] ClassDojo 為家長提供的傳單模板上說：「輕鬆與孩子保持聯繫！您可以看老師對孩子的所有反饋，聽重要的公告和更新，並觀看課堂上的照片和影片！」[44] 波爾還讚賞這個應用程式幫助她在學校強化「聚焦於品格的美德」，包括智慧、感激和自律。

這聽起來對老師來說大有助益，也備受喜愛。如果暫且不考慮潛在隱私問題，平台還有其他問題或直接的負面影響嗎？ClassDojo 難道不就只是以往教室裡老派布告欄「紅綠

燈」行為統計圖表的進化版嗎？

蘿拉解釋，就學習動機和健康的認同建立而言，兩者皆非理想良方，ClassDojo只是比較科技炫目的行為管理方法而已。由於證實對兒童的自尊心有負面影響，特別是那些本身面臨挑戰的孩子，這類方法已逐漸遭到淘汰。無論是在紅綠燈海報還是在應用程式中，當孩子的名字或照片從綠色跌落到黃色或紅色，或者他們的怪物總是在ClassDojo排行榜的底部徘徊時，都可能會引發尷尬和羞愧的感受。有些孩子或許能夠承受打擊，並將其化為改變的動力；但也有孩子可能會將他們的自卑感轉化為憤怒、消極或公然反抗的行為，從而形成一個摧毀自信心的惡性循環。蘿拉說：「這是在告訴孩子，他們的行為舉止在社會上是不被接受的，他們本人也是不被接受的。」

社會信用評分系統在課堂上的直接影響是，它們獎勵學生遵從嚴格的行為標準。看起來萬事美好，讓師生能有個更安靜順從的課堂。但這不保證能教會學生自信且有能力在出了學校後和未來生活中游刃有餘。蘿拉表示，若老師聚焦於懲罰和獎勵特定行為和結果，他們並未鼓勵成長型思維，也無法向孩子們傳達以下訊息：只要努力克服困難和隨著時間進步，犯錯是可以被接受的。

像這樣的行為管理系統也被批評為「健全主義」，因為它可能不利於那些因注意力不足障礙而坐立不安的孩子，或者那些社交困難與在自閉症光譜上的孩子，或者那些看似淘氣、實則是以行為傳達情緒困擾的孩子。這項認知讓蘿拉和我聊到另一個話題：透過教育科技與家長的自動化溝通。儘管校方未必

會啟用 ClassDojo 的這項功能，但一旦設定後可以讓家長收到孩子的優良行為或學業成就的相關推送通知。父母可能在中午精神一振，因為安妮再次以寫作獲得加分，或者得知卡倫本週第十次打了他身旁同學的頭而陷入絕望。當通知視窗彈出我們手機上時，有一股做出反應的驅動推力，我們被制約並反射性做出回應。當彈出的通知與你的孩子有關時，行動的召喚似乎更加迫切。但家長該怎麼做？應該做出什麼反應或行動呢？也許老師希望家長在家中的干涉或管教，能減少上學日中需要解決問題的時間或努力，因為他們的時間和資源都嚴重不足。但不斷收到通知的家長可能成為某種類型的「附帶隱私侵擾」受害者——他們的隱私、自由和專注力可能受到監控的影響，但他們本身並非目標。蘿拉說：「例如，孩子具有神經多樣性的家長可能面臨各種挑戰。如果你每天都收到九次來自學校的即時通知，這裡有問題，那裡有問題，而你在職場又想試圖做好自己的工作，這樣又怎麼能好好做事呢？」而對於孩童來說，一位評論者則說：「孩子們難道不值得擁有隱私、個人空間和良好的學習環境，一個不會把每次踰矩都向監護人報告的地方嗎？」[45]

蘿拉也擔心違規報告的另一個面向。當她的學生闖禍時，蘿拉往往很好奇孩子的照顧者得知這件事時會作何反應。她服務的小學位於一個社會經濟水準低落、高犯罪率的地區，許多學生都生活在艱難的環境中。即使蘿拉對她的學校社群非常熟悉，當她面對面或用電話向家長報告孩子的違規時，她知道家裡的懲罰可能會導致安全保障問題。由於這種認

知，更需要小心處理此類情況，蘿拉不打算把這個責任交給一個應用程式。數位未來委員會的報告也凸顯了這個問題。報告指出，對於那些已經飽受家暴之苦的孩子，持續的行為報告可能會使他們的處境更糟。

最後，很不幸地，蘿拉提到教師偏見依舊存在的現實。儘管有持續的教育和專業發展來喚起注意、減少偏見影響，但這些偏見仍然根深蒂固。研究童年和青春期的副教授茱莉·加倫認為，ClassDojo 的頭貼圖片可能會阻礙辨識隱性偏見，因為它「抹除了個體差異，包括種族、宗教、身體狀況或性別認同」[46]，而這還不是蘿拉最擔心的事。她更擔心個別教師外顯或內隱的偏見、歧視和假設，將影響他們對學生行為的加分或扣分，並無可避免地讓主觀觀察轉化為對外人看起來可能像事實的永久教育記錄。

即使在像倫敦這樣的多元文化城市中，教師偏見的問題依然相當普遍，對此我感到很驚訝，所以我們把三個孩子請進房間。首先，我們問他們對 ClassDojo 的看法，其中一位孩子剛剛經歷過勤勉與自卑的階段，是具有強烈效能感的自信孩子，她認為 ClassDojo 不過是一種中性透明的功績制度。她聳聳肩說：「一個人做了好事，就得一分；做了壞事，分數就被扣掉。這不是什麼大不了的事，也沒有那麼讓人尷尬。」

但隨後蘿拉問了一個不同的問題：「在課堂上，男生還是女生的表現誰比較好？」

他們一致認為是女孩。

蘿拉又問：「那誰又最有可能惹上麻煩？」

「在我們班上，」另一個女孩以一種陳述事實的態度說道，「黑人男生總會惹上麻煩。沒錯，總是他們。除了他們之外沒有其他人會惹上麻煩。」

蘿拉問：「你認為這是為什麼？」

女孩聳聳肩繼續說道：「他們什麼都沒做就會被罵。我在課堂上講很多話只會被警告，不會被罰留校。他們隨便講個話就要被罰 40 分鐘，第二天回到同一堂課，老師又會預期他們再犯。」

孩子們一陣風似離開房間，繼續他們被我們打斷前的活動。

確定他們走遠聽不到以後，蘿拉說：「從這群寶貝口中說出來的話。」的確，與英國白人兒童相比，加勒比裔黑人兒童被學校排除的可能性要大得多，其中更以男孩尤甚。[47]「這種偏見在教育領域無處不在。」蘿拉嘆了口氣：「我們只是開始碰觸到問題表面而已。」她的學校並未使用行為管理應用程式，因為她不希望教師偏見轉化為資料集，並帶入真實或準確的錯覺，尤其是這些資料可能會產生長期影響。有時這意味著她無法即時提供督學或校理事會索問的資料，而她可以接受這樣的後果。

但她只代表一所學校。即使數位未來委員會的專家小組暮鼓晨鐘地警告，像蘿拉這樣良心反對者似乎愈來愈弱勢。他們的報告描繪了一個未來的景象，在其中，大學、雇主甚至保險公司都可以立刻取得年輕人的「完整人生與發展」檔案，可以檢視他們的學業成績、行為數據、注意持久度、從國小到中學

的所有勝敗記錄，並且可以純粹根據這些資訊做出決策，而本人卻沒有任何話語權。[48]

換句話說，今天的教育科技，包括社會信用評分系統，極有可能餵養明日數位壓迫的演算法。[49]

「讓人接受這種前景的豐厚回報是什麼？」蘿拉問道。「你不需要這個。好的教育仍然有點老派地基於老師和班上學生之間的穩固關係。學生不必愛你，但他們必須尊重你，這種尊重來自於安全感。安全感可不是來自於我可以任意加分或扣分。」她解釋，孩子的自信和勇氣，來自於即使他們與眾不同或搞砸了，他們仍然覺得自己很有價值，而且明天又是新的一天。

她說：「如果沒有每天早上在校門口重新開始的機會，孩子就會陷入惡性循環。」

教室裡的經驗可以鼓勵學生的自信，也可以強化他們覺得低人一等的自卑，而這些後果也包括陷入惡性循環，在在都可能延伸到學校大門之外。彼得・富西教授是研究監控和新興領域演算法正義的專家。他認為兒童是社會上受到最多監控的群體之一，我們應該關注任何會使他們遭受更多隱私侵犯的情況，諸如透過教育監控或在公共場所使用臉部識別技術。他說，雖然我們想要相信部署監控的政府和警察公正無私，但我們無法期待構築這些制度的人類有完美的自覺和行止，正如同我們也不能期望教師是完人。

彼得解釋：「信任和監控在社會中的分布是不均的，處於社會邊緣的群體相較於其他人將蒙受更加強烈且具懲罰性的

監控。」[50] 而某些群體顯然處於社會邊緣。例如，英國青少年受到盤查的統計數據反映了遭到學校排除的趨勢：雖然黑人兒童只占十至十七歲人口的 4%，但統計上他們占了被盤查的 18%、被逮捕的 15% 和青少年撫育的 29%。白人兒童的再犯罪率為 35.3%，但黑人兒童的再犯罪率為 42.4%。[51]

在彼得和我訪談的那個下午，他告訴我他才剛在警察倫理座談會上討論警方的資料分析能力。當天會談話題之一是關於兒童的情報檔案，年齡最小有可能到九歲。彼得說，警方當局持有檔案的原因是預設這些孩子將來會繼續犯罪。他說，一旦這些檔案中的資料納入帶有乾淨機械客觀幻覺的演算法中，我們就會忽略系統在訓練以及資訊輸入時的偏見和錯誤。彼得說：「我們認為某些形式的知識比其他知識更具可信度。如果一樣事物包含技術或科技，它就具有一種不必然有保證的權威。」

如果預測孩子未來的資料點脫離脈絡，並以太過人性的偏見層層過濾後，它們可能變成一種自我實現的預言。在學校中最受「密切注意」的孩子，沒有人期待他們會有什麼好表現，他們同時也是被選擇性盤查的孩子和青少年 [52]；或者因為臉部辨識技術而遭逮捕的人，有可能是因為技術使用的演算法是基於白人臉孔開發的，在區辨有色人種時相對不精確。[53]

而錯誤發生時，司法系統卻可能很難拉下臉來承認。2020年，羅伯特・朱利安－博查克・威廉斯在他的妻子和兩名年幼女兒面前被逮捕，理由是涉嫌扒竊手錶。據稱臉部辨識技術從一段監控影片中認出他，但他六年來從未進入過那家商店。

訊問他的警探很快意識到他並非照片中那個人。一名警探承認：「我猜是電腦搞錯了。」然而，威廉斯先生並沒有立即被釋放。他後來被保釋，然而還是必須出庭。

一個完全無辜的人，僅因臉部辨識技術的錯誤配對而被認定有罪，這位非裔美國人仍然感到羞愧。他告訴《紐約時報》：「這不是什麼值得驕傲的事。這很羞辱人。」[54] 不知何故，一個不公正的錯誤指控改變了他作為一個人的感受。他的孩子們仔細看著，試圖詮釋發生的事件與原因，並且可能對於長得像他們這樣的人，形成在社會上可以期待得到什麼待遇的長期信念和假設。他被捕後，女兒開始玩警察和強盜的遊戲，指控她的父親偷東西並將他關在客廳。[55]

帶著偏見的人類或許會不均等地分配他們的注意力，但當科技顯然六親不認地指向每個人的時候，問題同樣嚴重，諸如在公開活動上的閉路電視攝影機，或者密布在主要道路兩旁的攝影機。臉部辨識技術的發展速度遠超過法規監管得以應對的能力，這是年輕人無法放心的原因。我的九歲孩子在將過熟香蕉糊到影音門鈴的監視孔中時，可能正試圖傳達這一點。

彼得‧富西解釋說，即使監控來自遠端或祕密進行，它也傳達了關於權力、公民權、信任和自由的隱晦訊息。他說，如何解碼和詮釋這些訊息，取決於你是誰：你的「社會定位」在哪裡。這個詞彙指涉你的性別、種族、社會階層、年齡、能力、宗教、性取向和地理位置的加總。[56]

「我是一名四十多歲的中產階級白人學者，」他說，「被監控對我來說並不是真的那麼嚴重。但如果你是那個在轉介單

位中總是受到上級不當對待的學生，那麼監控所傳達的訊息就很不一樣了。」我記得前面那個中產階級的白人少女不以為意地說，她的行為是否被跟蹤，或在課堂上有沒有被扣分沒什麼大不了；她的社會定位所帶來的特權，意味著她相信一切最終都不會有事。一個不同類型的孩子，如果正經歷不安全感和自卑感，並在貌似嚴酷的社會中掙扎求取自己的生活和認同，可能對監控有截然不同的感受。

但現在即使是年輕人最青春飛揚的喜悅時刻，也落入了不斷擴大的童年監控範圍當中。2020 年，《華盛頓郵報》的報導指稱，美國各地的夏令營正在推出臉部辨識服務，讓寵溺的父母可以從遠端監控他們孩子的開心程度。直到今天為止，我不知道我的孩子在夏令營中是否玩得開心，她是否想家，或者交朋友遇到困難，或者覺得不太舒服。如果她在夏令營玩得很盡興，我也無法分享那種體驗。

我想像著她通往夏令營的道路兩旁成排松樹羅列，這是所有愛上這裡的人都認得的美景。孩子們從日常瑣事、家長監督和平凡生活的要求中獲得完全的自由，對此他們無法掩藏內心的興奮。我想像每棵樹上都長出注視的眼睛，釘在粗糙芬芳的樹皮上，從長長的綠針葉間窺視。如果這種事情發生了，一旦發生，一旦我們習慣這種情況，我們需要多久才能回想起來，如果我們曾經記得的話，我們當初到底是要解決什麼問題？

人不可能逃過在學齡時期習得一些持久性的不適應性認知框架。我診所裡的患者因各種框架所苦：有的是完美主義，有的對於成敗堅守沒用的僵化信念，有的傾向屈從於他們「應該」做的事情，而非讓他們快樂的事情。他們當中有太多人都在與「無情標準」的基模糾纏：他們是自己最嚴厲的批評者，儘管他們也無止盡地擔心別人如何評判他們。在一起探索這些問題時，通常會發現他們在某種程度上發育受阻：他們在「勤勉對自卑」的階段中未能帶著能力和自信走出來。他們心中有一部分仍停留在學生時代，依然不確定他們能否獨自面對世界。

我不知道自己未來會繼續臨床職涯多久時間，是否長到足以與成年的阿法世代一起共事，但他們的童年是一場大型的社會實驗，而結果還沒出爐。我只能想像，若人的成長歲月被一群監護人看照，周遭充斥著各種科技，讓父母及其代理人不斷跟蹤自己的行動、通聯與探索，這必然會產生影響。最壞的情況是，我想像下一代的年輕人不信任自己或這個世界，因為他們年輕的認同是恐懼、懷疑與不安鑄造出來的，無論是對自己的安全隱私，或對他人的判斷皆然。一整代因好意而在數位上高度警戒的父母，可能正在製造出一群慢性焦慮、壓力重重、認知耗盡的阿法世代。

再來是學校的環境，如今是促成最年輕一代監控正常化的主力選手。我在診所見到的患者早已飽受競爭、職業壓力、社會比較和冒牌症候群的困擾，而他們是在相對傳統「類比訊號」的教室環境中長大的。我不敢想像若一個教育系統深陷於

社會信用評分的行為管理平台，可能如何使這些問題惡化或變得更加氾濫。

我希望我對於阿法世代的擔憂是錯誤的。無論如何，我也希望我們能在 2025 年貝塔世代到來之前找到解決方案。我希望能為家長們提供快速簡便的答案，但我從個人經驗中知道，在孩子對實驗和自主性的發展需求，與家長對安全的擔憂求取平衡有多麼困難。如果你是家長，在對孩子進行每一項電子監控決定時，試著捫心自問。你為何會相信這種技術解決方案是必要的？是聰明的行銷手段、團體迷思、駭人頭條，還是焦慮驅使了你的決定？評估且研究整體情況：你認為這個應用程式或裝置真的會減輕你的擔憂嗎？如果你選擇叫停，會有哪些替代方案？如果你決定繼續，你的孩子可能從你那裡接收到什麼外顯或內隱的訊息，你將如何平衡其中一些較負面的訊息？

我之所以選擇自信對不安全感作為這個年齡階段的新發展挑戰，是因為艾瑞克森的勤勉對自卑感似乎過於侷限於教育環境，而無所不在的科技意味著孩子們無論身處學校、家裡或出外，都在持續遭遇可能引發自信動搖、不安全感加劇的心理影響。拜教育科技所賜，學校是一項重大議題。好消息是目前出版的研究、評論和專家報告，可能促使更多學校去質疑對諸如ClassDojo 這樣的社交評分平台，或任何可能損害兒童未來權利和前景的技術，可以不經批判地導入校園。如果教育監管機構和學校董事會開始更深入地反思，那將是一件好事。

父母在這裡也有發揮空間。他們可以選擇退出自動通

知，讓自己的生活比較好過些，並在孩子的家庭與學校生活之間培養出一種相對健康的分隔樣態。在家裡，他們可以鼓勵孩子接受自己的本來面目，頌揚自己的差異，了解自己的獨特天賦和學習風格。他們可以向老師、學校和校董事會提出艱難問題，質詢課堂上使用的行為追蹤技術，提出偏見的警示，並指出這種技術可能帶來的潛在陷阱。

　　我們生活在一個科技解決方案備受高度推崇和具象化的時代，許多人被閃亮亮和令人驚嘆的創新所蒙蔽。當你對一個聽起來無害的課堂資源提出質疑或抗議，諸如行為管理或促進親師溝通的工具，獨自一人可能很困難，但眾志成城就會有力量。這一章的內容讓你留下深刻印象了嗎？好的，它也可能引起別人的注意而起而行。

第五章

青春期

　　潔西適應中學的歷程很艱辛，有時甚至令人心碎＊。她的同學們表演著她所不知道的舞蹈，對著她沒看過的迷因咯咯笑。

　　遠遠看著，潔西的母親內心天人交戰。她是否必須在潔西的安全和快樂之間做出選擇？她緊張得心臟都快跳出來，最後終於答應了。就這樣，她那剛進入青春期的阿法世代孩子，走進了一個父母能夠追蹤但無法完全理解的平行宇宙。潔西開始玩抖音。

　　潔西一開始的「為你推薦」登入頁，是抖音根據每個月十億人次的活躍用戶當紅趨勢所做的最佳初步猜測。[1] 使用者只提供了極其有限的人口統計資訊：地理位置、性別、年齡，演算法守株待兔，靜待進一步的資訊餵養。

　　2020 的前九個月，全球有超過一億個家庭在網飛上至少

＊ 潔西是假名。

觀看了一次日本動畫影集或影片，相較前一年增長了 50%。[2]
2021 年，疫情期間上映的動畫電影《鬼滅之刃》，在日本以
外地區的票房收入達到了六千八百萬英鎊。[3] 自此以後，至少
在那一段時間內，走在街上沒看到一個青少年穿著動漫 T 恤，
幾乎是不可能的事。

潔西就是這個部落的新成員。她用自己的錢買的第一件 T
恤上印的是《鬼滅之刃》中的女主角竈門禰豆子，一個暴怒時
會野性大發的年輕女鬼，由於過於危險必須啣著竹筒嘴套來保
護一般民眾。潔西的母親若有所思，或許禰豆子是女性青春期
風暴的隱喻。

這部動畫在 2021 年爆紅，確保了在潔西初始的抖音影片
拼貼中，一定會有人裝扮成禰豆子。出於一陣認出欣賞同類的
喜悅中，潔西點擊了影片下方的愛心符號。就像一個滾下山坡
的雪球一樣，勢頭之凶猛甚至宛如雪崩，她迅速且自投羅網地
被這股擬自然力所吸引牽絆。

潔西說：「我很驚訝只是喜歡一則影片，就能推薦給我那
麼多其他的影片。我知道他們會根據你喜歡的東西給你一些影
片，但沒想到會有那麼多。」[4]

非常、非常地多。潔西很快就構成了一張動漫社群內各個
次文化的心理地圖，順著軌跡更深入抖音，也延伸到抖音之外
的世界。她留著日本女鬼般長而尖的指甲，用指尖輕數列舉動
漫迷譜系圖上的各個分支：動漫剪輯、角色扮演玩家、藝術
家、短片創作者、同人小說家。

潔西渴望嘗試角色扮演，即模仿虛構角色扮裝並在社交媒

體上分享成果，但擔心自己無法企及其他人出角的技巧。儘管如此，她還是熱衷於關注角色扮演玩家，而其中一位玩家能以其藝術創作達到令人驚異的逼真效果。她說他是個好人，關心他觀眾們的感受。

潔西說：「每天晚上看他的抖音直播是我一天中最開心的時刻。這讓我感覺好多了。我覺得我無法向父母解釋這一點。我認為他們不會理解。你不認識這個人。為什麼要和他們聊天？這不是你應該做的事情。」潔西擔心她的父母會禁止她繼續觀看直播。

一天晚上，她的媽媽拿著一張截圖質問她，上面顯示了潔西在抖音上所耗費的時間。新的限制立即生效，潔西感到恐慌。現在她能跟誰談天？她的父母認為現實世界的友誼比線上更安全，但對這位青少年來說，感覺恰好相反。不像學校裡那些刻薄的女孩，如果那位角色扮演玩家沒有表現出善意，她可以直接取消關注並封鎖他。現在每天限制抖音的使用時間只剩 15 分鐘，潔西無法參與兩小時的抖音直播。但在她的手機上，她仍然保留著那位支持她走過艱難日子的角色扮演玩家照片。

灰色假髮凌亂蓬鬆。臉部和脖子上覆蓋著紅棕色的撕裂和擦傷。在瀏海後面，雙眼看起來是黑藍色的，但眼角帶著友善的皺紋，這個角色的笑容寬厚而快樂。

潔西說，這個全身是傷的反派角色是死柄木弔，來自《我的英雄學院》。[5] 她對這部作品不太感興趣，但喜歡這張圖片。她說，創傷後壓力症候群使得死柄木弔患有皮膚莫名搔

癢的症狀；當他首次獲得只需輕輕一碰即可將人化為塵埃的能力（崩壞）時，他毀滅了自己的家庭。

潔西解釋說：「他不知道自己在做什麼，他不小心碰到了自己的母親。她伸手去抱他卻崩解成碎片。我覺得這有點悲傷。」

我努力維持臉部的鎮靜表情，強迫自己的肢體語言看來平心靜氣。但當她說死柄木弔無意間傷害了他的母親時，我的喉嚨一緊，因為潔西並非真名，她是我的女兒。

我伸手去摸摸我心愛的數位時代孩子，她的掙扎，我並不總能知曉，往往無法解決，有時甚至是我無意間造成的。她是如此努力地尋找自己的路。我對她的愛賦予了她摧毀我的能力，我能感受到自己正在崩解。

啊，青少年。如果我沒有在這一章裡透露出我的偏見，那一定是我漏掉了什麼。所以我希望以上的揭露，能促進而非降低你對我身為作者的信任。用一個被過度使用的詞彙來說，我發現自己在寫關於現代青少年的同時，也在應對自家中的青春期焦慮和科技過載，簡直是被「創傷觸發」。我相信自己並不孤單。

每一代成年人都會抱怨「現在的孩子」和他們年輕時完全不同，隨著 2010 年後出生的阿法世代青少年崛起，這種抱怨對困惑的老一輩來說，在認知上可能比以往所有的父母都更為精準。今日的青少年確實有所不同，這多虧了自印刷術發明以來，最劇烈顛覆社會的力量。然而，儘管背景脈絡可能差很多，青春期的生物學和荷爾蒙，以及許多心理和情感方面的現

實，仍然保持不變。

「狂飆突進」是十八世紀德國的一個文學和藝術運動，是對啟蒙時代枯燥乏味、嚴格理性主義的反動。[6] 放棄理性！放棄邏輯！感性、衝動、強烈的生活才是運動的真理。

德國文豪歌德藉由首部正統的「狂飆突進」小說《少年維特的煩惱》，開啟了這個情感氾濫的運動。[7]「emo」（由emotional 縮寫而成，取其情緒化的意涵。）一詞可能在 1985年左右才進入日常語彙中，但歌德筆下的年輕主角在兩百多年之前就已經焦慮不安且神經緊張了。[8] 維特的激情火花四濺，有專家宣稱他可能患有躁鬱症，但或許他就只是一個青少年而已。[9] 他的心之所向是十八世紀版的高中甜心夏洛特，對其註定失敗的愛情最終也導致了他的隕落。

「維特熱」早在數位時代之前就已經爆紅。整個歐洲的年輕人紛紛穿上奶油黃的長褲和鮮藍色的夾克，[10] 但更比較令人憂慮的趨勢是多愁善感的年輕貴族間，模仿自殺行為盛行而時有所聞。[11] 青少年因社會感染力而被吸引自殘，這種現象在社交媒體年代令人聞之色變，但可能被過於高估，至今仍被稱為「維特效應」。[12]

當一位美國的發展心理學理論家開始撰寫一本關於青少年的專書時，這個古老的德國文化運動名稱派上了用場。[13] 美國心理學會創始人斯坦利‧霍爾常常將德語概念轉譯到美國脈絡中。在 1909 年，正是他邀請西格蒙德‧佛洛伊德和卡爾‧榮格來到美國，擴大了精神分析的理念和影響力，並在過程中改變了美國的集體社會和心理史。[14] 在尋找一個能夠捕捉從童

年到成年之間危險過渡的術語時，霍爾選擇了「狂飆突進」的英文翻譯：「風暴與壓力」。風暴來自於青少年減弱的認知控制力，再加上他們因增加的社會情感敏感度，導致與父母爭吵、善變情緒，以及因渴望刺激但缺乏情感成熟度而為之的瘋狂冒險行為。

在霍爾創立學說一世紀後，包括功能性核磁共振成像掃描等技術，使我們對青少年焦慮、反動和冒險行為的神經學和生物學驅動因素有了更深的理解。到了青春期左右，生物性的社會情感網絡會變得高度活躍並尋求獎酬，但負責推理、規劃和衝動控制的認知控制網絡則再晚一些才會成熟。[15] 兩個系統將隨著青少年進入成年期逐漸取得更好的平衡，在那之前，這段期間可能是段瘋狂的旅程。

霍爾主張青少年時期狂風暴雨、壓力山大的觀點至今依然成立，而儘管艾瑞克森整個生命週期理論都攸關身分認同，但青春期階段是該詞彙唯一出現的階段：身分認同對角色混淆。[16] 艾瑞克森說，青少年之所以做那些事是孩子們需要也必要的實驗方式，才能形成強大的身分認同，在成年期發揮良好效用。地球成熟的地貌是透過劇烈衝擊與隆起形成的：小行星撞擊、火山爆發、不停歇的冰川。而青少年的存在焦慮，儘管在過程中充滿挑戰，但同樣具有建設性的目的。身分認同會在人的一生當中持續演變，約略是十八至二十五歲之間，通常被稱為邁向成人期。在快到二十歲左右或稍晚一些，成功度過青春期風暴的人會抵達新大陸，感覺更踏實一點。[17] 無論未來發生什麼變化，若年輕人有心理上健康的身分認同，在自我形

象、信念、價值觀和欲望上都會有一種延續感。他們並非無所不知，但他們相信自己遲早能理清頭緒。以這種方式感到堅強，讓即將進入成年期的人有信心對生活中的初始路徑給出承諾，無論是興趣、職涯，或是他人。當自我的知識和信念與行為選擇和諧一致時，就得到了身分認同的聖杯。

相反地，角色混淆則是青少年時期在生活大小事聚合之前的普遍感受。無數書籍電影描繪出青少年熟悉的刻板印象——笨拙而困惑的孩子表現出令人尷尬癌發作的言行。幸運的青少年擁有家庭、同儕和資源的支持接納，直到他們度過最糟糕的時期。但如果未能解決角色混淆，持續進入成年期，可能會導致個人在工作或人際關係中出現「承諾問題」，在不同人事物之間漂泊不定，缺乏明確的價值感或目的感。

當代青少年的認同危機被打上興奮劑，科技地景既是加劇的背景，也是推動的力量。無論是在抖音上表演、在 YouTube 上錄製影音日誌、為遊戲創造虛擬人物，還是在 Instagram 上展示（和消費）精心策劃、濾鏡開滿的自我形象，青少年在線上世界的體驗，可能是一個健康實驗的虛擬遊樂場，也可能是社交比附的惡夢地獄景象。如果線上環境不斷發送矛盾混亂、沒完沒了的訊息，告訴你應該成為什麼樣的人，那麼要發展出與內在自我感覺一致的健康社會認同，可能是一件遍布荊棘的苦差事，更可能導致進一步的碎片化：公開與隱藏的自我、可接受與不可接受的自我；在社群媒體上「過最精采的人生」，與此同時內心卻飽受煎熬。今日的數位青少年不僅要面對身分認同與角色混淆的挑戰，他們還必須處理統合與分裂的

問題。

莎劇中的著名台詞這麼寫：「整個世界是一座舞台，所有的男男女女不過是演員。」[18] 艾瑞克森在描繪生命週期時，厄文·高夫曼則是差不多同時期研究社會自我的心理學家，他將此一隱喻發揮到極致。在他最著名的作品《日常生活中的自我呈現》中，高夫曼主張莎翁的觀點完全正確：我們都是演員，恆常在社交舞台上進行表演。[19]

每當你遇見其他人，想像一下「播映中」指示燈轉為紅色。從那一刻起，你就在為觀眾創造一種形象進行表演。當觀眾改變時，你的表演也會隨之更動，可能是細微的調整，也可能是徹底的轉型。這並不是說你在假裝或做虛偽的表面工夫。踏上特定的舞台，面對當前的觀眾時，你會以對自己有利且最能展現自我的方式演出。

你所做的表演有一部分是為了觀眾利益，讓他們感到舒適愉快，但最終其實是為了你自己。你準備和呈現的方式，可以用來避免尷尬或羞愧、博取好評，並獲得與維持愛與認可。當你的表演真心誠意，可能就沒有那麼費力。

但有時這可能會很吃力。儘管角色不是你所擅長的，這是其他人希望你所扮演的，這是他們喜歡的角色；再過一段時間，你就能夠很有說服力地扮演。很快地，人們就會認定你就是這個角色並以此回應你。如果你偏離人設，他們會說這看起來不像是你。

就像粉絲假定演員和他們扮演的角色一模一樣，演員被選角導演貼上標籤定型，你也可能陷入相同困境。

　　但你並不孤單。在這齣無止無盡的沉浸式劇場中，你在對觀眾演出，他們也在回敬你。你在忖度他們的表演，不管看起來是否逼真，他們也在做同樣的事。你可以試著以自身條件來進行自我評價，但當「優點」本身就是由社會定義時，你又能怎麼做呢？你對自己的滿意程度，主要取決於你感覺自己和他人間的差距。一切都是相對的。

　　社會比較在青春期和邁向成年期的身分發展中至為關鍵，在這段期間與家人之外的關係變得更加重要。[20] 比較無所不在且無可避免，因為它源遠流長且深植人心。十九世紀的生物學家赫伯特・史賓塞不是說適者生存，而是稱之為最適者生存。[21] 不斷強迫自己評估相對於人群的表現，是天擇機制的具體呈現。稍微掀開任何人際互動的表面，就會暴露出古老大腦的根本關注和原始機制：繁衍和生存。最適應環境的生物將擁有最好的生存繁衍機會，而人和其他生物在這方面沒有兩樣。

　　當我們的環境數位化後，表演和比較變得更加棘手。在高夫曼的年代，網際網路尚未普及，青少年能夠在不同地方展現完全不同的面孔。例如在學校呈現一種形象，在家中則是另一種；週六在俱樂部和週日跟著家人上教堂中則可能又是不同的人格。然而在社交媒體上，這些原本分離的場域被合併到同一個空間中。可能有部分被切開，但在不同觀眾之間有著大量潛在或實質的重疊。

　　你該如何應對這種情況？而且不僅僅要為你所預期的觀眾表演，人的數位存在感遠遠超越你所認識以及認識你的觀眾。在舞台聚光燈照射不到的黑暗中，那些陌生人是隱形

的。儘管如此，你可能會發現自己在用想像中他們的反應來形塑自己的行為，特別是如果你以前曾被從廉價觀眾席丟過花生。

在像網際網路這樣的網絡化公領域中，你原本進入數位空間是要與朋友會面，但偶然路過的人可能會看到、留言並加以批評。[22] 此外，你在某一天所說的話或你的打扮並不會消失在虛空中，除非你使用像 Snapchat 這樣的平台，它的設計是分享的圖片短暫出現，然後閱後即焚。除了少數這樣的平台，網絡化公領域往往會長期保留你的互動和言論。原本可能轉瞬即逝的時刻如今卻擁有廣泛的觸及和很長的壽命。

年輕人與初成年者是最常進行以科技為媒介互動的族群，難怪他們如此關注自己在社交媒體上的自我呈現。有43％的青少年表示自己只發布那些在他人眼中看起來很好的內容，而37％的人表示會有壓力要分享自己預期會被按讚和留言的事物。[23]

在線上的經歷可能對青少年的自我感有著長期而持久的影響。這樣的環境可能是嚴格苛刻的，取消文化的興起證實了這點。在一種脈絡下可以理解的評論或行為，轉化到另一種脈絡時可能就變得不可原諒。一次出醜或錯誤可能讓你好幾個月都寢食難安，或在你最意想不到的時候回來糾纏你。多年後，由於資訊既可複製亦可搜索，你可能會發現自己因年輕時魯莽無知犯下的錯誤而受到審判；也可能因為引戰酸民或口蜜腹劍的朋友發布關於你的消息，或有人假冒你的名義發文，而需承擔責任。

「這事你永遠擺脫不掉」，這種說法在網際網路出現之前就已經存在。但對於許多人來說，潛在的公然羞辱所引發的焦慮從未如此真實。

在網路上，比較的空間是無限大的。你不再只是「不落鄰人後」，用身邊鄰居和「現實生活中」的朋友來打量自己。你可以和全世界數百萬的競爭對手，比較你的外表、成功、人氣和幸福程度，徹頭徹尾的陌生人在 Instagram 上表演他們最好的生活，讓你玩味並嫉妒。這對任何人來說可能都很艱難，包括那些社會認同相對穩定，自尊、自我價值和支持結構都更為牢固的幸運成年人。然而，想像一下，對一個在社會比較盛宴中長大的青少年來說，這可能是怎樣的狀況。許多論者均提出假說，主張社交網站平台，尤其若如 Instagram 等以視覺為導向，是「負面社會比較經驗的完美風暴」。[24]

不意外地，六十年來的社會比較研究顯示，若我們認為自己的評比較優，這種比下有餘的向下比較會連結到比較正面的情緒。[25] 然而，我們卻很自然地傾向於向上比較，在評比時認為他人過得更好。有時，向上比較透過激勵我們實現正向目標和結果，可以讓我們改善自我概念並採取有益行動，這種現象被稱為「同化效應」。然而一般來說，與他人比較並發現自己不如人，會有更多感覺更糟的情緒，而處於青春期心理和生理變化中的青少年，無論如何都可能特別容易感覺更糟。

然而，滑動瀏覽 Instagram 的實際影響，以及是否有可預測、可化約的效果，至今難以確認，且比我們所想像的更為變化多端。探究因果關係而非僅相關性的實驗性和縱貫性研究顯

示，幸福感較高的青少年相對來說較不受他人行為和外觀的影響，並且更能夠從向上比較和同化效應中受益。原本就低自尊的抑鬱青少年傾向於與他人做出對自己不利的比較，並在比較後感覺更糟，陷入負面循環中。[26] 比較些什麼似乎也會造成不同的影響。若青少年在社交媒體上將自己的能力和成就與他人相比，會對自己的認同感到更為焦慮，陷入更多負面思考，自我方向較不明確；另一方面，若透過在線上表達、比較和辯論觀點來探索自己發展中的自我，則擁有更健康的自省程度，以及更堅強且正面的身分認同感。[27]

我們希望對科技的憂慮能有確切的解答，上述的複雜性則挑戰了我們的衝動，而這些焦慮是可以理解的。畢竟，無論青少年在線上做什麼，無論他們當前的互動是正面還是負面，都很難反駁社交媒體環境造成許多問題的範疇：爆炸性增加比較目標的數目，毫無幫助地剝離他人生活中其他大小事的脈絡，並創造出一種環境，透過不斷被觀察、審視和評判，甚至是懲罰，來塑造一個人的行為。

在十八世紀，一位英國哲學家提出激進創新的監獄構想，這種結構不欲透過暴力或人身強制來管理犯人的行為，而是要控制犯人的心志，而且要達到「史無前例的數量」。針對他構思的「督察所」，傑洛米‧邊沁提出全景敞視監獄的概念：一座圓形建築，犯人牢房沿著圓周排列。[28] 中間會有一座高聳全視野的監察塔，囚犯無法看見的監管者坐在裡面，監管者則能窺視每間牢房，並透過「通話管」與囚犯溝通。邊沁說，因為囚犯會假設監管者永遠都在看，他們將被迫表現優良以避免懲

罰。邊沁生前並沒有幾座全景監獄被建造起來，但我們目前所處的這一座，比他所能想像的任何銅牆鐵壁，都還更能有力地控制和規範行為。

我們都是觀察者，也都是被觀察的對象。再次強調：對成年人來說就已經夠難了，更何況這些可憐的孩子呢！從發展的角度來看，難道他們犯錯時，該有如此高的風險被羞辱，或承受更壞的後果嗎？

彼得・富西教授說：「深入去研究監視對孩子的潛在影響。」上一章提到他是臉部識別技術專家，同時也是英國資訊、監控與隱私研究中心的主任。他提醒我，社交媒體平台不是現代青少年感到被迫自我策展和審查的唯一場域。[29] 在活動或大學校園中使用的臉部識別技術可能會壓抑集會和表達的自由，阻礙年輕人進行抗議和政治行動，這不僅影響認同形塑，更妨害人權。

「當你是青少年時，應該嘗試生活，」彼得指出，「你必須打破既有疆界，因為許多強加於你的法律應該受到挑戰。這是健康的事情，但我們正在灌輸一種自我審查很重要的期待和強烈訊息。」

他告訴我一項關於即時臉部辨識的公眾接受度研究，這種技術試圖透過演算法即時偵測閉路電視畫面中的個人，但準確性存疑，可能正確或錯誤地認定某人為可疑份子，或遭警方通緝。[30] 有將近40％的十六至二十四歲年輕人表示，如果有任何場合為此使用即時臉部辨識技術，他們將不願前往參加活動。

對於青少年的發展需求而言，不斷在線上和公開場合進行監控，其潛在影響都相當令人戰慄、不安、發寒（各種意義下的 chilling）。孩子們還好嗎？他們有辦法過得好嗎？對於那些不喜歡並質疑自己所處情況的人來說，抵抗似乎徒勞無功。這對於正在找尋自己力量、發展自己聲音的年輕人來說，顯然不是一個理想的情境。更甚者，對於在社會中權利被剝奪和脆弱無助的年輕人，或是生活在專制政府下的年輕公民來說，潛在的危害更是嚴重。

雖然喬安娜目前在歐洲定居，但她來自中國，世界上政府控制最嚴格、媒體環境受到最多限制的國家之一。她不希望我使用她的真名，這就足以顯示監控的寒蟬效應，因為她擔心自己或家人因為這段訪談而遭逢不測。＊

喬安娜的父母確保她盡可能延遲接觸社交媒體。她熱愛自然的父親堅持讓她生活在「現實世界」中，甚至不讓她擁有相機。他希望她在沒有鏡頭和框架的情境下體驗生活，或許這會比她現在所感覺到的擁有更多自由。她母親的態度則較為曖昧

＊ 再次說明，喬安娜是個化名。雖然從西方的角度來看，她向我透露的觀點和經歷似乎並沒有什麼特殊的爭議性，但她允許我使用其訪談內容的條件便是隱藏她的身分。她對分享資訊可能帶來不良後果的焦慮，正好可以說明本書先前討論過監控所帶來的寒蟬效應。

不清，她不喜歡讓喬安娜接觸科技，但又知道這對她的未來不可或缺。

　　喬安娜十五歲時，終於獲准擁有一支智慧型手機。在那個時間點，她大多數的朋友都有手機了，她的例外顯得很突兀。「每個人都在要求我使用手機，」喬安娜說，「如果我不使用 WhatsApp 之類的應用程式，在與人聯絡上就會很麻煩。我發現自己再也無法抵擋了，我錯過許多實際的生活互動。」

　　考量到她父母當初的抗拒，當喬安娜拿到手機後，他們卻出乎意料地放任不管。他們了解女兒的性格，也許知道她會自我監管。「他們信任我自行實驗。從本質上講，我是個非常自我設限的孩子，」喬安娜告訴我，「剛開始我很不喜歡用手機。」天真如她並不知道點擊垃圾或廣告郵件中的連結可能會引她到意想不到的地方。當她無意間瀏覽了一些色情網站時，她立即告知父母。

　　喬安娜一拿到手機就先下載了 Instagram。在建立帳號後，她對朋友的隱私非常謹慎。「我總是會問人我可否標記他們，」她說，「在我同學眼中這很奇怪。他們會笑著說，當然可以。有何不可？你為什麼要問這個？對他們來說，這不是什麼大事。只要有人標記他們或發布有關他們的照片，他們通常都會接受。我自己不是那麼看的。我認為，那是你的照片，那是你的帳號，如果我標記你，那應該要得到你的同意。」

　　喬安娜尋求朋友許可的本能是有道理的：對於社交媒體平台是否真正重視且保護隱私，喬安娜持悲觀態度，而這樣的青少年比較可能與他人協商隱私界線。[31] 喬安娜將她朋友困惑

的反應視為一種習得無助感，這種無助源於相信如果每個人都已經知道一切，那麼擔心隱私就沒有多大意義。但她也很好奇，在他們漫不經心的態度下，是不是隱藏著恐懼。「我認為人們有點害怕和我討論這個，因為對他們來說這是一個可怕的話題。當我覺得某件事令人害怕時，我認為我們應該試圖阻止它。但我猜對某些人來說，這讓他們感到更加無助。」她說。

除了隱私問題外，社交媒體在短時間內改變了她的習慣，這讓喬安娜感到困擾。她很討厭被拉進一個自己現在覺得無法逃離的世界。

她選擇開始使用這些平台，只是因為它們是參與正常社交活動的入場券，但她不喜歡使用之後發生在她身上的事。她發現自己拖拖拉拉，當她想做其他事情時卻沉迷於手機。「我上癮了。我認為這是不可避免的，」她說，「即使你登出了，腦子仍然在想著社交媒體，你還在想著沒有完成的遊戲。」

她對遊戲並沒有特別熱衷，她在中國的親戚簡直走火入魔，但她一直掛在社交媒體上，包括那些她覺得有嚴重問題的平台。她不喜歡平台操弄使用者行為的方式，引述報導說青少女基於她們在 Instagram 上看到的內容改變自己的體態，有些人走到極端，最終住進了醫院。但儘管如此，「我還是不會放棄 Instagram。」她說，「我當初被迫使用 WhatsApp，但現在沒有 WhatsApp 我就無法生存。和你談話之後，我會回去用谷歌寫我的論文。沒有人準備要放棄網際網路。」

我問她是否認識的其他青少年也是這樣想：數位俘虜意識到牢籠，卻對於被強加己身的社會契約感到無可奈何。她承

認，她和一些比較親密的朋友都是國際學校的畢業生，可能因為課程設計讓學生較有大局觀，而不同於一般的青少年。她高中的論文是關於一個中國的應用程式，她認為該應用程式對中國人產生了「巨大的心理影響，如同一台針對女性及其消費習慣的操縱機器」。她的研究讓她對未來感到更加恐懼，無論是今日的現實，或是在明日，保守地說應用程式至少在社交上有必要，而最糟情況是強制要求。透過這樣的手段，政府及私人企業有很大的空間得以控制一般人的思想和生活、塑造他們的行為。

2018 年，當馬克‧祖克柏就劍橋分析公司的資料共享醜聞在美國國會作證時，喬安娜凝神觀看，她希望她有更多同儕也能關注這個問題。「在這個領域我們需要更多的聲音。」她說：「正因如此，我想成為一名市場監管者。」她現在是二十歲的大一學生，她覺得這些事件對她這一代的傷害是不證自明的。單就社交媒體和青少年而言，理論上，情況看起來確實很糟。社會比較和監控心理學，兩者都會造成相當明確的不良心理後果，卻也都是當今數位環境的特點。大眾媒體也同樣有喬安娜的擔憂，但情勢比聳動標題所暗示的更加複雜。管制要如何能夠同時去蕪而存菁？我們該如何衡量實際狀況有多糟？

2021 年 9 月下旬，華爾街日報發布了一份名為《臉書文件》的多篇調查報導和 Podcast。[32] 這份爆料分析了一系列外流的臉書文件，引發嚴重的關切，包括聽起來罪證確鑿，顯示臉書透過自己的研究發現 Instagram 對青少年有害，但為了保護公司獲利而向大眾隱瞞此一事實。《華爾街日報》的頭條新聞寫

道：「公司文件顯示，臉書知道 Instagram 對少女有毒。」[33]

　　隸屬於美國商務委員會下的消費者保護、產品安全與資料安全次級委員會，迅速對《臉書文件》做出反應，安排了緊急國會聽證會。聽證會主角是一名未透露姓名的臉書吹哨者，她提供了支持華爾街日報報導的材料。她並未參與 Instagram 和青少年的相關研究，但研究的投影片資料可在內部取得。[34] 這位吹哨者身分不久後在全國性電視台上被揭露。

　　10 月 3 日，弗朗西斯・豪根出現在美國哥倫比亞廣播公司黃金時段的新聞雜誌節目《60 分鐘》上。[35] 她原本加入這家現在被稱為 Meta 的公司，是因為一位朋友受線上假訊息和陰謀論所害而激進化，她希望協助創造一個更好、比較無毒的社交媒體環境。對此她迅速就感到幻滅，這句話顯然是過於輕描淡寫了。她很快得出結論認為臉書對民主構成威脅，對於臉書處理政治假訊息、仇恨言論、人口販運以及青少年心理健康議題等社會危害的方式，她也深感震驚。

　　另一件和上述事件無關的發展是，10 月 4 日，臉書及其所有子公司，包括 Messenger、Instagram 和 WhatsApp，經歷了約六小時的全面網路中斷。六千萬美元的廣告收入從資產負債表中消失。[36] 這對已開發國家來說可能只是有點不方便，但對發展中國家來說則是毀天滅地的大事件，因為臉書的「免費基礎」計畫是進入網際網路的主要門戶，為亞洲、非洲和拉丁美洲約八分之一的世界人口提供資料和電信服務。[37] 一系列不幸事件使這家社交媒體巨頭的股票價值暴跌：據報導，在停機當天，馬克・祖克柏的財富在短短幾小時內蒸發了六十億美

元。[38]

　　10 月 5 日，豪根在國會作證。[39] 她指出臉書在社會上引起或加劇了多重傷害，並提及多組易受傷害的群體，但似乎沒有什麼能像 Instagram 對青少女的潛在威脅一樣，吸引最多在場立法者和媒體的注意。這些威脅是透過臉書本身的研究而浮上檯面，包括各種自述報告研究，如線上問卷、日記研究和焦點團體。在這些研究中，人們向研究者描述他們的個人意見和經歷。研究發現，青少年怪罪 Instagram 增加焦慮和抑鬱；三分之一的青少女表示，在平台上流連使她們的身體形象變差；在自稱有自殺念頭的青少年中，13％的英國使用者和 6％的美國使用者將 Instagram 認定為原因。[40] 參議員們緊閉嘴唇，眉頭深鎖，擔憂地對豪根提問。「有多少青少女因為臉書的產品而結束自己的生命？」德州參議員泰德・克魯茲問道。

　　「我不清楚那項研究。」豪根回答。但對於前一天災難性的社交媒體中斷，她強調其中的一線希望。她說：「有超過五個小時，臉書並未被用來加深分裂、破壞民主，以及讓少女和女人對自己的身體感到不滿。」

　　世界各地的頭條新聞都響起了戰鼓。有毒。有害。很毒。危險。非常有害。

　　愛米・奧本博士不是那種會對釣魚式標題有情緒反應的人。[41] 身為一名實驗心理學家，她研究置身於數位環境對兒童和青少年的影響，以及這些影響是否如大眾媒體、家長和一些

同行學者所以為的那樣強烈，她因研究而獲得了許多獎項和提名。奧本自己的博士論文贏得了 2019 年英國心理學會傑出博士論文研究獎，這項研究挑戰另一個憂心忡忡的成年人極度恐懼的威脅：青少年的科技使用及其對兒童幸福感「理所當然」會產生的負面影響。

在研究中奧本收集了 355,358 名十二至十八歲的青少年資料，並進行嚴謹的統計分析，納入所有可能與幸福感有關的變數，例如社會和人口因素、收入、家庭成員的教育程度和幸福感、對學校的態度、睡眠和營養資訊，以及藥物和酒精使用情況。當她在跑分析時，發現確實有某些因素與青少年狀況不佳強烈相關，例如吸食大麻和被霸凌的經歷。其他行為則明顯與青少年狀況較好相關，例如食用水果和蔬菜、充足的睡眠和吃早餐。

青少年幸福感與科技使用之間的相關性則是輕度負面，但相較於青少年生活中的其他活動影響微乎其微。而在數位環境中所耗費的時間僅占約 0.4% 的變異，奧本據此計算出，一名青少年每天需要在科技上花費大約 11 小時 14 分鐘，才會感覺生活幸福感的明顯下降。戴眼鏡與幸福感的負相關更強，青少年幸福感與科技之間的相關性，大概與定期吃馬鈴薯相同。

那麼，對於青少年和科技廣泛的恐慌是所為何來呢？奧本表示，有部分原因是我們對新事物的自然反應。她在論文中寫道：「對新興科技的關注形成了一個連續的循環。當新科技越過一定的人氣門檻時，這些關注就會生成，一旦有更新的科技達到同樣門檻時才停止，促使這個循環重新開始。」[43]

　　另一個問題是壞科學，或至少是我們對某些類型的研究存有錯誤假設，誤判了研究可以證明事理的程度。多數針對青少年和科技的調查，使用的方法都是根據臉書如今惡評如潮、關於 Instagram 的內部研究：請青少年就親身使用經驗的相關問題回答，或對他們所認知到的困擾原因發表意見。要了解實際的原因，用這種方法是出了名的不可靠。[44] 使情況更加複雜的是，今天的青少年受到父母、教育者和整個社會的灌輸，早已認定社交媒體是壞的。所以被問及科技是否傷害他們時，當然會得到肯定的回答。

　　例如在 2015 年，一組研究團隊詢問超過 2,000 名青少年：是否受到社交媒體所害，以及是否手機成癮。[45] 91％的青少年回答是，科技和社交媒體正對我造成傷害。但擁有手機和使用社交媒體似乎與客觀測得的幸福感指標無關。研究者收集的資料包括受試者的學術測驗成績、在校歸屬感、心理壓力水準和他們的身體健康。擁有手機的社交媒體使用者和不使用的人之間沒有顯著差異。

　　除了自述報告的問題外，這類相關性研究還有方向性的問題。是 Instagram 增加了憂鬱，還是使用平台的人裡面有更多的憂鬱青少年？先有雞還是先有蛋是無法說清楚的，儘管有相當多的堅實證據表明，想在 Instagram 上分散注意力或安慰自己的苦悶青少年通常會感覺更糟，而非更好。[46] 但除非有特別巧妙的研究設計可以排除其他正在發生的事情，否則怎麼能說問題所在是一定類型或數量的科技使用，而非青少年在現代世界中生活的其他特徵呢？

不幸的是，大多數的一般人不能掌握相關性和因果關係之間的區別。A 和 B 可能同時發生，但要證明 A 導致 B 或 B 導致 A，則是一個完全不同的問題。即使是應該更了解此間區別的研究者，在他們努力宣揚自己最新研究論文的重要性時，也很容易忘記這一點。當非科學家出身的記者挖掘熱門新聞，得到一則聽起來很有吸引力的研究結果時，一切就不好說了。就像在圍成一圈的悄悄話遊戲中，大家輪流傳話，真相在每一個節點中被慢慢扭曲。

當新聞頭條談到科技和心理健康時，愛米・奧本的推特動態是很好的事實查核起點。[47] 我回顧了 2021 年底她對弗朗西斯・豪根作證時的評論。對奧本而言，這又是一次媒體對研究恐慌的例證。大眾對研究的理解很差，研究也很可能一開始就做得不夠好，至少不足以得出一槌定音的結論。果不其然，奧本只轉發了幾篇文章，其中一篇是心理學家史都華・里奇的分析，他在倫敦國王學院講授社會、遺傳和發展精神醫學。他的文章發表在標榜「慢新聞」的線上刊物 UnHerd 上。*

「Instagram 對青少年真的有害嗎？」標題寫道，「該公司對心理健康所進行的祕密研究品質極差。」[48] 事實似乎就是如此。臉書的研究關注的是人們在「人生艱難時刻」使用 Instagram 的認知。有來自六個國家、超過 22,000 人參與這項調查，聽起來像是一個很大的數字。但由於調查路徑的緣

＊「慢新聞」逆向操作，不追求現有的快速反應式新聞，而是專注在仔細而有條理的調查和資訊收集、公平性、事實查核等價值。

故，只有不到 150 名青少女回答了她們對身體形象和 Instagram 使用認知的問題。「『臉書知道 Instagram 對青少女有毒』的頭條最起碼要改成：『臉書認為 Instagram 對某些青少年女孩有毒』，再加上『根據那些受訪青少女的意見』的副標。」里奇寫道。

在豪根的證詞後，臉書向大眾提供了研究結果，卻仍招來質疑，因為公司在投影片中加入了一些註解。這些註解提供了更多的脈絡，解釋為何不可能從「艱難人生時刻」的調查中得出任何確切的結論。[49]

人們似乎認為此舉來得太少、來得太遲，也有太多推托之詞了。「臉書發表帶有註解的投影片，試圖重新洗白 Instagram 對青少年的毒性。」TechCrunch 語帶嘲諷，彷彿在暗示臉書主張之荒謬：基於少量調查參與者的回應，其實無法對任何事情下真正的結論，特別是受訪者已經表示在過去 30 天內經歷過「艱難時刻」後再回答有關身體形象的問題。[50] 然而，隨便一名大一心理系學生都能告訴你，從這些資料中所做的推論確實有很大的限制。

有人說，如果研究沒有意義，為什麼要諱莫如深？對這家公司的信任如今已經低得可憐，以至於任何事情看起來都像是為惡的確鑿證據。《The Verge》前編輯凱西・紐頓表示：「很難理解如果資料如此正面，臉書為何往往如此不甘願分享。」[51]

不過，即使沒有找到將 Instagram 和青少女身體形象有因果關係的確鑿證據，也不意味著這種關聯不存在。一些小規模研究並非問卷調查，而是實際進行實驗。結果顯示，修飾過的

照片對青少女的身體形象有更多的負面影響,但主要對象還是那些本就有愛比較傾向的女孩。[52]

我們需要更多更好的科學研究,以及更多的資料來支持這個論點。當然,像 Meta 這樣的公司擁有大量的資料寶庫,足以讓獨立學術研究者透過使用目前最先進客觀的機器學習分析法來區辨其中乾坤。有了這麼多資料,有了更強大客觀的研究方法與工具,資料科學家可以精確深刻地識別風險所在和風險承擔者,更有針對性地將風險降到最低,朝著這樣的方向前進。

今天,全球每七個青少年中就有一個受心理健康問題所苦:憂鬱、焦慮或行為障礙。[53] 如果導致青少年壓力遽增的主要因素,來自於順從同儕壓力和自己的認同探索,而兩者都不斷在線上舞台展演,那麼假定社交媒體對青少年的心理健康沒有影響本來就很荒謬。然而,對這個族群來說,在青少年使用網路平台彼此連結時,線上環境的心理效應也可能是正面的,甚至是利大於弊的。

馬克‧祖克柏自己在國會的證詞中也提出了此觀點。[54] 但可別因為是他說這番話就讓你不相信或許裡面有幾分道理。

主張線上環境對發展中的青少年有害的想法非常普遍,你不用是個死硬派危言聳聽的災難商人,就會毫不質疑地接受所謂的「碎片化假說」[55],這個想法認為,藉由促使甚至推動青少年投射並玩弄多重人設,社交媒體的使用會導致不穩定的自我感。一名青少年可能會受到在社交媒體上遇到的社群影響,突然且頻繁地改變他們的風格、興趣、性格或性別。因為

可以匿名或使用假名穿梭在網路空間中，有些人創設遊戲或社交媒體替身以顯現出自己期望的特質，也許可以藉此擺脫自己在現實生活中的物理限制。反方向的認同也可能發生。在所謂的普羅透斯效應中，[56] 一個青少年可能會因過於認同自己創設的替身，以至於開始在「現實生活中」沿用他們在線上替身的特徵。

你無法成為你看不到的東西，而在網際網路上你幾乎可以看到一切，因此一個在線上的青少年可以遇見無數希望探索的可能身分。如果你相信碎片化假說，可能更傾向負面看待這一點，認為青少年要發展出一個清晰、連貫的自我認同機會，將會因為太多的選擇與影響而受到威脅和挑戰。

但另一方面，也有自我概念統合的假說。[57] 自我表達和自我揭露在身分認同中扮演著核心的角色，在青少年時期，表達的焦點從父母轉移到同儕身上。青少年若能掌控和策劃自我形象、安全探索自我的各個面向，並增加自我表達範圍與他人連結，便能獲得良好的心理和情感成果。[58] 對許多青少年來說，這樣的探索在匿名或假名互動中感覺更安全，正如潔西在抖音上從那位友善的青少年角色扮演玩家那裡得到支持時所發現的一樣。某些類型的青少年，特別是焦慮的孩子和年紀比較輕的男孩，若能先在線上揭露自己，才轉向現實中的自我揭露，對他們來說比較有好處。整體來說，如果線上和實體互動都能在社交和認同發展中發揮作用，那麼若線上自我揭露對某些青少年在某些時刻比面對面互動來得不那麼令人畏懼、更可控且更容易時，兩者孰優孰劣真的很重要嗎？[59]

當青少年確實想要或需要傾訴時，能在線上連結到支持且志同道合的人，他們的機會可能遠比在家裡或學校豐富得多。退萬步言，社交媒體和網路社群都可以拓展現有的社交網絡，而且如果青少年在學校交友很艱難，或需要（想要）找比現實環境能提供更廣泛或不同的圈子，網際網路提供了一個替代性的社交網絡。在新冠疫情大流行期間，世界各地的父母都對孩子花時間沉迷於線上遊戲、拍攝 TikTok 舞蹈或無止盡地在 WhatsApp 上交換迷因而感到焦慮。愛米‧奧本在《衛報》上發表了一篇文章，呼籲父母保持冷靜，並主張螢幕時間可以藉由維持社交聯繫，保持孩子們的心理健康。[60]

再次套用莎士比亞的想法，科技本身並無善惡之分，是連結（或缺乏連結）使其如此。[61] 這麼說的證據是，當我們在社交媒體上與不相干的陌生人，或與點頭之交進行比較時，我們會感到更加焦慮、孤獨和不安。[62] 當我們看到親友發生好事在社交媒體貼文時，我們通常會感到快樂，可能因為我們與他們之間的關係，而沉浸在他們的榮耀中。這樣的關係也讓我們能夠進入他們的生活，無論好壞，因而有更廣泛而平衡的圖像。滾動 Instagram 或推特動態這種被動的社交媒體使用與焦慮相關，但在同樣的平台上貼文、回應和建立關係則可連結到較高的自尊。[63]

不久前我曾提過，青少年時期的線上經歷對成年後的自我感可能會產生長久的影響，這點並未停留在理論，而已經在一項縱貫性研究中得到證實。該研究觀察了十三至十八歲的青少年，然後在五年後再次進行追蹤。[64] 研究者們認知到線上自

我表達的雙面刃特性：既有加強身分認同的潛質，也可能令角色更加混淆。藉由一份「心理社會成熟度」的問卷題目進行衡量，他們決定進一步追蹤青少年時期線上自我表達的便利性，會如何反映在成年初期的認同整合上。

　　一開始的結果令人困惑。十四歲的青少年在線上表達自己，似乎同時與成年初期的身分整合和身分混淆強烈相關。當研究人員更仔細地觀察時，他們意識到有一個附加因素可以解釋誰朝一個方向發展，誰又朝另一個方向發展。若青少年透過線上自我表達與同儕取得更成功且更深入的連結，便可在成年初期得到高自尊和認同整合；若青少年表示自己在線上自我展示，卻未與人產生好的連結，後來就會造成更多的認同混淆。

　　無論青少年或成人有時都會相信，如果本身的特質、價值觀或偏好自相矛盾，就意味著我們對認同感到困惑。我們當中有許多人都經歷過被特定認同束縛，受到自認為必須要有，才會被接受的特質所困，或擔心個性中的矛盾意味著我們有未解決的問題。艾瑞克森確實提過認同清晰度，意指對自我有明確和一致的信念和觀點。但認同整合未必代表著任何固著的特性，而僅需對自己有正面的看法、自我價值感和自尊。[65]個人認同包含眾多元素，包括個性中相互矛盾和對立的面向。人類不斷在成為、創造並重塑自我，而處於持續變化的流動當中。而厄文‧高夫曼顯然相信多面向的自我，主張人會根據場合需求，將這一面或另一面展示給在場的觀眾看。[66]線上環境為許多人提供了一個環境，尤其是年輕人，讓他們更全面地探索、承認並擁抱此一現實。

為了試圖理解潔西對抖音上角色扮演的迷戀，我找到一本由不同領域的三位學者所合著的書，這些領域涵蓋創意寫作、流行文化、青年時尚研究、傳播和廣告。[67] 他們說：「在今天，我們可能必須放棄假設建構的身分背後才是真實的身分，面具背後留下的才是人類真相。」正如莎士比亞和高夫曼所言，「自我」可能一直都是一連串的表演。但在網際網路出現之前，我們能夠否認這是事實，一廂情願地認為我們的本質比自然狀態下更為固定不變，或必須如此。《角色扮演星球》的作者們則說：「對於自我認同和成為什麼人的可能性，虛擬自我的興起徹底顛覆了老舊而常識性的概念。」

也許，在看到青少年使用各種裝置時，除了恐懼和憤怒之外，老一輩的大腦還會被另一種情感點亮。也許，當他們的小孩累積螢幕時間，接觸到由可能性、認同和連結所組成的大雜燴時，他們會感受到別的情緒。

那可能是嫉妒。

儘管目前情勢尚未明朗，研究能告訴我們的有限，但有項通則是明確的：社交媒體中什麼都有，從正面到負面的可能性全都涵蓋。當然，科技把人拉進來，透過內容設計養大胃口，將脆弱的高風險者帶向危險，卻沒有足夠的安全機制保護，這些問題都無庸置疑。但讓情況更加複雜的是，科技的影響在很大的程度上也端視使用者是誰、使用方式以及使用原因。

當釣魚式標題激起道德恐慌、誇大證據，並對研究結果做出過度宣稱時，這同樣有害。我們變得毫不好奇，並對那些青

少年可能從社交媒體互動中獲得的任何潛在好處或保護因素嗤之以鼻。如果沒有好的研究和精確的報導，我們可能會以魯莽而發散的方式作出回應，而在過程中阻滯思想和表達自由。而且父母的焦慮也會被放大，這對家庭關係或育兒方式並沒有好處。

如果您是青少年的父母，讀到了關於 TikTok 或 Instagram 的恐怖標題，您可能會感到害怕。您可能會改變主意，從信任並給予他們自由轉為設置嚴厲的限制和控管，就像我做的那樣。有時候，我會藉由設定這些科技的控制來迴避與孩子的艱難對話，不去考慮她的觀點或解釋我的觀點，閃躲無可避免的負面反應，就像躲在我的手機後面一樣。社交媒體平台太新了，關於其因果影響的研究仍處於起步階段，我們還無法下結論，至少目前是這樣。另一方面，控制導向的權威型育兒長期來看對孩子有負面影響，這些證據數十年來已然確立。[68]

我們傾向以焦慮的視角關注青少年的狀況，不僅因為他們相對於成年人來說有更多起伏和脆弱，而且由於他們正在離開成年人的影響範圍，使得某些成年人想要加倍控制的力道。當然，其中風險感覺很高。在青少年時期發生的事情是有重要後果的——這些事包含在青少年生活的所有領域中，受到各種影響，從此啟動的心理軌跡會延伸到成年期。

無論青少年在線上和實體與何人何事互動，他們在這段時間內所發現培養最緊要的關係，其實是他們和自己的關係。一方面，毫無疑問地，他們正在一個前所未有的科技時代中發展這種關係，這種認同。另一方面，我們對新技術的戒慎恐懼總

是以相同的趨勢發展，遵循著愛米·奧本所描述的新奇、恐懼和適應循環。[69]

阿法世代是第一代在數位科技的圍繞、嵌入、駕馭和連結中長大的世代。但也許上述動詞的介系詞——藉由、在內、到達、透過——並不完全正確。媒體理論家多年來一直在主張，我們並不存在於媒體之外或與媒體分離。正如《角色扮演星球》的作者們所言，我們並沒有「一種認知能力和控制力，可以獨立於我們所使用的媒體之外」。「相反地，媒體在我們之中，並與我們的認知功能有相同的邊界。」[70]

讓我為您省去查找 "coterminous" 的需要：它單純意味著擁有相同的邊界，占據一樣的空間，包含同樣的範圍。過去心智和媒體從未如此水乳交融。我們並非生活在和悠遊其中的資訊海洋分隔的泡沫當中，若此斷言為真，那麼現在無疑只是變得更加強烈，更加真實。

但這適用於所有的年齡層。老一輩人特別擔心社交媒體對青少年的影響，再次強調，A 對 B 的影響，彷彿兩者仍然可能涇渭分明。雖然許多父母和祖父母也體驗到科技作為他們自身的延伸，但年紀愈大的人可能愈難完全理解這種聚合的緊密程度，難以從骨子裡感受已經發生的劇變，不同元素如何在一次不可逆的化學變化中結合在一起。

2013 年，由牛津網路研究所哲學家路西安諾·弗洛里迪主導的一群學者發表了〈在生活宣言〉。[71]弗洛里迪創造了「在生活」一詞，試圖表達「問自己是在線上還是離線已經不再有意義」的想法。[72]現代青少年可能不會知道或使用「在生

活」一詞，老實說，它並沒有流行起來，但他們也不需要知道。對他們來說，擁有「在生活」是理所當然的、社交整合的生活方式：數位與物理世界和諧運作，而不是在各自分開的區隔領域中。智慧手機不僅僅是一種拿來使用的工具，如石斧或螺絲起子；它更像腦的腦葉、手的延伸，另一種感官、覺察和認知的方式。想想看你上一次聽到人用「現實生活中」或「網路空間」這種語彙，我猜你會發現到說話的那不會是個青少年，除非他們是在諷刺或嘲笑你。「網路空間」曾經一度代表分離的平面、一個匿名區域、一塊面無表情且抽離的領域，與你的生活、你的「真實」關係不同。在 1984 年的叛客經典《神經喚術士》中，威廉・吉布森將網路空間稱之為共識幻覺，用以描繪那種非現實。[73] 回想你上一次透過 Zoom、FaceTime、Skype 或 WhatsApp 與你所愛和信任的人進行的視訊對話。你們分享了笑聲、信任和支持。那是一場共識幻覺嗎？對你來說，那種感覺像嗎？

思及那些在這些脈絡下長大的年輕人，請記住澳洲哲學家派翠克・史托客在他的書《數位靈魂》中所寫的話。他說：「（現在）社交媒體網站這種地方，不僅僅讓我們構建某個版本的自己，它們……已然是我們面孔的一部分。」[74] 堅守人類、機器和自然等概念之間的明確區分，將現實和虛擬區隔劃界，並期待人擁有固定的一元化認同，這些都無助於我們更加理解當今的青少年。

已連結的青少年是兩種意義上的混合體。首先，他們是由電力和肉身構成的交織實體；其次，他們的超個人社交媒體存

在，讓他們能夠輕鬆探索和擁抱多重認同。某位青少年的心理健康，他們的短期和長期幸福感，可能取決於他們是否能夠自信且連貫地調和這些身分並將它們融合在一起，還是繼續在複數認同中迷失，感到未知和不安。

第六章

青年期

「我先確定這個是關掉的。」羅蕾萊說，她按下手機上的按鈕，我們等待著螢幕變暗。

羅蕾萊有一顆焦慮的心，她經常聽從內心的聲音，也容易反覆思考好事變糟的情況。這種傾向侵蝕了她在美好事物發生時盡情享受的能力。多年來，她一直用勾清單的方式來尋找「對的」工作或伴侶，但在我們的心理治療會談中，我們一直在修正她的生活策略，協助她能更直覺地意識到自己的感受，並由自己的價值觀所驅動。

現在，羅蕾萊正在享受快樂時光。她在一個朋友舉辦的隨興派對上遇見了里奧，當時她沒有想過要跟人約會。現在她和里奧訂婚了，並且即將開始同居。

羅蕾萊無法相信自己的好運。里奧英俊、風趣又善良，一個如此優質的男人在他三十多歲時不僅單身，而且實際相處上也是如此優質，這似乎令人難以置信。她想讓自己放輕鬆並感到快樂，卻擔心某種失望正潛伏在前方角落，等著把她從腳下

拉倒。她陷入愛河卻擔驚受怕，內心湧現天人交戰般的衝動在
掙扎，不確定該聽從哪邊的聲音：確信里奧愛她並想和她在一
起，還是無法相信這種好事的細瑣恐懼。這種不確定感讓人渾
身不舒服，羅蕾萊渴望從這種痛苦中獲得解放。

　　她並不是預謀進行的。在進浴室之前，里奧把他的手機扔
到她旁邊的床上。羅蕾萊聽到水流出和淋浴間門的吱吱聲。
眼見里奧的手機在羽絨被上持續亮著，所有的圖標都還看得
見，她意識到手機輸入密碼的要求尚未啟動。羅蕾萊做了許多
人在親密關係中為了緩解不適感都會做的事情：她檢查了伴侶
的手機。

　　淋浴的時間很長，給了羅蕾萊充足的時間讓自己陷入困
境。眼下她沒有找到任何事情讓她感到困擾，她卻自己一頭
鑽進深淵中。在里奧的聯絡人中，她發現了之前不可能得到
的資訊：里奧前女友莎拉的姓氏。切換到自己的手機，她在
LinkedIn 上輸入莎拉的名字。當羅蕾萊找到莎拉的個人檔案
時，她的心沉了下去。里奧的前女友很美。更糟的是，她在羅
蕾萊欽佩的專業領域內非常成功。

　　在那一刻，羅蕾萊的不安比以往任何時候都還要嚴重。里
奧怎麼可能像愛莎拉那樣愛她呢？她回到里奧的手機，這次是
專門查找與前女友的通聯記錄。首先，她找到了他們還在一起
時的電子郵件。不僅是其中的內容 —— 他們輕鬆而充滿愛意的
親密感使羅蕾萊根植於不安的嫉妒大爆發。在 WhatsApp 上，
她發現了莎拉完美的臉龐，旁邊是一個月前的訊息討論串。一
個月前！莎拉想知道里奧週四是否可以一起喝杯咖啡。讓我查

一下我的行事曆，里奧回答。

然後就什麼都沒有了。他們後來見面了嗎？有一起喝咖啡嗎？里奧是否刪除了後續的訊息，擔心羅蕾萊會發現確鑿罪證？這樣不對，羅蕾萊想。有些事情不對勁。

羅蕾萊隨即要查找她之前看到的那篇文章，關於 iPhone 要怎麼顯示某人去過的所有地方，此時她聽到水聲停了。她的心怦怦亂跳，試圖將里奧的手機準確地放回他一開始扔下的地方。

幾天之後，她擔心會有蛛絲馬跡讓里奧察覺到她的所作所為。她是否把他和莎拉的訊息對話框開著沒關？下次他打開 WhatsApp 時，訊息對話框會不會出現在最上面？

羅蕾萊開始監控她和里奧之間的每一次互動，找尋不滿的跡象，而他也開始問她是否一切都好。這對伴侶從未討論過使用裝置時的界線，但由於他們從來不會使用對方的電腦或手機，似乎也沒有必要這麼做。然而，羅蕾萊必須假設自己已踰越了某條界線。論及倫理議題時，她和里奧是心意相通的。共享的價值觀讓他們緊密相連，是這段關係能走下去的原因之一——直到現在。她說，也許他們最後還是沒有準備好要結婚。她告訴我，如果她無法被對方信任能尊重隱私，或許她不配結婚，羞愧感淹沒了她。

坐在我對面的沙發上，羅蕾萊淚流滿面。在她的伴侶洗澡的這段時間裡，她從一個對未來感到快樂和興奮的女人，轉而情緒崩潰。

　　在成年的前二十年裡，我們學習如何在複雜的成人愛情與工作職場中前進。在二十到四十歲左右的年紀，工作壓力的問題在我執業時的確占有一席之地，但我在初次諮詢治療時最常見的還是關係問題。如果有人因為其他原因來尋求幫助，比如焦慮或抑鬱，最後幾乎一定會牽扯到有關約會、伴侶或配偶的擔憂。一段不快樂的關係會滋生或加劇其他問題；一段快樂的關係則可作為一個保護因子，使我們在生活中整體來說更加有韌性。

　　羅蕾萊和里奧是由多人經驗所構成，我融合了這些年來處理過的許多案主狀況。這種伴侶的經歷特別令人感到遺憾，因為這是一個只聞煙硝卻無砲火的故事。羅蕾萊和里奧擁有很棒的關係，里奧和羅蕾萊同樣對於即將共度此生感到興奮。就我所知，對於大多數被我編進這個故事的伴侶們，事情最終都有不是太差的結果。然而，羅蕾萊的搜索雖未找到確鑿的犯罪證據，卻足以點燃並助長疑慮，激起一片火花，進而燒起損害關係的火焰。

　　艾瑞克森說，我們二十到三十多歲時的主要衝突是親密對上孤立[1]，因為人在成年初期會試圖弄清楚他們是否以及如何能夠愛上別人，並與之共度一生。當生活中缺乏親密關係時，你會渴望它，然而看似矛盾的是，若沒有清晰的界線，就無法擁有健康的親密關係。關係需要界線去定義並尊重一個人結束和另一個人開始的地方，保護個體的自主權、空間和隱私，並將伴侶緊緊包住，保護關係不受侵擾，導致其完整性的損害或羈絆隨著時間而被侵蝕。

　　我們的數位裝置及其使用方式，迎來了一個和親密與孤立緊密相關的新主要衝突：進退有據對界線模糊。科技之所以能對健康關係構成此般威脅，是因為它強烈影響了我們建構自己和觀察他人界線的方式。談到界線時，有人會尊重，有人則會越界。如果關係中有一人尊重、一人越界，或兩人都越界時，各種不健康的關係動態和衝突就可能會出現。

　　一方面來說，科技可以建立並維持親密關係，連結我們與那些可能的對象或我們已經愛上的伴侶，也包括那些距離太遠而無法面對面和摸到的人。另一方面，當界線被模糊、踰越或是太過僵固時，科技構築障礙的傾向與其突破障礙的能力也不相上下。我們強烈感受到連結科技的侵門踏戶，因為在過去我們與親近者共享的內心避風港是受層層保護的。裝置一直將我們的注意力拉到外部世界而非當下的此時此刻，不斷侵犯以往圍繞私人家庭、愉快餐桌、親密臥室，乃至於保密的治療室所劃定的界線。

　　在諮商開始時，大多數年長的心理治療客戶會將他們的手機放在視線外。但有些諮商室的來訪者──主要是 Z 世代或阿法世代──總是堅決地將他們的手機緊握手中或放在身邊。有時當他們告訴我關於數位排毒的掙扎，包括與 Instagram 拉開距離、減少螢幕時間，或保持對任何人事物的注意力，他們手中仍緊握手機。我沒有理由相信，當客戶離開諮商室，回到他們的重要他者身邊時，會更加遠離手機。有時我會親眼目睹裝置入侵親密關係的現場。在一次令人難忘的伴侶治療會議中，一位穿著考究昂貴西裝的丈夫不斷接到商務來電，最終說

他需要到外面接這通電話,留下我和他那眼神悲傷的妻子默默等他回來,我很無助,她很絕望。

手機就像我們關係中的第三者,不斷地爭奪我們的情感。由於其本質和無處不在,我們的裝置在各種感情故事中領銜主演:緊張局勢和不確定感、追尋或受阻的親密關係、連結或背叛、尊重或越界。它們是我們的盟友、我們的敵人、我們的私家偵探。有時,它們就像那個搧風點火的亦敵亦友,因為他們自己想知道八卦,就告訴你一些事情。

回想過去十五年來我在心理治療中見過的所有伴侶,大概有四分之三的人是因為(至少有部分是)手機的問題而來。

雖然這一章不會只講約會,但透過科技尋找伴侶如今已成為一種常態。史丹佛社會學家麥可·羅森菲德以其研究顯示,現代夫妻藉由演算法邂逅的可能性更高,而非透過社交場合、職場或家庭連結而相遇。羅森菲德說:「人們對新的約會科技愈來愈有信心,而且在線上相遇的汙名似乎已經褪去。」[2]但無論是在線上還是線下,我們在成年初期花了大半時間在尋找優質的關係。我們尋找那個對的人,使用勾選清單拿自己的特徵與別人對比。

在我執業的這些年裡,尋找伴侶的客戶告訴我他們沒得商量的條件,那些他們在應用程式上列出的條件。由於缺乏在實體世界中遇見某人時的感官知覺,當我們大舉轉移到約會應用程式時,便更加強迫導引我們進入羅列標準式的思考。使用者如果要的是超越一夜情的關係,會尋求個性、背景、教育、興趣和政治觀點上的合意,儘管會不會右滑喜歡,仍然強烈地受

到外貌的影響。

　　但是，一旦建立了關係，要維持和培養彼此的羈絆，哪些強化關係的行為是最關鍵的？我在博士研究中所探討的關係研究都來自於前數位時代，而且其中多數研究從一開始就因既有關於愛的信念而有所偏差。即使是熟練的研究者，也常常設計或詮釋他們的調查，來塞進自己偏好的理論或希望得到的發現。不過現在的機器學習和「計算精神病學」等工具，能夠以一種受人類主觀和偏見影響較小的方式，就心理健康和人類行為提供更精確的理解和預測。

　　因此，我興味盎然地讀了 2020 年所進行的一項大型機器學習研究結果。[3] 一大群研究人員收集了超過四十個現有的心理學研究，這些研究檢視了伴侶關係品質隨著時間的變化，接著研究者將它們進行數百小時的計算分析。結果顯示，人們在約會應用程式上所列出的個人特徵，或認為他們需要伴侶擁有以獲得幸福的特徵，可能在最初將同溫層聚在一起時有些許重要性。但一旦建立了關係，個性、興趣和價值觀上的「良好配對」相對不甚重要。

　　機器學習的研究顯示的反而是，長期關係的滿意度主要是由人的判斷和認知所預測：伴侶所認知的滿意和承諾程度，以及他們自己對另一半的感激之情，解釋了高達 45％的關係滿意度。衝突和性滿意度也出現在最重要的五個因素中。

　　想想你目前或過去的某段關係。就伴侶對你的承諾，或他們與你共度時光的興趣而言，對方的科技使用會如何影響你的認知？這讓你感覺受到更多還是更少的珍視？現在想想你自己

的科技使用，你對伴侶的關注、感激與注意，是更多還是更少？相較於你對裝置上任何事情的興趣，他們會如何認知你對他們的興趣呢？

當然，使用科技來報平安和表達愛意可以增加對彼此承諾和欣賞的認知；但因為擔心或實際上與虛擬第三者競爭，這些認知也可能備受質疑。如果一對伴侶正在使用床頭的平板電腦觀看兩人都喜歡的內容，性滿意度可能會提高；但如果只喜歡在伴侶不在時偷看線上色情片或色情聊天的話，則可能會澆熄關係中熱情的火苗。

來自虛擬第三者的競爭，是我在許多伴侶客戶中看到的情況。虛擬的出軌，甚至是利用裝置維繫實體外遇是常見的情況。我曾諮商過的一名先生對線上色情片和約會網站都成癮。他正在與另一位治療師進行個人治療，我則負責與這對夫婦一起諮商，他們在試圖重建信任的漫長過程中某一段落前來找我。其中的工作是找出解決方案讓先生在科技使用上不致有所偏差，並負起責任。在我們晤談當時，妻子擁有他的密碼，他們同意她可以隨時檢查他的手機，但這項嘗試以及她對丈夫行為所承擔的責任都讓她感到筋疲力竭。這種動態將平等的關係轉變成為更像是假釋官和犯人的關係。當她上床睡覺時，他經常會在樓下待很久。他說他睡不著。不知道他到底在做什麼，她也睡不著。

即使並沒有發生實際的出軌，手機本身也很有可能就是第三者，獨自構成了對親密關係的威脅。儘管夫妻可能有些方式可以各自使用手機，同時也保持彼此連結——例如一起玩線上

遊戲 —— 但說起來不管在家裡還是餐廳，和一個比較關注手機而非你的人在一起，沒有辦法增強覺得自己重要和被欣賞的感覺。隨著他們的目光，你看向他們的手機，想知道是何人何事比你更有吸引力。

在 2012 年，全球智慧手機的銷售量激增了 45%。[4] 消費者開始將比較傳統的手機換成蘋果、三星和華為的連網裝置。同年，「只顧滑手機」一詞進入了日常語言，其定義為「在社交場合中，因為盯著手機漫不經心而冷落某人的行為」。[5] 有人作伴時使用手機以往是粗魯而冒犯的行為，違反社交規範。年紀愈大的人，愈有可能依然抱持這種看法，但我們現在已經不能說這不是正常現象。早在 2015 年，就有 90% 的人在上一次社交互動中使用了智慧手機。[6] 而且證據顯示，我們對自己所愛的人更有可能「只顧滑手機」，[7] 有些研究者將這種現象稱之為 pphubbing，在字前面多加一個 p，代表「伴侶」之意。研究發現，手機在關係中的出現是削弱滿意度的重要因素，會增加被排除感，降低認知到的伴侶回應性，並減少親密感。[8]

只顧滑手機的現象也進入了臥室 —— 多數的智慧型手機用戶在睡覺時會將他們的裝置充電放在身旁，儘管有許多身心和關係上的充分理由不應這麼做，我們還是有許多人會在床上顧滑手機或是被冷落，其中有些人表示因為這樣而錯過了身體上的親密接觸。當科技將床笫重構為可與外界通訊和工作的場

域，且有更多科技媒介的娛樂發生時，性生活有時便遭到無視。[9] 但無論在床上發生了什麼還是沒發生什麼，眼睛仍然是靈魂之窗。有時候，只要一次短暫強烈的驚嚇便足以讓我們意識到自己的目光多麼頻繁地受到手機吸引——例如，不小心走進車流中，或者頭去撞到路燈。然而，如果不節制裝置壟斷我們的視覺注意力，我們可能會發現自己會撞到的，可不是只有街燈這麼簡單而已。

從我們小時候開始，眼神交流便對於與他人產生親密感和連結感非常重要。當我們還是嬰兒時，與模仿我們行為的照顧者或嬰兒友伴相互凝視，會讓我們感到安全和被愛，也促進了信任感。要進行與還未能伸手取物的嬰兒相關的研究時，研究者會用嬰兒凝視的對象或人物，以及凝視的時間，來衡量嬰兒對人事物的興趣或喜好。在接下來的生命中，當我們看到自己所關心的人，我們希望他們也能回望。伴侶的凝視讓你覺得自己有吸引力和受歡迎，若閃避凝視則會令人聯想到興趣缺缺和急於切割。

我們所愛的人在爭取視覺注意力時面臨到前所未有的競爭，而我們的大腦中很自然會將這種視覺注意力解讀為愛、關懷、自我價值、包容和重要性。我們的環境充斥著各種矩形電子裝置，它們吸引、捕捉並留住我們的目光。已證實手機在環境中的視覺存在——即使並非使用中，放在家具上暗淡待機——對親密感和（我們所認知到對話夥伴所擁有的）同理心都會有負面影響。[10] 一項在咖啡店所進行的調查中，看著陌生人談話的人對那些把手機拿在手上的陌生人，會有比較差的對話

評價。

　　然而，不僅僅是時時刻刻都在我們身邊的手機如此擅於拉走我們的注意，更重要的是我們會如何解讀伴侶對這些裝置的興趣。例如，一項研究顯示，盯著手機對人際關係的損害遠大於盯著報紙看。研究中的手機擁有報紙所沒有的特點：它們是雙向而非單向的物件，對話的而非獨白的，是與虛擬第三者溝通的門戶。[11]

　　那些自尊和自我價值感低下的人，看到伴侶的注意力從他們轉移到潛在的虛擬對手上時，會解讀為明目張膽的威脅，並引發親密關係中的嫉妒情緒。「潛在」是因為不需要真正嘗試聯繫其他人，就會令人感到在只顧滑手機而冷落伴侶者眼中，伴侶變得微不足道，不配得到他們全部的注意力。

　　不意外地，研究顯示，與伴侶滑手機相關的現象包括更多的嫉妒情緒、和浪漫伴侶間的親密度降低、對話品質降低、更多的抑鬱，和更低的關係滿意度、信任和同理。那些不知道伴侶手機上發生什麼事、感到被邊緣化和排除在外的另一半，可能會乾脆放棄，並轉向自己的裝置來分散注意力，導致相互斷開連結的惡性循環。或者，被冷落的一方可能會擔心伴侶不滿足，他們對關係的承諾可能正在動搖，並可能決定根據他們誤以為真的想像而行動。這些情況發生時，我們的裝置和帳號已成了「科技干擾」，讓我們在關係中分心，同時也是實踐某些目的的手段，諸如尋求安慰。

　　沒有太多研究檢視過關係承諾、同居伴侶間的親密監視，就像我在執業中看到的那樣。當兩人一起生活時，未經授

權獲取伴侶資訊相對容易。家庭成員之間可能共享電腦、帳號或雲端儲存，連結的使用者間互相有默契，認定團體成員不會窺探他人隱私，濫用彼此的信任。我們可能會賦予家庭成員以生物識別取用自己裝置的權限，但僅限於緊急情況，這也是基於相信他們只會在那種情況下使用。在車裡把你的手機拿給其他人導航，可能會導致前往不同的目的地。「肩上衝浪」意指在伴侶登入裝置或帳戶時在旁邊晃盪，可以迅速解讀所需的密碼；也有些人在資訊安全方面驚人地鬆懈，將密碼寫在電腦附近的紙上。隨著密碼保護和驗證程序變得益發複雜，駭入伴侶的裝置可能會變得更加困難，驅使堅忍不拔者走上更極端的道路。

侵犯某人的隱私未必總是故意的，可能僅僅是因為一開始沒有理解對方的隱私界線。如同許多在關係中隨著時間演變，但從未被討論過的習慣和指引一樣，關於如何取用彼此個人裝置和訊息的規則，通常沒有明確規定，而是透過試誤的經驗過程來理解的。對某些人來說，隱私圈很自然就包括了本人和個人裝置及帳戶；有人則假定在親密關係或甚至在家庭中，取用或所有權共享是可以接受的，甚至是被預期的。在關係早期的階段，有人可能會在無意間打破自己沒意識到的潛規則。如果手機主人以憤怒不安來回應，很明顯地，這對伴侶沒能談妥他們各自對個人資訊的規則，因而產生的不適感被稱為邊界動盪或隱私動盪。[12]

「邊界動盪」這個詞彙來自傳播隱私管理理論，這套有用的系統可以拿來理解我們在不同情況中，無論是線上還是線

下，如何保護或揭露私人資訊。無論從科技或法律上來說，我們傾向相信自己數位持有的資訊屬於我們，我們擁有它，且有權決定誰能看見或得知資訊。我們用層層隱私圈環繞自己，從個人、夫妻、家庭到整個社交網絡，而非預期的越界者將體會到關係的後果，通常會讓他們回到界線之內。

　　然而在親密伴侶關係中，我們有時會明知故犯地冒著邊界或隱私動盪的風險，侵犯對方的隱私界線，暗自希望他們不會發現。當我們以這種方式漠視親密伴侶的界線時，未必是因為我們不關心他們或不在乎關係。有時反而是因為我們太過投入，無論有沒有正當理由，我們都擔心會失去他們或為他們所傷。我們被自己的擔憂所淹沒，焦慮不安的癢處需要平撫。*

　　與前述關係滿意度的機器學習調查同步的發現中，有一項針對新婚夫妻進行的窺探研究指出，人的認知非常重要，而這些認知可能受到依附類型的強烈影響。[13] 成人依附類型可能和早期與父母的互動模式相關，是個體與密友和愛人連結的特有方式。四種成人依附類型分別是安全型、焦慮型（又稱過度專注型）、逃避型（又稱排斥型）和紊亂型，它們之間的差異主要來自於信任程度，以及遭遇到實際或受威脅的分離時，或和伴侶產生物理或情感距離時，人們如何反應有關。[14]

　　針對新婚伴侶的研究顯示，如果有安全型依附，關係中的信任和滿意度高，並且感受到伴侶可以與你開放地溝通，你通常不會感到有需要窺探伴侶的裝置或帳號。[15] 如果安全依附

＊ 在這一節中，我討論的是非虐待、非強制性的愛情關係。

的伴侶擔心某件事，他們傾向採取比較有建設性的方式來處理。如果有助於有建設性的互動，他們願意冒著心理不適和尷尬的風險，因此能夠擁有更開放和健康的關係。

然而，如果屬於焦慮型依附，即使伴侶告訴你一切都很好，沒什麼好擔心的，可能未必總是能讓你安心。甚至當你認知到伴侶不太透露私人訊息，有如手裡藏牌，並限制其裝置和帳號的取用，你更有可能藉由暗中取得訊息來侵犯伴侶的隱私。

在焦慮型依附的情況下，對關係完整性的持續驗證需求可能會經由科技來實現，例如需要伴侶在外時不斷且穩定地保持聯繫。但這也可能表現為不斷的公然或祕密監控。對於那些必須確定、覺得需要檢核的焦慮型依附者來說，用科技解決他們的焦慮具有極大的誘惑力。希臘神話中的人物坦塔洛斯國王被判處永遠饑餓，活著卻挨餓；被周遭結滿果實的樹包圍，但這些果實卻在他伸手可及時退縮，並在他觸摸後凋零。當焦慮型伴侶使用科技的窺探試圖緩解愛情嫉妒時，也會發生同樣的情況。杞人憂天者會以一種強化他們擔憂的方式來檢測和詮釋訊息，正如羅蕾萊的案例一樣。而紊亂型依附的人可能從一開始就尋求監控，他們早已堅信良好關係的結果難以成真，只是要試圖證實這點而已。這麼說來，他們尋求的慰藉總是在掌握之外。

最後，逃避型依附的成年人可能將科技當作擋箭牌，以避免不舒服的親密感，他們躲在裝置後面以保持對自己來說舒適的親近程度。當逃避型依附者和焦慮型依附者進入一段關係

時，他們本能的需求和渴望是相互對立的：前者劃定並捍衛堅固的情感與科技界線，而後者則不斷嘗試突破這些界線。

然而，用電子媒介偷窺另一半能在實際上解決我們的焦慮，並更加令人安心嗎？若有人不確定伴侶對他們的滿意度，因此駭入裝置和帳戶尋求慰藉時，他們或許能成功，但他們更可能發現曖昧不明的素材，這些資料讓他們保持疑慮，並增加了未來企圖「解決」問題的渴望。[16]

在羅蕾萊與里歐的情況中，我們看到了兩個總體因素的碰撞：個體和科技。她的關係實際上並未受到威脅，但本就是焦慮依附的羅蕾萊卻因為她對手機的偷窺行為使情況雪上加霜。不確定感和侵擾的惡性循環可能會強烈地危害一度健康的關係。而如果那段關係不再健康或已然結束，親密伴侶監控和暴力的結合不僅僅有害，更可能是危險的。

我的一位客戶在分手後因為前男友的騷擾行為而飽受失眠之苦。起初，他持續對她的社群媒體貼文按讚和留言時，她覺得很高興；她認為這個跡象顯示前男友比她預期的更能接受分手，也許他們還可以保持朋友關係。

然而過了一段時間，她走到哪裡都會遇到他，頻繁到不可能僅僅是巧合。她驚恐地發現，她的手機仍然與他分享位置，這是當時他們還在一起時她所允許的，讓他能在她晚上外出後確保她安全回家。更糟的是，她發現他正在嘗試登入她帳戶的證據。她以為在社群媒體上封鎖他並更改她的密碼，問題就迎刃而解。但一天晚上，當她和朋友們從俱樂部回家時，她的手機突然彈出一條奇怪的消息：「發現 AirTag 隨你移動中。」

她在手提包外側口袋角落發現了一顆小小圓圓的位置追蹤裝置。

無處不在的數位科技所造成的其中一個不幸副作用，便是藉由網路跟騷和偷窺，來僭越浪漫伴侶之間的隱私界線。一旦成為這種行為的獵物時，即使過去一般來說是安全依附者，心理健康也可能受到嚴重影響，難以在目前或未來的關係中感到安心。侵犯界線可能會損害信任和自主權，進而破壞維持親密關係的能力。若受害者必須大幅限制線上生活以防止侵擾並保護自己時，可能最終會在情感和社交上遭到孤立。對於進行窺探的人來說，情況也好不到哪裡去：被分手或拒絕的創傷愈深，一個人就愈可能從線上監控自己的愛慕對象或前伴侶，從而阻礙或延遲自身的情感療癒和復原。[17] 但這些問題實際上到底有多嚴重呢？

雖然在英國沒有跟蹤騷擾行為的嚴格法律定義，但只要看到或遇過就會知道。[18] 英國皇家檢控署的說法是：以令受害者感到痛苦、限制其自由，並使其擔心自身安全的方式觀察、跟隨或窺探之。[19] 因為跟騷行為往往會讓受害者相信他們可能面臨暴力、嚴重傷害或死亡的風險，這樣的認知是創傷後壓力症候群的核心要素，難怪有 78％ 的被跟蹤者表示出現相關症狀。[20]

蘇西蘭普魯基金會是 1986 年房屋仲介蘇西·蘭普魯被推測遭到謀殺後所成立，根據由基金會管理的國家跟騷求助熱線資料，目前報案的跟騷事件中，全部都包含了形式不一的數位跟蹤。[21] 在 2020 年，有 84％ 的跟騷投訴針對前任伴侶，大多

數情況是既有權力動態的延續。[22] 大多數受害者表示，分手之前關係中就已經有虐待和強制控制的發生。[23]

在數位時代，跟騷行為有許多不同的形式。「潛水追蹤」指的是在線上持續祕密地跟隨某人，可能是在他們的社群媒體上爬文或反覆用谷歌搜索看會出現什麼結果。雖然如果讓當事人知道了可能會感到毛骨悚然，但他們很可能不會發現。然而，當潛水追蹤行為升級到足以讓對方察覺時，就變成了「網路跟騷」，也就是更積極地利用科技騷擾某人，或以不請自來、偏執、有時非法的方式駭進並監控其裝置或帳號。加害者提供不同的理由來解釋他們為什麼要這麼做，包括出於好奇（38％）、懷疑（前）伴侶做了他們不喜歡的事情（44％），或在發現對方已經跟蹤過他們後進行報復（20％）。諸如「復仇式色情」等線上羞辱是另一種線上虐待形式，其影響包括創傷後壓力症候群、焦慮、抑鬱、自殺傾向、孤立，以及其他嚴重的心理健康問題。[24, 25]

無論原因為何，潛水跟蹤和網路跟騷相當普遍。在 2020 針對超過 2,000 名美國人所進行的調查中，有 46％的人承認在未經同意的情況下，窺探他們現任或前任伴侶的動態。有些人僅僅是利用他們知道的密碼，也有 10％的人真的安裝了間諜軟體來進行監控，讓他們能夠瀏覽受害者的訊息、電話、電子郵件、位置和照片。某些應用程式允許安裝者遠端開啟鏡頭和麥克風，將影音串流轉發到遠端設備；也有應用程式可以記錄、串流或截取被監控裝置螢幕的快照。當被問及其他形式的潛水跟蹤和網路跟騷時，29％的人表示他們檢查過目前或前任

伴侶的手機，21％的人查看過伴侶的搜尋歷史，9％的人會建立假帳號以在社群媒體上追蹤對方，8％的人透過手機或健康應用程式追蹤對方的身體活動。這項研究報告指稱，全球有十個國家中超過三分之一的成年人，承認自己未經同意使用這些方式在線上查看前任或目前伴侶的情況。

如果你認為使用這些方法的人仍是少數，可就要三思了。康乃爾大學研究發現，不過幾年的時間，從 Google Play 商店購買的潛水追蹤應用程式安裝量已超過一百萬次。[27] 2019 年，康乃爾大學終結科技虐待診所與個人網路安全產品銷售公司諾頓合作，研究團隊獲得數十億次應用程式安裝在五千萬個安卓設備上的匿名資料，時間跨越好幾年。他們打造了一個名為「潛水排序」的演算法，找出數百款過去研究中沒有發現的應用程式，這些偷窺軟體的主要目的是讓非專家、非科技宅的使用者也可以發動人際關係攻擊。

演算法挖掘出的應用程式包括了用於駭客攻擊、騷擾、監視和誘騙的工具，誘騙是將通訊假冒成來自已知且可信的來源。那些下載原本用於兒童線上安全應用程式的使用者，也傾向於購買明確標示為用於親密伴侶監視的應用程式。事實上，許多標榜保護孩童安全的工具，如「安卓版家庭定位器」，先前都有不同的名稱，在這個案例中，它以前的名字是「女友手機追蹤器」。家庭定位器的下載量與「出軌配偶」和「你死到哪裡去？」等搜尋有高度的相關性。

每當潛水排序演算法發現用於人際監控的新應用程式時，研究人員都會按照流程，將這些應用程式從 Google Play

商店中移除，然而這是場註定失敗的戰役。新的應用程式會如雨後春筍般迅速取代它們的位置，改變用詞來掩飾真正的目的。

當然這裡還有不同的例子，顯現科技使用可以是良善的。像潛水排序這樣的演算法可以進一步改善，並在受害者的手機上被安裝偷窺軟體時通知他們。但還是有一個問題。如果加害者能進入受害者手機，就有相當大的可能性攔截通知。如果能找到一種方法，僅在受害者使用裝置時通知，例如使用生物特徵檢查。若由控制狂或跟蹤者安裝的偷窺軟體或跟騷軟體不再提供結果，或當他們收到通知說軟體已被禁用時會怎麼樣呢？軟體移除是否會導致更多的虐待和暴力行為升級？

在蘇西蘭普魯基金會的網站上，一則自我評估工具的介紹提出了一個聽起來似乎很容易回答卻未必如此的問題：你被跟蹤了嗎？[28] 儘管你可能隱約感覺到事情有些不對勁，偵測並確認網路跟騷並不總是直截了當的，特別是當監控軟體在背景中運行，並偽裝成如計算機等其他工具。網站了解，要潛在跟騷受害者填寫線上問卷網站以確定是否有問題，其中有個內生的兩難。初始頁面寫著：「在開始之前：你是否擔心有間諜軟體或遭駭？」它建議如果答案是肯定的，使用者應在繼續之前先進行病毒和間諜軟體預防的諮詢。潛伏身後的肩窺者也可能看到一些會出亂子的東西，該頁面寫著：「如果你需要迅速離開，請注意『退出網站』按鈕……點擊此處將讓你的瀏覽器立即跳轉到 BBC 網站。」

問卷的其他部分將介紹 22 種跟騷行為，其中六種是原生

的科技行為：駭入、使用追蹤裝置、使用社群網路、亂打電話、發電子郵件或簡訊。另外八種行為的發生雖然不一定要涉及科技，但往往透過科技進行：報復性色情、窺探活動、威脅、監視、第三方聯繫、惡意投訴、威脅自殺和死亡威脅。

還有些行為雖然本身是實體的，但通常拜數位科技所賜而更有破壞力：在受害者所在位置徘徊、跟蹤、前往住家或工作地點或破門而入，加害人可能一直在使用全球定位系統追蹤，或者可能正在進入受害者的家庭安全系統來窺探，或者確定房子何時沒人以便闖入或造成刑事損害。

親密關係暴力幾乎總是與親密伴侶監控相生相成，如果再加上英國 100％ 的報案跟騷事件都有某些數位成分，你開始會感受到整個問題的規模。女性比較有可能被跟騷，男性則比較可能進行跟騷，[29] 而且已有報告指出，英國親密伴侶監控最大宗類別，來自於男性拒絕接受關係的結束，[30] 這加深了既有的不平等，此狀況與女性在家庭關係中不成比例地受到暴力和控制影響相關。[31]

終結科技虐待診所是這樣看待科技的問題：「目前的現狀是科技賦予權力給施虐者，而非倖存者。」[32] 受害者獲得關於數位安全的建議，被告知要封鎖跟騷者、更換號碼和密碼，檢查裝置是否有間諜軟體，並在社群媒體上改名或完全退出。如果仍要繼續使用社群媒體，建議是他們永遠不要透露自己的位置。其中許多防禦策略都涉及倖存者自我限制或選擇完全退出數位參與，這妨礙了他們過正常生活的能力，因為現今世界是如此要求人在線上。

在英格蘭和威爾斯，根據《保護免受騷擾法案》，只需兩次以上的事件，加害者就應該知道這會構成跟騷。[33] FOUR 這個首字縮寫詞是一便捷的工具，讓你站在法律正確的一邊，或去意識到有人正在越過那條界線：痴迷、強迫、不請自來和重複。[34] 但要有「應當知道」的洞察，你得先認知到網路跟騷大有問題，而這一點完全無法保證。很不幸地，網路跟騷似乎正趨向於常態化和無奈接受。年紀愈輕的人，再加上也許成長於更多電子監視文化中，愈有可能認為這些行為是無害的，而且自己從事這些行為的可能性也更高。調查中，有 45％的十八至三十四歲的年輕人表示他們曾經進行過網路跟騷，而 68％的人認為這樣做是可以被接受的。[35] 此外，有 34％的 Z 世代和 35％的千禧世代美國人表示，只要不是出現在眼前，他們不在乎是否被現任或前任伴侶線上跟蹤。諾頓實驗室的資深科技總監凱文・朗迪認為這已「敲響警鐘」，並敦促對快速習於這些危險的年輕世代進行心理教育。[36]

這些數字與蘇西蘭普魯基金會的研究結果擺在一起看更加令人不安，該研究顯示 91％的跟騷受害者在痛苦經歷後，指稱產生心理健康問題，包括情緒、心理、身體和關係／社交影響。[37] 對於網路跟騷者來說，由於與受害者保持一定的距離，即使關注對方的一舉一動，對於受害者的衝擊似乎不如他們切身的感受：他們本身的不安、憤怒，或者可能的興奮或權力慾。況且當網路跟騷者想要讓受害者感到不適時，他人的痛苦反而是種誘因，而非嚇阻。

跟騷行為在新冠疫情大流行開始之前就已經在增加，但在

英格蘭的封鎖期間，事件數量似乎快速變多，嚴重性也跟著加劇。[38] 儘管較高的犯案率有部分可能是由於對於跟騷問題和犯罪的普遍認知，但在這段期間的跟騷行為確實似乎有所增加，其他各種暴力和虐待行為也是如此。受害者被關在家中被迫花更多時間在線上，嘗試保持與世界的聯繫，這在肆無忌憚的加害者手中成了坐以待斃的靶子，而這些加害者也有更多的時間可以耗。進入疫情大流行兩年後，對抗數位仇恨中心發現一則令人不安的數據：英國瀏覽宣揚「非自願單身」文化的網站流量增加了六倍，「非自願單身」主要是一種宣揚仇恨女性的網路次文化，曾導致現實生活中的攻擊，其中有些甚至致命。[39]

專門的非自願單身網站和論壇當然不是唯一滋生有害網路文化的地方。終結科技虐待診所研究團隊也進行了一項分析，研究男性在可公開進入的線上論壇上彼此交流的方式，這些論壇專門討論親密伴侶監控，如所謂的「出軌論壇」。[40] 他們看到會反覆出現的模式是：有人會文情並茂地分享個人故事，內容關於不忠或伴侶行為的神祕變化。他們會尋求建議和指引。社群永遠使命必達：聲援貼文者、分享類似經歷、吹噓自己如何監控、為他人提供建議，並提供一對一的教學和支援。許多論壇區都充斥間諜軟體的垃圾廣告，顯示只要有錢能賺，公司並不介意支持網路跟騷的立場。若有實際的對話內容則讓人不忍卒讀，研究人員表示其中「暴力且令人不安」。儘管加害人性格可能截然不同，但強制控制型、憤怒、被拒的網路跟騷者，和在穩定關係中焦慮依附或焦慮迴避的窺探者之

間，其實有共同的心理紐帶。兩者的自尊和自我價值感可能都很低，且有連結和信任的問題。兩者都傾向使用科技，以試圖更加能夠控制自己的命運，或滿足他們對親密關係的渴望，但他們的越界行為只會破壞這種親密感，使他們更加孤立。

如果我們忘記清晰界線與健康親密關係之間的連結，只會咎由自取；令人擔憂的是，年輕一代不僅更願意使用科技跨越彼此界線，也更加認定這種侵犯無可避免。在過去進行的伴侶諮商中，我協助他們平息隱私動盪的狀況，並修復破裂的界線。未來若我會服務生長於數位科技中的 Z 世代和阿法世代伴侶，也許我的第一步是說服他們認識到建立界線的價值。

青年時期的任務至今依然是在原生家庭之外，學會如何當一個成熟大人，去愛、去工作，並與他人相處。在這個階段，親密對孤立仍然是基本的發展危機。但有鑑於對在數位時代的年輕人來說，進退有據對界線模糊是如此普遍的主題，清楚了解自己的個人資訊界線並將之傳達給他人，是一個好的起點和路徑，也是現代健康關係中的一項重要實踐。

或許有部分原因是由於手機無處不在，我們現在幾乎把它們視為身體的延伸，因而難以維持這種認知，或承認進行此類對話的必要性。此外，任何處於一段關係中的人都知道，關於愛、親密和性的討論並不容易。當情感籌碼愈堆愈高，當你深入探討的領域會激發萬一被拒的焦慮時，真的很困難。愛和承諾的甜美總是有失去的恐懼和幽靈在硬幣的另一面。而當討論難以開展，當你總是順著相同的對話模式，也許最終只會導致衝突時，透過祕密監視來紓緩你的恐懼或焦慮感覺可能像是更

容易的選擇。但抗拒這種誘惑是值得的。焦慮型依附或焦慮逃避型依附可能會促使你檢查手機；逃避型依附可能會讓你黏在手機上以避免不舒服的親密程度。然而認識自己和伴侶的依附風格只是解方的一部分：你也需要努力改變那些由依附驅動的本能反應，學習把它們轉化為對關係更健康的回應。親密伴侶監視或許會創造減少焦慮和促進信任的幻覺，但很少真的會有那種效果，更不會給你發展溝通勇氣和技巧的機會。

所以在愛情關係中，或許你曾受誘惑想成為一個越界者，在感到不確定、不安全、起疑心時檢查裝置。也許你有過信任被糟蹋的過去經歷後，覺得自己有權檢查事情異狀。也許你們之間已經講好了，可能還是由伴侶共同的治療師所建議。又或者，也許沒有這樣的事，也許一切都順風順水，但手機就放在那裡。你很想相信自己尊重對方，但它就放在那裡，而且要看很簡單。

對你來說，你會怎麼選擇呢？

第七章

中年期

　　古老的市場小鎮阿諾德位於諾丁罕郡。這裡有圖書館、休閒中心和阿斯達平價超市。但如今沒那麼顯眼的是，在機器時代之初、從森林和荒野間興起後，主宰著英格蘭東密德蘭工業的紡織機架大型工廠。在十八世紀，該郡有將近一萬五千台紡織機全速運轉，為當地所有家戶提供就業機會，他們以小型個人操作的機台所生產出的「精美成品」感到自豪。[1]

　　隨著十九世紀到來和工業革命加速，機器大到足以生產大片大片的布料，威脅到紡織工人的舊生產方式。當阿諾德的精紡工廠在 1810 年關閉時，這個曾為當地紡織者供應紗線，並為許多阿諾德居民提供生計的生意也隨之結束，成為壓垮駱駝的最後一根稻草。1811 年 3 月 11 日，緊張局勢終於爆發。夜幕降臨時，一群忿忿不平的織布工對這個最終可能使所有人都失業的科技，密謀採取行動。他們手持大鎚闖入工廠車間，將新的機械化紡織機砸個粉碎。高聳的山脊環繞小鎮，就像擺放地面上的巨大碗緣。這樣的地形會讓徹底破壞工廠的砸碎聲

和撞擊聲在鎮上迴盪，驚醒當地居民。我想是來自工廠的聲音。居民想必是跑到門窗旁，偷偷向當中許多人工作的建築望去，聽著率先發聲、對抗機器的怒吼，或許心中還有贊同之情。[2]

反抗的浪潮蔓延開來。不久，四處破壞的成群織布工在英國各地橫行，大家稱他們為「盧德派」，名字來自號稱他們領袖的尼德・盧德。最初的盧德派並非反對科技本身，他們只是想要一份工作，一個公平的機會。他們擁有流傳已久、高技術含量的職業地位，並且為自己的產品感到驕傲，他們擔心新機器會使他們無用武之地。不過到了 1970 年，《新科學家》雜誌將「盧德派」一詞擴大解釋，用來通稱科技抗拒者，或是對任何新奇器物抱持懷疑態度的人。[3]托馬斯・品欽在 1984 年發表其著名文章〈可以當個盧德派嗎？〉至此幾乎每個人都在用這個詞來指稱那些僅僅因為不知變通而不屑於新事物的老頑固。[4]

品欽在文章中寫道：「我們現在生活在所謂的電腦時代。盧德派情緒會有什麼樣的發展呢？電腦主機將會如過去的編織架一般吸納同樣的敵意關注嗎？」

對於盧德派來說，機器時代的科技不僅僅是對生計構成威脅而已。在小型編織架工廠工作，是能團結家庭和社區的職業，因此新的紡織機同樣也威脅到社會連結和凝聚力。對於許多數位時代的公民來說，新科技以類似的方式令我們感到不安和動搖，對於橫跨數位時間分界線的中年人來說尤其如此。

社會學家馬克・普倫斯基區分了「數位移民」和「數位原住民」，在撰寫本書時，中年人處於兩者之間，兩個群體以

1985 年為分水嶺，分別出生在當年的兩側。[5] 普倫斯基主張，儘管 1985 年之前出生的人或許能擁抱數位世界並過得很好，他們基本上是被迫適應的一群，永遠帶著數位移民的「口音」，透露出他們其實在類比世界中長大。

在艾瑞克森的中年危機「生產對停滯」階段中，關注自己是否在世界上留下印記變得格外重要。或許更加意識到時間正逐漸如沙粒從沙漏中流逝，你可能會專注於創造和繁衍：扎穩根基、建功立業、養家活口，並在工作上大步邁進。艾瑞克森認為，人在這階段更可能成家立業，擁有職涯認同，並享有更大程度的經濟安全感。如果你在四十至六十五歲之間保持幹勁和活力，從事有意義的工作，並以你珍視的方式與他人連結，你很可能成為更好、更快樂的父母、伴侶、員工和公民，而且你可能會擁有較高的關係滿意度、較低的抑鬱和焦慮程度，以及更敏銳的記憶和注意力。[6]

另一方面，停滯一如其名，聽起來就沒有什麼吸引力。就像比爾·莫瑞在《今天暫時停止》中扮演的那位不滿於現狀的氣象播報員，他覺得自己在乏味工作中高不成低不就，然後突然發現自己反覆過著完全相同的一天，停滯不前的人開始懷疑這一切是為了什麼，意義何在，是否有哪件事真的重要。[7] 如果你在中年期感到無用、提不起勁且無動於衷，就很容易覺得自己有如在沼澤中舉步艱難地行至終點，有時我們會藉由經歷中年危機來反抗這種命運，為此我們要感謝艾瑞克森發明了中年危機一詞。

中年危機可能有很多觸發方式。你的身體正在變化，你從

未遇過的健康問題可能突然爆發。你的關係和角色發生變化，你可能同時面臨著家中長者和小孩的新挑戰。同時也有失去：你失去了所愛之人，失去了部分的自己，如果工作或生活的變化天翻地覆，你可能也會失去支持體系。工作上時有狀況，你開始懷疑自己還能保持多久的地位，或者自己是否想要或能夠繼續做目前的工作。意識到自己正向著老年邁進，很難直接面對人生正在流逝的可能性，而不感到有些許恐慌。

這些帶著存有現實的個人衝突令人困惑，有部分是來自於在生命的這個階段，我們與變化的關係一言難盡。一方面，我們渴望並需要動能、擴展和演進。另一方面，我們體驗到抗拒：一種堅守美好過往的衝動，希望一切都毋須改變的願望，對於變老、變得無足輕重，以及時間無情前進帶來的所有其他變化而感到恐懼。雪上加霜的是，隨著二十一世紀上半葉在科技、氣候和公共衛生方面的動盪，彷彿人類社會的骨幹本身也在經歷中年危機：工作、教育、經濟、通訊。對於在這段時期經歷四十歲、五十歲和六十初的人來說，這些規模更廣泛的動盪要不是令人激昂，不然就感覺像是加倍的麻煩。

因此時至今日，你在生產對抗停滯階段的表現，在很大程度上取決於你如何應對中年生活的新科技危機：擁抱對上排拒。無論年齡，在光譜上更偏向熱愛創新的科技愛好者，還是心懷警戒的新盧德份子，這取決於諸多因素：你的性格，對科技的態度和信念，在工作和家庭中的具體處境，你是否感受培力、有優勢還是被剝奪、連結緊密抑或孤立無援，以及你所實際採取的行動。這些事情不僅只是在職場上重要而已，對於整

體而言保持與他人連結的經驗也同樣重要，這就是我準備開始
討論的起點。

　　如果你曾經做過性格測試，那麼很有可能是根據美國心
理學家路易斯‧郭德堡在 1980 年代發展的五大性格面向，
這五個面向可用首字母縮寫 OCEAN 來概括：經驗開放度
（Openness to Experience）、盡責（Conscientiousness）、外向
（Extraversion）、親和性（Agreeableness）以及情緒不穩定性
（Neuroticism）。*

　　學界一度認為性格在整個成年生命期會是一致的，人的特
質在大約三十歲左右就會像水泥一樣逐漸固化。然而近期的研
究提供了不同的觀點。在孩童時期我們有最大的可塑性，隨著
我們度過二十到三十歲，我們往往變得愈來愈穩定。強韌的性
格核心可以成為我們的根基，但如同樹木和高樓大廈內建的彈
性，使它們在強風吹襲時不至於倒塌，彎曲和改變的能力幫助
我們應對來自生活的挑戰。

　　然而，在四十歲和五十歲時期，人的許多性格面向都達到
了「最高穩定」，特別是經驗開放性。[8] 如果你四十歲時，在
性格面向上的經驗開放性得分較高，你的一般好奇心、接受新

＊ 自研究問世以來，已經發展出一個更新的六因素模型 HEXACO。
　然而，主要的更動（增加誠實－謙遜因素）在考慮對科技的開放
　性上並沒有那麼重要。

事物的意願，以及創造力、積極面對變化的態度可能在接下來
的數十年間保持相對不變。相對地，若你進入人生中點時，對
新事物往往持謹慎態度，心態上比較傳統，且覺得熟悉事物讓
自己比較舒服，那麼這些性格特點在你的中年時期就會變得更
加固著。

當新冠疫情肆虐開始封城時，數位科技成為許多人與外界
聯繫的生命線：根據皮尤研究中心的調查，90％的美國人表示
網際網路在疫情期間對他們個人來說非常重要，儘管他們也有
所擔憂：苦惱待在線上的時間增加（33％）、有時對視訊通話
感到厭倦（40％），以及擔心家用寬頻的成本（26％）。[9] 對
於在數位落差中有連結優勢一端的人來說，一切活動都發生在
螢幕上：與親友和社群聚會，工作，參加「現場」娛樂、運動
課程、宗教彌撒和葬禮，還有看醫生。[10] 許多記者和評論家傾
向認為科技有單一而可預測的影響，對於我們因過量的線上連
結所可能遭受的後果表示憂心忡忡。

隨著持續的限制和封鎖措施，人們對疫情各式各樣的不同
反應讓我大感驚訝。某些差異源自於是否有管道取得連網裝置
和高速寬頻，以及不同程度的數位知識和能力。每個人的家
庭狀況也各不相同：獨自生活，與親密關愛的親友一起被封
鎖，或被困在不快樂甚至虐待的家庭中。實體設施包括了足夠
的空間、隱私和戶外使用權，這也很重要。但我知道，因為媒
介人們經驗的各種內在因素，在前述的每一種情況下，都有人
應對得好或不好，更好或更差。

在疫情最艱難的那段時間裡，個人要接受還是排拒科

技，使其成為對抗孤獨、隔離、無聊和其他封鎖損害的保護因素，五大人格特質扮演了重要角色。[11] 我有很高的外向性和情緒不穩定性，原本以為在封鎖期間會感到極度孤獨而焦慮不已。但我高經驗開放性的特質保護了我，促使我在線上開創並參與有啟發性、新奇而多樣的活動，並將我以科技媒介的互動聚焦在與親密他者的高品質時間上頭。[12] 相較之下，一位比我年長的中年親戚，在外向性上和我一樣高，但在經驗開放性上相當低，她對任何偏離日常規律的事物都頗為反感，然而不管她是否喜歡，限制措施已經改變了她的日常。即使感到孤獨和無聊，她也拒絕受邀加入虛擬咖啡聚會和線上運動課程，她說寧願等到事情回到她偏好的正常狀態。

　　許多和我同行的心理學家和治療師都是經驗豐富的中年專業人士，其中有些人也在等待回歸「正常」，這並不僅僅是受到性格的影響，其他因素也同時包括受到學習和經驗所影響的態度和信念。即使是近幾年才接受訓練的專業人士，所受指引也是治療應該面對面進行，而且最好（甚至是必定要）有某些特定條件，包括在同一個物理空間內共處以及保持絕對機密性，而線上是否能達成這些條件則仍是未知數。這些條件被稱作「治療框架」，我在 1990 年代學習行當時，被告誡打破框架會破壞深層關係連結，而這是治療和其他充實滋養社會連結的基石。[13]

　　如果佛洛伊德在二十世紀初的維也納擁有高速無線網路，或許這位談話治療祖師爺會對心靈相遇和心理康復所需的條件形成不同的看法。但事與願違。儘管有大量研究顯示線上互動

可以促進有意義的情感和心理接觸，關於真正的人際連結和治療效果到底需要什麼，傳統的假設依然難以撼動。例如，在一次精心設計的實驗室實驗中，研究參與者會在以下兩種情況之一與陌生人相會：一是離線的「面對面」邂逅；一則是線上對話。陌生人其實是研究團隊的一員，在交流中透露極為個人的資訊。在兩種情況下，揭露均以完全相同的方式進行，使用完全相同的語彙。然而參與者表示在某種情況中更為親密，並對那位坦誠以對的陌生人感覺更加親近。我想你猜到了，真的嗎？線上參與者對那位向他們吐露心聲的人感到更加親近。[14]

2012 年，我訪談了一群心理學家，請教他們個人對數位科技的態度，不過他們還沒有讀過這項研究。當時對於實體辦公沒有任何限制，而對於透過科技媒介的工作，我訪談的專業人士則很少或根本沒有經驗。儘管他們缺乏接觸，參與者都表示他們相信科技干擾了「真實」的人際連結。我根據他們的回應發展出一份名為「數位時代科技態度量表」的問卷，目的是蒐集人對科技的態度、行為和信念，可能從完全抵抗到熱情擁抱。[15]

在進行研究之前，我曾假設從業者年紀愈大，對科技的抗拒也會愈強。有趣的是，這個變項似乎並沒有造成差異。事實上，這也是普倫斯基的分類不再受到青睞的原因之一。他以 1985 年為分界點，之前為「數位移民」，其後則為「數位原住民」。對科技的接納、態度以及信念，在每個年齡組別內都各有不同，它們比年齡更能預測我們是否擁抱科技進程，以及我們可否應對挑戰。有人主張，如果我們無論如何必須分

類，將人們分為「數位居民」和「數位訪客」可能是更好的做法。[16] 心理學家對科技的嫌惡和犬儒之所以讓我感到困擾的部分原因是：無論是否有堅實且基於研究的最新證據，其信念對於一般大眾對科技和連結的看法有強大的影響。當一位部落客或記者著手撰文，寫有關科技對心理和情感的影響時，他們會怎麼做？他們會詢問心理健康專家、心理學家或治療師，這些人可能自己在所謂的 PROI 上得分較低。

PROI 代表「線上互動的認知現實感」[17]，基本上這是我在開發數位時代科技態度量表時試圖要衡量的指標。高 PROI 者認為線上聯繫可以和面對面的實體對話一樣充實，並把重點放在如何使用科技來滿足其需求，而非科技能否提供他們想要的交流形式。相對的，低 PROI 者則假定無論如何，線上聯繫與實體共處互動相較之下，本質上就沒那麼真實、沒那麼好，沒那麼有效，即使科技品質再棒，也不會滿足他們的需求。在拒斥科技的新盧德派家族中，低 PROI 者是一個主要群體。你們都認識這種人，或許那個人就是你。他會說如果人不在同一間房間內，就無法進行真正的溝通；或者如果對話是透過螢幕進行，就不是一次實際的對話；或者除非是面對面，否則無法討論重要或敏感的事情。不幸的是，這種焦慮的逃避反而會阻止他們獲得需要的資源。

例如，我的心理治療客戶馬丁是個傳統主義者，滿腹痛苦的懷舊情緒，渴望著他認為過去更簡單的時代。*在一長串他

＊「馬丁」是化名，故事的其他部分也經修改以確保匿名性。

不信任的事物列表中，數位科技名列前茅。他拿的手機沒有連接網際網路，是我在倫敦設計博物館裡看過屬於「智障型手機」的那一類。不打電話時，他會將手機關機。然而，他還是有一台家用電腦，並成為推特的晚期接受者，並很快就興味盎然。事實上，他的著迷速度之快，沒有多久後就因為他對我絕口不提的違規行為被平台永久停權。這次禁令只是加深了他對科技及掌控科技的公司的怨念，深信他們是衝著他來。

馬丁和我在疫情還沒爆發的前幾年間偶爾見面，但他信任並依賴我。在諮詢時，藉由抒發焦慮和挫折，他從中獲得許多安慰。然而當我試圖進一步協助他，要處理他對現代世界的執念及其身在當中的無力感，他依然頑強抗拒。用普倫斯基的術語來說，我和馬丁都是數位移民，但馬丁是數位訪客，我則是數位居民。

當封鎖開始後，我將診療轉移到視訊軟體 Zoom 上頭，我預料到馬丁可能會感到不安，但由於他非常重視這件事，我以為他會妥協。我將自己的「遠端心理治療指引」文件寄給他，為客戶指出遠端心理治療有效性的研究，告訴他我對於隱私和安全的政策，並提供他如何充分利用的撇步，以及如何在我們之間盡可能建立最自然的連結。馬丁的反應和回覆煩擾不堪。首先，他很訝異我竟會對病毒的假新聞買帳，他堅信那是一派胡言。其次，儘管他無法確切說明為何國家會對一名公民私人的情感生活起伏感興趣，但他認為政府手中肯定握有解密線上對話的金鑰，而且不會羞於使用。整體來說，他完全不相信心理治療可以在線上進行。他挖苦地說，透過螢幕的對話不

是真正的對話。他還說他寧願等待。

即使他非常希望繼續進行心理治療，他的抗拒終究導致了事情無以為繼。連同那些一開始持懷疑態度的人，就像許多我的同業一樣，我再也沒有回到實體辦公室。我偶爾還是會收到他的電子郵件，詢問事情有沒有轉圜。但在需求如此低迷之際，辦公室的昂貴租金並不划算。即使在封鎖結束後，進行線上心理健康預約的比例仍然持續上升。如同《今日心理學》上的一篇文章標題所言：「數據開出：遠端健康服務會繼續存在。」[18]

我和大多數客戶都能夠且有意願接受新事物，以便能夠繼續相見，但馬丁卻嗤之以鼻。他態度中的 PROI 太低，使他無法給科技一個機會。我常常在想，假使他年輕一些，還未在中年時期形成固著的特質和信念，事情會怎麼發展呢？如果他再年輕一些且更有彈性，我是否能夠說服他給科技一個機會，而這樣的經驗是否能讓他重新評估面對科技，甚至是更多其他事物的既有成見呢？

儘管知道馬丁的看法根深蒂固，我還是很想讓他或其他比較排斥科技的客戶能有一丁點改變，稍微提升他在性格上的經驗開放性面向。因為對於那些態度開放且線上互動的認知現實感高的人來說，封城的罩頂烏雲間依然有些令人驚喜的一線希望。有些人在社交和創造性的充實感上，甚至比之前感覺更好，或做出對他們有益的生活或工作決策。

在無法成功說服馬丁的經驗後，我採取了不同策略，邀請其他人挑戰關於科技的既有想法和恐懼。2020 年初，我撰寫

了一篇文章，總結科技為何可以幫助我們滿足許多天生的社交需求。[19] 我說，只要有意識且深思熟慮地使用科技，就可以協助預防社會隔離和隨之而來的孤獨感。

我也指出證據顯示，線上互動能為我們身體提供某些感覺良好的社交和連結荷爾蒙，這對於人類來說非常重要。有鑑於眾人廣泛關注的「觸摸饑餓」，這一點應予以強調。[20] 神經經濟學家保羅‧扎克教授，多年來研究連結的神經傳導物質。他發現我們不需要和某人在實體上面對面，或擁抱觸摸他們，就會釋放催產素。「你的大腦會將推文解讀為你直接與關心或能共情的人互動，」扎克寫道，「大腦處理電子連結的方式跟親身連結是一樣的。」[21]

如扎克的研究所示，在推特、Instagram 或任何其他平台上進行有利社會、好心情的互動，會產生一股感覺良好的荷爾蒙爆發。想像一下若與你進行線上互動的人是你所熟識、喜愛且信任的，這將會有多大的潛力。[22] 在不可能擁抱或觸摸的時候，要產生最大量的無接觸催產素，關鍵在於對話的情感內容和品質。

僅僅是交易性質的對話，比如與客服中心代表、聊天機器人，或提供你所需資訊的搜索引擎進行對話，不太可能觸發連結荷爾蒙的激增。參加 Zoom 視訊會議，以推銷你的產品、觀點或服務，擔任委員開會，或試圖完成工作的互動也沒辦法。但也有轉化性對話的存在，充滿關懷、深度傾聽、分享探索和創造性，這完全是另一種層次。在疫情期間，若可取用科技，並刻意用來為身心提供當時所能取得最高品質的社會荷爾

蒙，這樣的人會更好過。而且我認為重點是讓人意識到科技有許多可以幫上忙的可能性，而非全是壞事。

並不是所有人都欣賞我的論點。雖然我明確表示，使用科技進行互動並不是與實體接觸完全對等的替代品，但有些評論者壓根就不相信使用裝置與他人交流有任何潛在的正面性，可以滿足我們的社交和生理需求。起初我先入為主地注意到，評論最為激烈、負面且蔑視的個人檔案照片毫無疑問地都是中年人，但後來我有了不同的看法。對於這種相關性存在有許多可能原因，並非都與年齡有關。

我們這些可以自由使用網際網路的人有時忘記了，連網能力和裝置所有權並非所有人都具備或者負擔得起的。數位貧困是許多現有不平等中的其中一種，其影響層面因為疫情而惡化。無論是因為地理位置、財務狀況，還是缺乏技能或教育，英國有超過 6% 的家庭無法連上網際網路。[23] 以人生階段來看，老年人比中年人更可能無法連上網際網路，但許多中年人在經濟上無法負擔網際網路費用 [24]，而且在封鎖期間，最貧窮的人感到孤獨和隔離的可能性，是最富有者的兩倍，有部分原因便是由於較少的數位裝置和連網近用。[25]

在封鎖期間，實體上和社交上被孤立的中年人，可能獨自生活或在無愛家庭中，又沒有良好的科技橋梁與外界聯繫，他們將在很長一段時間中在各種挑戰間掙扎求生。這是個強而有力的論點，凸顯出解決持續數位落差和數位貧困問題的重要性。只要有了近用權，我們可以透過寬頻網路給予和接收愛，以至於我們的身體可能會有自然反應，彷彿所愛之人就在

面前一樣。特別是在最近這場全球性的中年危機這樣的非常時期，如果面對面相見根本不可能辦到，記住這一點很重要。數位移民、數位訪客、低 PROI、低經驗開放性的各年齡層人士，請注意。

今天多數的中年人，在年輕時所受的社會化教導，可能是要像他們的父母和祖父母一樣，尋求「穩定」的工作或職涯。艾瑞克森一開始在發展人生階段理論時，「做一輩子的工作」很常見，所以我們可以理解為什麼他假定中年時期可能有更大的穩定性。[26] 沒有人為今天要進入「零工經濟」的中年人做準備，此一詞彙是在 2009 年金融危機時出現的。也沒有人預見到他們在後來會面臨規模更大的遠端和混合工作模式。[27] 他們的中學生涯顧問沒有跟他們討論到副業或身兼多職 [28]，此一詞彙現在已外溢出其好萊塢源頭（演員－歌手－舞者），擴展到其他領域，包括數位創意人、內容產製者和影音網紅。[29] 沒有人警告他們要預期未來的科技創新如此令人目眩，以至於在他們工作生涯的黃金時期，許多人會發現自己不斷地在近乎持續的職業擾動和變化氛圍中，一次又一次地提升技能、轉換方向，並重新定位自己。

疫情加速了「終身職業」的消亡，推動了自動化、人工智慧、遠端工作和電子商務的快速增長。[30] 麥肯錫全球研究院針對後疫情工作的未來提出報告，根據其中內容，由於疫情的關係，有多達 25％的勞動力可能比先前預估的更快需要轉換職業。[31] 艾瑞克森在談中年的生產力時，他想必假定了一個比較安全、變動沒有那麼大的基礎。

在我四十多歲晚期，早在 2020 年代初的大規模動盪之前，就經歷了對自己中年職涯的清算。我對工作感到挫折。我必須達到過勞邊緣才肯承認這一點，但最終我認定自己是可以跨出去的。經歷了多年工作，我積累的不僅僅是經驗，也有智慧。我比在二十多歲和三十多歲時有更多的自知之明。到了將近五十歲時，我更加完整地接受生命並非無窮無盡的事實。如果這是一場危機，至少這場危機有好的結果，它迫使我自問突破盲點的問題：為什麼在做我正在做的事，我是否可能做點別的事情，以及我如何能夠蓬勃發展。

當我辭去大學教職時，我把更多的時間轉移到我的心理治療業務上。我見到來自各種背景的人，他們從事各式各樣的工作，但他們之中大多數和我同樣處於中年的人生階段。他們帶著焦慮、抑鬱、自我懷疑和關係問題來找我，但與以上所有問題相關的都是工作問題：壓力和倦怠、過勞、糟糕的管理，或者單純不喜歡或不在乎他們正在做的事情，同時卻覺得動彈不得。與此同時，多位友人也經歷著相同的事情。即使有許多可行的替代職務可以探索，他們也會找出留在原地受苦受難的理由。這些都是聰明人，但借用一本關於此現象的書名來說，如果他們這麼聰明，為什麼他們還不快樂？[32]

你可能已經察覺，有時你做的選擇是根據應該會讓你快樂的事，而非真正會讓你快樂的事情。

但是，正如你可能也會察覺到，發現這個問題往往還不足以改變它。許多努力工作的中年人會推遲快樂、冒險或碰碰運氣，而不是現在就把這些事情作為優先考量。當你有家庭、房

子或其他承諾和義務時，你很容易成為伊索寓言中的螞蟻，辛勤工作以儲備生命的冬天所需，因為這樣感覺比較安全有保障。你可以稍後再放慢腳步，退休時才享受人生，死後再來睡覺。於是，週復一週、月復一月、年復一年，生活有如查理·卓別林在電影《摩登時代》著名場景裡的工廠齒輪一樣，將你推進機器裡。[33]

當新冠疫情使工作世界偏離軸心時，長期以來一直沒有太多時間進行思考，也缺乏勇氣積極改變工作生活進程的中年人發現，當改變突如其來強加身上時，改變顯然遠比過去容易得多。什麼都有可能發生，規則和假設不再適用，慣常的期待被擱置。以往人們總擔心如果「太早」離開討厭的職位，或者在慣常領域之外進行特異激進的工作職業轉換，在求職網站LinkedIn上會看起來很不尋常。一夜之間這些恐懼都煙消雲散。無數的幸福研究早就指出尋求滿足的更佳策略，許多人終於鼓起勇氣加以追隨：如同花朵會追尋陽光，他們開始捨棄外在的、物質的「成功」象徵，或者不再過於顧慮他們必須做什麼或應該做什麼的固著想像。[34] 他們敞開心胸探索更可行的工作方式，對他們自己來說可能是什麼樣態。他們能做些什麼？他們如何才能蓬勃發展？也許已經很久沒有自問這些問題。

新冠疫情大流行期間，換工作、轉入不同領域，或者直接辭職的人數前所未見。評論家稱之為大離職潮。[35] 在2020年的三個月間，英國有超過一百萬名工作者換了工作，約四十萬人離職，這是英國有紀錄以來最大的辭職高峰。[36] 到了2021年，前所未見地有四千七百萬名美國人離職，[37] 而這場人力大

出逃並未顯現出停止的跡象。在 2022 年 3 月，顧問公司普華永道進行了一項全球勞動力希望與恐懼調查，探索了四十四個國家和地區工作者的情緒地景。他們發現，有 20% 的工作者計劃在當年度某個時間點離職。[38]

但為什麼有這麼多人做出這個決定呢？我們追求的是什麼？被問到這個問題時，大多數人（71%）提到了薪酬。然而對於中年人來說，許多生活中珍貴的面向也顯得非常重要：追求自我實現（69%）、有機會更真實地做自己（66%），以及在工作中能發揮創意和創新（60%）。[39]

是什麼激發了我們對重新開始的集體渴望？難道僅僅是因為突然被迫暫停所導致的結果嗎？是不是因為我們開始思考人生還有更多可能，我們也重新認識到生命是脆弱而短暫的：自然、休閒、家庭？許多人決定要在生活中有增添更多以上元素的平衡，而且其中一些人開始理解，想要獲得更好的生活品質，未必一定要離開工作。

從很久以前開始，許多類型的工作從技術上來說便可以遠端或混合式辦公。然而，舊的工作模式和習慣根深蒂固，沿用普倫斯基對人的分類，有些工作和工作文化是數位原生，有些則是數位移入，還有些則完全是離線的。普遍對於數位移入型工作的假設，或許妨礙了我們更早、更廣泛地大規模利用遠端工作可能性。但後來情況變了。

現代企業管理之父彼得·杜拉克在 1959 年的著作《明日的地標》中，創造了「知識工作者」一詞，意指藉由所知來產生價值的工作者。杜拉克預測，高生產力、高創造力的知識工

作者會成為未來二十一世紀中最有價值的資產。[40]

在疫情第二年初，全球經濟由超過十億名知識工作者所推動，[41] 他們開始意識到，儘管當時他們是不得不遠端工作，但最終他們可以繼續長此以往，因為他們想要這樣做。對於多數已經體驗過彈性工作模式的人來說，答案是確切而肯定的。以至於後來被邀請或鼓勵回辦公室工作整天時，許多人禮貌地拒絕或進行反制。在 2022 年麥肯錫對兩萬五千名美國人所進行的調查中，發現 58％的人每週至少可以在家工作一天，35％的人能夠全職在家工作，而 87％的人如果有機會將會選擇彈性工作。[42] 這結果適用於各種工作：「白領」工作、知識工作，以及某些「藍領」工作，這在過去可能被認為一定要到現場才能工作。彼得‧杜拉克想必會對此表示贊同。他管理理論的核心是：滋養並賦予個體工作者的選擇和需求，這遠比僵化的規則和工作結構，甚至是利潤還重要。[43]

最能完全擁抱在家或混合工作模式的人似乎是中年知識工作者，正如《每日電訊報》在 2022 年 5 月的標題：仍在家工作？你很可能是富有的中年人。[44] 儘管麥肯錫的發現顯示，能夠或希望在家工作的人群各異，但處於低收入區塊的人，如服務業、飯店業、體力勞動者以及許多創意藝術領域的人，通常根本無法選擇彈性工作。

然而，有一半現今還存在的工作到了 2030 年，可能已經以一種目前難以預測的方式，被自動化和人工智慧徹底改變。[45] 大多數人將需要與快速進化的機器一起工作，而非直接被電腦取代。當即將到來的量子計算浪潮打破當前的二進位程

式限制，實現超高速計算時，這種演進可能會進一步加速。對十歲時的我來說聽起來像天方夜譚的職業，現在則被視為今日和未來的工作：網路安全專家、軟體開發者、用戶體驗設計師、數位資料分析師、電子競技教練、智慧表安裝工人。

如果說最初的盧德份子應對相對緩慢的紡織機創新步伐已經狼狽不堪，那麼對於今日遠遠更令人難以置信的科技躍進，想法比較傳統的新盧德份子肯定更感困惑不已，而且或許這並非總是他們反應過度。改變的速度和規模可能意味著（特別是）年紀較大的中年人，應該更加擔心裁員或失業。無論你對科技的態度多麼開放好奇，在臨屆退休時，翻天覆地的改變未必總是清楚明白、實際可行或是負擔得起。我的伴侶一生都在從事汽油內燃機的工作，從英國汽車工業的新聞中看到了一個迫在眉睫的職業困境。[46] 他還想繼續工作很多年，否則不會感到滿足。但如果繼續就業必須重新訓練自己進入電動車領域，他會有能力和意願付出相應的代價嗎？

有很長一段時間，我對自己不怎麼擔心。我從事心理治療和寫作，我假定這類相關行業，即我這種職業化、創造性的人際工作，不會因科技而有太大變化。你可能也認為你的工作同樣對科技進展免疫，認為科技不會阻礙你在工作中茁壯成長，因為其中涉及的科技並不多。或許我們都比自己所想像的需要更加擔心科技。

在美國，安寧療護牧師的平均年齡是五十一歲，其他國家一般來說也差不多年紀，這是可以理解的。[47] 這樣的工作需要成熟度、人生經驗、敏銳度和強烈的同理心。與臨終者坐在

一起，你會進行最深刻的對話；你承擔著在某人生死交界上同行的責任和榮耀，而他們則需面對人所能想像到最深沉的存在恐懼和問題。在這樣的時刻與將死之人同坐，就是在神聖空間中成為神聖互動的一部分。當然，這還是一份生計，但「僅僅」稱它為一份工作感覺不太精確，這對上述那些更重要的層面來說是一種背叛。你不得不將之理解為一種使命。

在 2020 年 8 月，隨著新冠疫情肆虐以及到處可見的死亡和孤立，一群來自明尼蘇達州的安寧療護牧師收到了來自雇主的電子郵件。[48]該健康公司已經部署了一定程度的生產力追蹤，但員工所感知到勞逸不均的狀況成了一個難題，而且疫情生活使得管理階層更難以持續掌握員工一整天的活動。老闆們現在將對旗下的安寧療護工作者實施比過去更嚴格的規定管理。

據《紐約時報》報導，該公司管理階層將安寧療護工作者為臨終者及其家庭所提供的複雜服務拆解成具體功能，並為每項功能分配點數。[49]探視臨終者一次可以獲得一點，而透過電話為悲痛的家庭提供慰藉僅值四分之一點。工作日伊始，每位工作者需預測到了傍晚自己能累積多少生產力點數。到了每天傍晚，生產力軟體便會計算他們是否達成目標。

但是，正如文章所述：「死亡無法計劃」，有時生產力的差距確實很大。[50]無論會損失多少分數，也無論薪水可能減少或無法加薪，安寧療護的牧師們的良心常致使他們不願過早離開那些需要他們的臨終者身邊。有些人認定這些追蹤和指標妨礙了他們追隨自己的使命。我僅能想像他們所經歷的精神掙

扎以及忍受的靈魂黑夜。最終他們只有一件事能做。他們辭職了。如果他們的職業正往這個方向演變，他們無法與之俱進。

我好奇他們後來去了哪裡，是否完全改變了自己的角色，在哪裡他們可以逃離這種錙銖必較，或至少不要捨本逐末。在今天的美國，有八成的私人公司使用科技來獲取他們員工的生產力指標，而且往往是即時的。[51]

對於倉庫工和送貨司機來說，這些指標更加客觀：打包的箱子數量、完成的送貨次數。這類的工人很久以前就已經習慣以這些指標衡量他們的價值。這樣的想法並非昨日才出現。在 1970 年代晚期時我的童年時期，達美樂披薩的廣告宣稱：「30 分鐘內送達，否則免費！」對顧客來說這是一項承諾，同時也是對員工生產力和效率的一種衡量。[52] 達美樂披薩送貨員因危險駕駛而造成死亡人數攀升，死亡率甚至達到礦工和建築工人的水準。此後達美樂默默取消了這一保證。

然而，雇主監控的情況日益增加，出現在像安寧療護和心理治療這樣意想不到的職業。報導相關消息的記者裘迪・坎托表示一種新的意識正在以往所謂的「白領工作」者身上發生，這些人是大學和研究所的畢業生，擁有高等學位和專業證照。在《每日》的 podcast 上，她告訴主持人麥克・巴巴羅，她的消息來源感到挫折、無力與無助。這和低薪、低技能工人多年來在亞馬遜等公司所抱怨的雷同。

坎托說：「他們討論監控引發的所有感受，工作本質上到底有多麼可割可棄？……我只是一堆點擊的集合嗎？那你呢？」[53]

　　艾瑞克森討論中年階段的「生產對停滯」時，他考慮的是身分認同以及自我的經驗和欲望。而我在思考中年時期對科技的接受或抗拒時，我考慮的是個體及其情感。像我們這種心理學家假定工作是幸福感的關鍵，並認為幸福感很重要，因此我們應該予以關切。但在更大的局勢中，特別是在這個時代，這可能是對正在發生的事情過於理想化的觀點。那麼比較憤世嫉俗的觀點是什麼呢？正如尼可拉斯・羅斯在《治理靈魂：論私密自我》中所言：「勞工不過是生產要素之一，僅是眾多在以利潤為唯一理由進行的過程中被捲入的要素之一。」[54]

　　非常刺耳，但或許他是對的。至少在資本主義中，老闆們有一個基本目標。盡可能從勞工身上榨取最多資源，而企業機器的中心目標是效率和生產力，因此同時也要將他們對此目標的抵抗降到最低。如果這才是現實，那麼這與我自溺的幻想不符，也和我在治療或指導時進行的對話背道而馳。我們由衷相信工作需要有意義，主張人應該按照自己的價值觀，以自己的條件茁壯、繁盛、蓬勃發展。特別是在中年，當你正在建立傳承並鞏固自己在這世界的位置時，你肯定需要在工作中感到快樂。否則，這一切還有什麼意義呢？工作不一定是醜惡、功利、不人性的。我個人就密切隸屬於一個以「讓商業更加美好」為目標的團體。[55]

　　從這個角度展開來看，我似乎顯得荒謬地養尊處優。今天的倉庫包裝工人對於他們與雇主間關係本質的認識，很可能並不比十九世紀工廠車間裡的紡織工人更加浪漫或自欺欺人。尼可拉斯・羅斯進一步懷疑，正是像我這樣，或至少與我相近的

人，如領導力教練、職業心理學家等，在過去這些年間，成功地「為雇傭關係的剝削本質披上了正當性的外衣」。[56]

　　但接下來新冠疫情把員工送回家中遠端工作，許多員工開始徹底改變他們對工作的觀點和實踐。有些雇主認為盯緊員工是保護利潤的關鍵要素，對他們來說這是個問題。由於實體和心理上的遠距離，員工突然間對他們的工作日擁有更自由的決策控制。他們更加關注幸福感、工作與生活的平衡，以及自由選擇使用何種方式完成工作的想法。有些員工會在管理鬆散、問責薄弱的情況下偷懶，這些惡行確實潑了雇主一盆冷水。由於沒有受到直接監督，他們在上班時間打電動遊戲、觀看色情影像、用聊天機器人模擬打字、用「滑鼠搖晃器」裝忙、在其他公司兼差，並將工作外包給薪水更低的人。[57]

　　在管理者心中，這簡直是把方便當隨便，你可以看出問題所在。如果沒辦法了解整個桶子的狀況，要怎麼挑出爛蘋果呢？由於員工監控提供了既實惠又高效的答案得以解決此一困境，也難怪它現在正逐漸成為標準方案，被視為遠端工作世界中的企業必需品。然而一如既往地，我們嘗試用來解決問題的策略，最終往往讓我們處於比一開始還更糟的境地。被監控本質上就是不受信任，而不受信任就會讓人不開心。

　　在《哈佛商業評論》刊出的一項研究中，研究者試圖了解監控是否帶來雇主所希望的績效和責任感提升。[58]首先，他們詢問員工經驗，員工的說法是被監視時他們更有可能忽略指示、弄壞生財工具、偷拿辦公設備、開小差以及故意怠工。

　　為了檢視監控是否真的導致了這些行為，研究者設計了一

項實驗。他們要求兩百名員工完成一項任務，其中一半被告知其工作將被監控。如果有機會摸魚時，處於被監控狀態的員工更可能真的偷懶。為什麼？研究人員得到結論：「我們的研究顯示，監控員工會讓他們下意識感到自己對行為比較毋須負責，使他們更有可能做出不道德的行為。」[59] 缺乏控制感和能動性可能是極其剝奪人性、引發焦慮、導致抑鬱的經驗。我們發現無能為力感如此令人困擾，以至於我們會找到有創意的方法來規避，因此我們隱喻式地智取甚至暗中破壞機器。

此外，還有另一個問題。監控要有效果，只有在被監控工作是在數位裝置上進行時才成立。如果沒有鍵盤敲擊次數、滑鼠移動次數或螢幕前出席或參與度可以計算，如果不是在連網裝置上發生的事，就不會被算作是工作。

在《紐約時報》關於員工監控的調查特刊中，有些令人沮喪的故事，比如一位治療師因為與藥物成癮者進行的是面對面的談話，導致其工作不獲承認。[60] 然後還有一位作家，因為他有時會使用紙筆而被扣薪，手寫對於思考、產出、記憶和發展想法有眾多好處，但對於生產力追蹤機器來說無足輕重。當然還有那些替臨終病人進行高尚而神聖服事的安寧照護牧師，他們的工作無法適用工廠車間的規則。

有些人最終與雇主達成的協議看起來如下。你可以繼續在家工作，但作為對價，你將受到電子化的微觀管理。每一次延遲的鍵盤敲擊，每一次鏡頭捕捉到你離開辦公桌前，你都要負責。無論你認為可以藉由「彈性」工作獲得什麼樣的控制感和能動性，都在你眼前消蝕殆盡。突然之間，你看清了這場交易

更深層的部分，這是你過去從未如此清楚的。這與你本人無關。我們不在乎你的使命，除非擁有它有助於你供養機器。是的，我們的確就是用一堆點擊來評判你的工作生活。

對此一事實的認命難道是在現代世界中「進步」的展現方式嗎？或者，接受這樣的事情會導致最糟糕的停滯樣態嗎？在某些情況下，當科技的發展感覺不太對勁時，我們應該抵抗嗎？正如克里希那穆提所言：「適應一個深度病態的社會並非健康的衡量標準。」[61] 人們不禁要問，大辭職潮是否有部分是因為拒絕適應某些感覺有毒的事物。

我父親很高興自己在「美好的舊時光」裡執業。當他度過中年時期，走向醫師職涯的終點時，他覺得大環境開始變壞了：勢力龐大的保險公司審查索賠申請時總是帶著拒賠的目光，無止無盡地分配手術項目的代碼。隨著現代醫學冷漠的交易主義來臨，這妨礙了他最想向病人提供的那種照顧。他說，他的退休來得再好不過。[62] 如果事情朝那個方向發展，如果那就是醫療業未來的走向，他不想接受。

我可以想像，如果自己的年紀再大一些，上面描述的監督會促使我提早幾年開始我的退休生活。我一度認為心理治療不會受到自動化的影響。科技總是對我的寫作有利，而不會綁手綁腳，直到去年開始我才擔心會被機器取代。沒有雇主監視我或計算我的鍵盤敲擊次數，儘管有時候我會像某些表示自己喜歡被監視的工人一樣，想知道被監督有沒有可能幫助我，將電子干擾的誘惑和科技的長期分心所帶來的注意力缺失降到最低。很難想像科技如何能夠奪走我的專業，或我對它們的熱

愛。

　但我敢打賭，臨終關懷工作者也曾認為他們的職業神聖不可侵犯，而我現在讀到相關報導，針對壓力、焦慮和創傷等狀況的虛擬現實治療正在迅速發展中。人類治療師可能有一天會退居二線，只是站在一旁提供品質控管或偶爾干預。[63] 我不確定這樣的輔助性角色是否能滿足我，所以我希望這種情況不會很快地廣泛傳開。至於寫作，2022 年 11 月向大眾公開的 AI 驅動聊天機器人 ChatGPT 新穎且強大，可以輕易生成文章、詩歌和故事，小說和非虛構作品肯定也不成問題[64]，一位精通人工智慧的作家朋友已經看過 ChatGPT 下一代的預覽，並認為它「令人不安地出色，似乎已經有了通用人工智慧的雛形，這的確令人擔憂」。[65] Open AI 的視覺工具 DALL-E 能根據你選擇的任何參數立刻創造出迷人的藝術和設計，使創意工作者們感到恐慌。[66] 如果能學習並執行任何人類能做的任務的通用人工智慧現在已經出現，我的作家技能還會被需要多久呢？

　至於教書，在疫情期間我重返教學時，發現情況已有所不同。我的學生不願意發言或開啟攝影鏡頭。對著攝影鏡頭的黑點表演就像對著虛空吶喊。英國和全球各地的大學講師被鼓勵或強迫錄製或預錄課程，由此產出的影音內容將成為他們服務的大學院校財產。[67] 如果我沒有錄到某次上課，我可以將缺席的學生導向前一年上傳的影片，效果同樣良好。這不禁讓我停下來想：在將我所有的職涯專業轉化為數位內容的過程中，我是否正在讓自己或其他人喝西北風，剝奪有意義的就業機會？

這段沉思聽起來可能有些瘋狂，但或許也不是沒有道理。2021 年初，在加拿大的康考迪亞大學，亞倫・安蘇尼正在享受遠端學習的加拿大藝術史課程。他的老師非常優秀，是加拿大備受敬重的知名藝術史學家。即使是預錄的講座，老師的熱情和性格也閃閃發光。在學期中某個時刻，當亞倫透過電子郵件向葛尼翁教授提問時，他很訝異自己沒有收到回覆。經過一番谷歌搜索，他發現了原因。弗朗索瓦－馬克・葛尼翁教授已經去世兩年了。[68]

這讓我更加猶豫不決。在中年時期，我已經產出並儲備了大量的知識和作品。如果有人能將這一切和真正的人工智慧聊天機器人結合，一個不僅能複述我的內容，還能生成新素材的機器人，我還會有立足之地嗎？還是我將被留在場邊停滯不前？

我還有任何立足之地嗎？中年人已經思考這個問題很久了，但如今科技進步的驚人速度可能使他們更需要靈魂拷問自我。面對在類比時代的童年階段只會在科幻小說中出現的奇妙發明，我輩可能很容易變成末日論者，舉著白旗對科技感到無助和受害者情結。

但是，無論生產或停滯都不能硬塞或強加於你。即使在最困難的時刻，你也總會有比想像中更多的內在和外部回應可以選擇。要想達到最大的生產性，並與科技共同進化，必須培養以下心態：你始終擁有比一開始看起來更多的自由。例如，在 ChatGPT 問世時，我一些講師同事宣布論文報告的終結，轉而尋求其他評分方式，表示現在不可能要求學生寫作。[69] 但也有

一些人雖然略感困惑卻未被嚇倒，他們對於自己和學生如何使用 ChatGPT 保持積極的好奇心，創造了各種利用它進行的新穎練習和作業。

人到中年，無論你是低 PROI 的新盧德派還是高 PROI 的科技愛好者，這件事本身並不重要。在這個人生階段，擁抱或抗拒科技創新沒有對錯可言。重要的是，對你來說哪些可行、哪些不可行；哪些與你的價值觀一致、哪些不一致，而你自己對這些事情時有多誠實。當你對科技的關係，或對透過科技與他人的連結感到不對勁時，無論是自己選擇或強加於你，也許抗拒是最有意義的。當一項科技創新可能對你有好處，但一開始威脅到你或讓你困惑時，你可以本能地避開它，或者也可以冒險接受它。親身體會的實際經驗總是會引導你做出比猜測、預想和假設更好的生活選擇。

第八章

晚年期

　　游標在搜索欄最左側等待，隨著鋼琴和弦堆疊與令人心碎的小提琴伴奏一起跳動。打字開始，有些猶豫不決：如何不要忘記。搜索結果出現，是一些增強記憶力的提示和技巧。其中一個建議是重複一個細節。

　　一個男人的聲音說：「嘿，谷歌，給我看看我和羅瑞塔的照片。」他笑了。「記得嗎？羅瑞塔討厭我的鬍子。」好的，我會記住這點，谷歌回答，伴隨愉快的提示音。男人又笑了。

　　音樂悲傷激昂，令人心緒澎湃。「記住，羅瑞塔喜歡去阿拉斯加。還有干貝！」

　　他要了週年紀念的照片，請求播放他們最喜歡的電影。所有為了操弄情感的影劇手法都在這裡，應有盡有，正常發揮作用。

　　「這是你要我記住的事情」，谷歌說著，他的請求隨著以時間和日期標記的清單在螢幕上滾動。鬱金香是羅瑞塔最愛的花。她有最美麗的手寫字跡。她總是哼著流行主題曲。她總是

對他說：「不要太想我，出門走走吧。」

　　廣告的結尾，他真的離開了，他請谷歌幫他記住他是世界上最幸運的人。你聽到紗門開啟和關閉的聲音，以及狗牌在項圈上的叮噹聲。「來吧，孩子！」這名男士愉快地說，他走出門，進入生命中的另一天。

　　我們從中理解這名男子除了他的狗狗陪伴外孤身一人。他顫抖的聲音告訴我們他年事已高，他輸入在搜索框中的訊息告訴我們他的記憶正在衰退。我想像他感到害怕。如果沒有記憶來編織我們經驗和學習的線索，自我將會崩解。如果他無法記住羅瑞塔這位仍占據他心中最重要的女性，他知道自己將不復存在。雖然廣告中並未透露，但從配樂的第一個音符起，我們就知道羅瑞塔已經去世。

　　「在小事上幫你一點忙。」字幕在倒數第二幀中顯示，然後融入彩虹色的谷歌標誌，隨著音樂漸漸淡出。

　　在美國，沒有比超級盃廣告更高調的市場行銷了。很多觀看超級盃的人根本就不是為了美式足球賽，而是為了被比賽中場時播放的廣告所吸引、震撼或感動。只有像多力多滋、百威啤酒、可口可樂、微軟和谷歌這樣的重量級玩家才會出現在這裡；30秒的超級盃廣告位要花費一家公司七百萬美元。[1]

　　谷歌的羅瑞塔廣告[2]，對於超級盃2021的一億一千兩百三十萬觀眾中絕大多數人來說，看起來不太可能有爭議[3]。《好管家》對其讚不絕口，張貼各種人們在沙發上泛淚的迷因。[4]《時代》雜誌下了這樣的標題：「撥動你心弦的谷歌廣告」。[5]谷歌的行銷長洛琳·圖希爾發表聲明，透露這個故事是真實

的，那位男士是一位谷歌員工的祖父。[6]

　　然而，並非每個人都對羅瑞塔廣告如此讚不絕口，包括隱私倡議者和評論家，如線上雜誌《Slate》的喬埃爾·倫斯特羅姆便是一例。她對該公司宣稱的意圖投以懷疑的目光。「對於谷歌聲稱要幫助老年人的興趣，我只能說非常可疑。」她說。[7]

　　我可以理解。論及我們的長者，他們有時孤單且往往脆弱，科技在給予和奪走之間的平衡是什麼呢？

　　生命中的最後階段絕非混吃等死，對艾瑞克森來說，他將老年視為整合認同並衡量生活的最後機會。在自我整合對上絕望的年紀，必須承認老年並非總是仁慈，我們當中有些人隨著時光的沙漏流逝而怠惰，不過也有更多積極發揮的可能性。[8]「自我」一詞有著佛洛伊德式的心理學意涵，但在古希臘和拉丁語中它僅僅意味著「我」：自己與認同。[9]在老年時期經歷艾瑞克森所言的自我整合，是要對你自己和關係感到平靜，對你的生活整體來說感到滿足。遺憾，可能有過一些，不過再想想，也許太少而不值一提；你接受過往的生活經歷並引以為豪。我經常請年紀較輕的心理治療客戶想像自己從老年人視角來幫助他們釐清目前的價值觀。無論是「九十歲生日練習」、「訃告練習」還是「墓碑練習」，重點都是由人生後照鏡的角度，幫助人們更能理解到對自己而言何謂美好生活。[10]如果你在生命之書闔上之前能夠實現自我整合，你將帶著深刻的自我認識以及美好生活的豐富記憶離開這個世界。

　　自我整合的陰暗面「絕望」是苦澀的藥丸，有些老年人的每週藥盒中塞得滿滿都是。深信自己浪費了一生，沒有做到或

產出自己想做到的，更糟的是，你可能已走到太遲或感覺太難以扭轉局面的地步。很少有什麼比這更令人沮喪。對於不幸發展出重大記憶問題的人來說，連貫生命敘事的消逝也會造成痛苦。

因此，由於當今科技的發展，老年人現在面臨一個新的發展挑戰：連貫對抗碎片化。對於某些長者來說，科技將協助他們在晚年整合和維持認同；還有另外一些人，科技所揭露的資訊將劇烈顛覆自我整合的計畫，解構起源與家庭的既有生命敘事，迫使他們在生命的最後時刻重寫內心中珍藏的自傳。由基因系譜帶來的啟示，到底將促成整合還是絕望，個人自我感是會凝聚還是碎片化，這很不容易預測。

科技、心理學與老年生活結合在一個我所熱愛的喜劇橋段中。[11] 喜劇演員艾米・舒默坐在心理治療師辦公室裡的沙發上。她不確定自己是否能做到，但她的治療師鼓勵她，提醒她這關乎她康復的狀況。舒默看起來深感焦慮，走向門口去迎接她的母親。

「媽媽，」她深吸一口氣然後說，「你電腦遇到了什麼問題？」三個詞隨著一聲巨響在螢幕上閃現：媽媽電腦治療。

「我就是覺得我身邊的機器都會失靈，」母親說，「它們真的不能用。」我認得這句話，每當我岳母請我關掉平板裡自從我上次到訪後堆積如山上百個瀏覽器頁面時，她都會說出這句話。在這個橋段中，經過連串一觸即發的交流後，舒默倒下，口吐白沫。

儘管在某些層面上這依然讓人有共鳴而哈哈大笑，因為不

同世代在新科技的效率和精熟有所差異，然而對於老年人是新科技麻瓜和盧德份子的刻板印象已經完全過時。

我的岳母或許深信科技一旦碰到她的手指就會失靈，但她確實有一台平板電腦，而且 86％在線上的老年人平均擁有五台裝置，他們每天在這些裝置上至少耗費六個小時。隨著年輕人口的科技使用已經飽和一段時間，老年人現在是網際網路用戶增長最快的群體。

在疫情爆發之前，七十五歲以上長者使用網際網路的比例本已蓬勃發展，[13] 但在封鎖期間，有更多人轉向了數位。[14] 最終這證明是正面的調適，使長者能夠在更深度數位化的後封鎖世界中過得更好。隨著商業大街上銀行分行紛紛關閉，家庭醫生也透過遠端健康諮詢的診療來減輕等候名單的壓力，如果人不在線上就會被推向劣勢與孤立的社會邊緣。但有 91％的老年人使用科技來保持聯繫，87％來管理他們的金錢，以及 73％來照顧他們的身心健康，這樣的比例預計還會增加。[15]

提供以上數據的研究團體「跟谷歌一起思考」與這場變革有切身利益。任何與老年人和科技相關的網路搜尋都會列出一大堆老年人如何因 Google Home 而受益匪淺的文章。Google Home 是一個設置、管理、自動化並控制生活環境中裝置的應用程式，為老年人打造一個反應靈敏、連結緊密且可能更安全的「智慧家庭」。[16] 然而，這並不影響數字的可信度，無論大多數老年人是否都是谷歌一起思考文中所說的「熱衷者」，至少大多數人都已經處於連線狀態了。

老年人一向容易受到詐騙的侵害，而現在的網路安全問

題，如網路釣魚、勒索軟體和錯假資訊，對當今老年人構成了威脅，他們較為受限的科技知識和經驗可能結合因年齡衰退的認知和身體能力，創造出一場完美風暴。然而，考慮到科技改善老年生活品質的潛力，我們必須在提取好的一面的同時，盡量減少壞的影響。有一項科技應用似乎篤定落在好的一方，那就是記憶的保存。

遺忘一直是種預設狀態，無論是在社會層面還是個人層面，我們都會拋棄許多對過去的回憶。[17] 即使是健康的心靈也會遺忘，讓記憶化為塵土，只選擇性地保留那些有意義或重要的事物。這對我們所有人來說都很自然。然而，我們的數位世界已經開啟了一個史無前例的時代，這個時代中要記得比遺忘容易得多。作為外部記憶庫的智慧型手機和虛擬助理，隨時可以拿來查詢過去發生的事情，或今天和未來需要發生的事情。

隨著年齡增長，我們對記憶輔助的需求也與日俱增。到了六十五歲之後，約有 40％的人可能會經歷某種形式的記憶喪失。[18] 在大多數案例下，狀況都是相對輕微的；我們將繼續保有強烈的記憶，且能夠持有重要的技能和知識。儘管失智症研究在醫學上可能會取得進展，降低罹患比例，但目前有五分之一的人最終將徹底忘記自己，罹患失智症。

失智症令人生畏之處在於記憶與身分的連結。[19] 我們之所以能有自我感，是因為能夠記得自己的歷史和自己所擁有的關係，能夠回憶起以往各種不同版本的自己，將這些不同的迭代編織成一條連續的線索。失智症斷開這條線索，將其剪成雜亂的片段，摧毀了連續性。任何與失智症患者親近的人都能感同

身受，目睹某人與自己的歷史脫勾，因而與自己解離的痛苦。

　　為處理嚴重程度不一的回溯性和前瞻性記憶問題，針對記憶的科技正在迅速發展，而老年世代已經做好準備。[20] 有超過一半的六十五歲以上長者，包括那些所謂的「老年認知障礙」患者，都擁有智慧型手機，其中許多手機都配備了適合視力受損或聽力受損用戶使用的適應性功能。[21] 羅瑞塔廣告中的那位先生只聞其聲，不見其人，我想像他坐在一張傳統附座墊的椅子上，身旁有一台智慧型手機和一顆亞馬遜智慧揚聲器 Echo Dot，這些裝置共同協作來強化他對自己生活和妻子的記憶，從而維持一個持續且連貫的認同。但今日老年人連網的徹底程度可以遠超於此。

　　想像一位熟齡女性在她熟悉的環境中終老，盡可能一直留在她熟悉的環境中。環境中不僅圍繞著激發美好回憶的心愛物品，也有幫助維持自我感、可以實體保護她，並使她能獨立生活更久的科技。想像一下這間房子，從擺放在邊桌上的數位相框開始，裡面充滿了熟悉且心愛者的照片，配有名字以加強可能正在鬆動的連結。在她的智慧型手機上，安裝了各種輔助使用工具，像「遺覺」[22] 和「提昇」[23] 這類的應用程式，有助於保持認知技能的敏銳。而音樂往往在喚起記憶上效果卓著，她的手機上也安裝了 Spotify，當中的播放列表裡有著熟悉的懷舊歌曲。

　　科技應用傳播遠遠超出手機的範圍。動作感應照明彌補了忘記在天黑時需要開燈的失誤，以確保安全。她的手提包和外套口袋裡放有電子定位標籤，鑰匙上也掛著一個。而門邊的動

作感測器可以發出最後的語音提醒,讓她記得帶走隨身必要物品。門本身則配備了生物識別進出控制,虹膜掃描或指紋識別板可以在萬一鑰匙遺失時派上用場。如果有了漫遊和混淆的狀況,走出那扇門也會成為問題,因此離開可以觸發照護者或鄰居裝置上的警報。智慧型配藥器、自動關閉的火爐和水龍頭,以及連網受監控的醫療和火災警報系統,是老年人不可或缺的物聯網家電。

這樣一個全面連網的家庭可能需要相當大的初始和持續支出,但與英國一個月的養老院費用相比,這筆開銷似乎相當合理,因為養老院一個月可能就需要數千英鎊。[24] 在家中終老也有重要的心理和情感理由。[25] 在一項針對兩百五十多名在家長者所進行的義大利研究中,研究人員提及「喜好物品」的「編排」,這些物品提供了記憶與陪伴,前者如照片和熟悉的物品,後者則是如電視或收音機,讓長者得以有日常的接觸。[26] 透過這些物品,他們組織了自己的世界,並支持對於關係和回憶的強烈情感需求。失智症患者在輔助生活中長期來說會過得更好還是更差,儘管相關證據還不明確,但「遷徙創傷」的現象是眾所周知的;尤其是在失智症初期階段,當病人搬到養老院時,他們更容易面臨孤立、抑鬱、焦慮和抗拒照護。[27] 如果科技能夠幫助尚處於早期階段的病人安全在家終老,這對每個人都有好處。

因此,迅速發展的記憶和老年科技領域是一大產業,將為老年人和社會帶來重大利益,包括心理學家在內的多種專業人員正在協助設計和適應科技,使其對老年人來說既可用又容

易理解。[28] 但科技總是這樣：既可以給予，也可以奪取。同樣的高科技設備，既可以幫助老年人記住事情、保持聯繫，在家裡終老，也可能被駭客和詐騙集團利用。更甚者，我們在人生稍早對科技所做的選擇，活到老年時可能會回頭反咬我們一口。例如，研究慢慢發現睡眠與失智症間的關係，包括跡象顯示，五六十歲的人如果每晚睡眠少於六小時，他們日後罹患失智症的可能性會高三分之一。[29] 考量到有 70％的成年人在臥室裡使用電子裝置，隨之而來的藍光、通知和干擾正在損害我們睡眠的質與量，這相當令人玩味。[30]

　　當然，我們在人生稍早在科技之外做出其他選擇的後果，也可能在老年時回頭困擾或祝福我們。這引出現代科技地景中另一名重要選手：價值數十億英鎊的基因系譜產業。

　　珍出生於 1959 年。本書寫作時她六十三歲，還沒完全進入「老年人」的範疇。但這個故事不僅僅關於她而已。珍給我看了一本名叫《離開的女孩們》[31] 的書，光是分享這個標題就令她感動。她告訴我，書裡的故事呼應了她生母的經歷。

　　「在自由戀愛、嬉皮和所有那些事情發生之前，在女性說我想要性愛之前，社會上唯一重要的事情就是鄰居會怎麼想？」她說，「當時所有的女孩都必須是處女。所以她們被送走了。」

　　不需要有人告訴珍她是被領養的。她永遠格格不入，外貌完全不像家裡的任何人。她既風趣又健談，他們卻堅忍、寡

言、缺乏好奇心；他們吃肉、馬鈴薯和煎烤料理，但她的身體卻只對蔬菜感到興趣，她把整鍋肉餵給在桌子下等待的狗。無論是度假、派對上，你講得出來的場合，她從不覺得自己有歸屬感。

十五歲那年，她開始了追尋的旅程。當時還沒有網際網路。她和一位女性朋友開車到她出生地的郡政府，說服官員讓她們進入檔案部門，那裡滿是厚厚的資料夾。她帶回了那一區的一本電話簿。「還記得那種電話簿嗎？」她問我。她嫁給一位警官，幫她印出全美國所有名叫維吉尼亞・庫克斯*的女性清單。

珍向我展示了那些泛黃的紙張，上面用各種顏色的螢光筆劃著記號。她還對她打過的每一通電話寫上註解。有某個號碼她打了不止一次，而是兩次，撥通後與她的親生母親通話，但對方完全不承認。

珍指著眾多電話號碼中的一行說：「有看到最上面的標記嗎？那就是她。」電話號碼旁是珍的注釋：一個日期，以及「不是維吉尼亞」幾個字。

大約到了1989年，珍有了第一台家用電腦。她立即找到當時存在的領養網站。這些網站僅僅是連接點、失物招領公告，仰賴雙方輸入他們的資訊進行匹配。珍說：「這些女孩在生下孩子後，就被要求回家，永遠不要再提及此事。而她們的確再也不談。我知道維吉尼亞會上網站的機會非常小，畢竟她

＊ 庫克斯是假名。

絕口不提，繼續過自己的生活。」

　　珍是對的。奇蹟那時候也沒有發生。但當基因系譜出現後，一切都改變了。珍在每一個平台上都註冊了，包括兩家大型提供者：「祖源」Ancestry.com 和 23andMe，後者還註冊了兩次，一次是為了他們所提供的健康資訊，一次則是為了尋找她的家人。珍笑著說：「當我提交第二次樣本時，被系統顯示為與我自己是同卵雙胞胎。」然而，在那第二次註冊後不久的一天下午，從她電腦角落裡彈出一則通知。

　　「你知道那種當孩子在園遊會上走丟，你覺得你找到腿快要斷掉的感覺嗎？」她說，「通知上寫著，我跟維吉尼亞·庫克斯很熟，她是我阿姨。接下來的三天我幾乎一直在哭。」

　　起初她八十多歲的生母並不特別想聯繫，這是一個緩慢的過程。她隱居度日，離群索居，還有囤物癖。儘管聽起來不完美，但她已在自己的生活與故事中安頓下來。在她的老式答錄機上，珍保存了維吉尼亞第一次打電話給她的留言，那是為了祝她生日快樂。珍說：「六十年後，她並沒有忘記。」她的新表親態度保留，一直在推遲珍與生母的初次見面。珍說：「我的意思是，她已經八十二歲了，滴答滴答，時間有限，你知道嗎？」

　　然後維吉尼亞日暮西山，表親終於要珍過來。

　　珍可不需要被邀請兩次。但維吉尼亞躺在新冠疫情期間的加護病房，每天只有一個時段提供給一位探病者。表親嫉妒地守護那段時間，但最終讓步了。珍發現自己在醫院的櫃檯。

　　「我直接撒了個謊。嗯，其實我沒有真的撒謊，」她說，

220

「我說，我來看我媽媽。這算是真的，應該吧。他們說，好的。」維吉尼亞睜開眼睛看著珍，失散多年，她從未真正想要送走的女兒，現在坐在她身旁。珍是她唯一生過的孩子，她從未結婚，也從未有過其他孩子。維吉尼亞坐在床上，張開雙臂。「我一直愛著你。」她說。這兩個女人如此相似：她們古怪的幽默感、她們停不下來的話題、她們的容貌特徵。

珍給我看一張驚人的照片，照片中她們倆手牽著手。你分不清哪隻手是誰的，哪些手指是誰的。「這是我們彎曲的食指。」珍說，「看，這就是我想要的，這就是我想要的。我不想要遺產，不想要房子。別人無法理解。你想要一張拇指的照片嗎？對。是的，我想要。」

在 1980 年代，還沒有 23andMe 和「祖源」之前，當時只有電話簿和檔案辦公室的資料夾，以及任何有權限進入正確資料庫的人所提供的官方列印資料，維吉尼亞能夠否認真相，不只一次，而是兩次。但你無法否認科學。當維吉尼亞去世時，珍也在場。「我一直跟她說話，直到她離開，」珍說，「我感謝她所做的一切，跟她說她有多麼勇敢和堅強。我們兩個人一起來到這個世界，她也是和我兩個人一起離開。」這是個完美的故事。

你得有顆鐵石心腸，才會對珍和維吉尼亞的故事無動於衷。珍說：「我希望這件事可以在四、五十年前就發生，但我認為她在去世前得到了她所需要的。」聽珍娓娓道來，她們的團圓在最後關頭轉化了維吉尼亞對自己的故事。

「起初，當我在尋找生母時，我以為她會是我生命中缺少

的那塊拼圖。」珍說，「但在與她談話並建立我倆的關係後，我意識到，讓她的人生圓滿無憾是我的任務。我得療癒她，讓她不必因為她所做的事而感到羞愧。」

在關鍵時刻，現代遺傳基因系譜的奇蹟將她們聯繫在一起。在她去世之前，有了她親生女兒的幫助，維吉尼亞得以重寫自己的故事。她們簡直就像是 23andMe 的廣告形象大使。

我永遠不會知道的是維吉尼亞的自述。我也沒有聽珍新認識的表親們如何講述這個故事。我只有珍編織起關於她生母內心經歷的故事，以及她們最後在一起的時刻：喜悅、溫暖、連結、療癒。

在基因系譜的世界中，有許多潛在的故事和各種可能的結局。相同的事件序列可能正面，也可能負面，這取決於你聽的是誰的說法。你訂好測試包，擲下骰子，冒險一試。

由於一系列的商業服務添柴加火，家譜研究已成為一種廣受歡迎的消遣活動，在英國雖然不及園藝那般流行，但也逐漸接近。《時代雜誌》聲稱，家譜平台是次受歡迎的網站類型，只輸給另一種你可能猜得到、比較兒童不宜的網站之後。[32] 截至 2019 年，已有超過兩千六百萬名消費者進行在家的 DNA 測試。[33]

2020 年，私募股權公司黑石集團以四十七億美元收購了基因系譜檢測產業領導者網站「祖源」。黑石集團旗下的其他公司包括藥物和醫療器材製造商、生物製藥新創事業及醫學研

究公司。2021 年，他們任命在臉書工作十多年的劉黛比為新任 CEO。[35] 2022 年，祖源宣布將業務擴展到五大洲的五十四個新市場，市場所觸及的範圍翻倍。《富比士》報導稱，這代表八十九個國家裡的消費者現在能夠「解鎖有趣的事實」並「發現他們未曾知曉的親戚」。[36] 祖源執行長用臉書風格的語言談到基因系譜檢測的未來，表示祖源的願景是機會、社群以及「將我們連結在一起的事物」。[37] 到 2024 年，基因系譜檢測預計將成為價值兩百二十億美元的全球產業。[38]

像珍這樣的被收養者或強迫移民的後代有充分的理由使用像祖源這樣的網站，因為如果沒有基因系譜檢測，他們根本無從探尋其血脈源頭的資訊。由於他們幾乎無法取得家族醫療史，也往往在沒有家譜的情況下掙扎尋求身分認同或歸屬感，他們試圖從無到有建立歷史敘事。對於那些用較隨意心態進行 DNA 測試的人來說，意外的資訊可能會顛覆他們既有的自我敘事，使其難以接受。他們可能來自與自己想像中不同的族裔，可能發現有同父異母的手足，可能發現自己是精子銀行、婚外情或前段婚姻的產物。他們可能會撞見一段意外且痛苦的傳承，充滿祕密、羞恥與恐懼。

一旦祕密遭到揭露，就無法再遺忘。唯一的問題是如何與這些祕密共處。

在維吉尼亞的案例中，祕密得以保守且維持，這與青少年在性革命和女性解放運動之前意外懷孕會連帶產生的社會羞恥感有關。然而，並非所有關於親子關係的發現都涉及私生子或婚外情。在她 2019 年的書《遺產》中，回憶錄作者丹妮‧

夏皮洛說她之所以不經意地進行 DNA 測試，是受到丈夫的鼓舞，因為丈夫對自己家族的起源產生興趣。[39] 她的行動揭開了一個長久以來的家庭祕密：她的父親並非生父，而捐精者來自她母親人工受孕時所在診所的一名醫學院學生，這在猶太社群中相當罕見。夏皮洛得到的資訊遠遠超乎本來的預期。她被迫開始質疑自己的個人和宗教認同，以及她對家庭和社群的歸屬感。她在尋求理解的旅程中聯繫到她的生父，他是一位白髮蒼蒼的退休醫生，也為人父親和祖父，居住在國家的另一頭。他也得到出乎意料的結果，自己可能早就忘了那次捐贈。

在另一個例子中，一個為了生小孩而接受匿名捐精的母親，將女兒的基因側寫檔案上傳到 23andMe。她表示，她想了解可能的健康問題和祖輩，但意外發現了一位親戚。她的驚訝或許有些天真，將 DNA 提交給基因系譜網站後，聯繫到還在世的親戚是顯而易見的可能結果。然而，丹妮爾·特舒爾也不認為她在聯繫家譜網站上的顯示結果時做錯了什麼。[40]

喬迪·克魯格曼－拉布說：「我認為她聯繫的是捐贈者的母親，因為現在這位母親成了祖母，她們一直在維持某種關係。」[41] 喬迪來自「知情權」，該組織倡導更新與收養和捐贈受孕相關的隱私法。[42] 事情傳到捐贈者耳中時，他斷然加以制止，他自己不想要情感關係，也不希望家中其他人有這樣的關係。「為什麼捐贈者認為他們有權為家中其他成員做決定？」克魯格曼－拉布問道。

「他們的父母現在升格為祖父母，自然對某種形式的聯繫或溝通很感興趣。」捐贈者有權為別人做選擇嗎？

不是只有特舒爾和捐贈者母親的聯繫遭到切割，其他可能的關係也因此中斷。西北精子銀行發出一封信，表示由於她違反合約條款，威脅要對丹妮爾提起訴訟，也取消了她使用額外儲存精子的權限，她原本希望有朝一日能使用這些精子讓女兒能有手足。[43]

記者詢問丹妮爾關於她與西北精子銀行所簽訂的合約，其中一條明定她不得嘗試辨識或接觸捐贈者，她表示自己從未看過該合約，[44] 我一點都不意外。如今，無論在線上還是實體，我們所簽署具有法律約束力的合約，多數人都未能讀完，遑論理解它。舉例來說，一位記者在審查基因系譜網站的隱私政策時發現，最短的有二十五頁，另一份則超過四十頁。[45] 讓事情更加複雜的是，還有多份文件都需要仔細研究：服務條款、資料安全政策、隱私政策。你幾乎完全沒有機會理解你所簽署的內容。

丹妮爾尋求了知情權的支持，該組織倡導更新與收養和捐贈受孕相關的隱私法。組織網站表示：「隨著非處方 DNA 測試的盛行，已經沒有所謂匿名這回事了。」[46]

喬迪・克魯格曼－拉布因自己的經歷而參與了知情權。在 2014 年進行 DNA 測試後，她雇了一名基因偵探來追尋她的生父。她聯繫上生父，但他剛開始一口否認，並在她面前把門關上。然而，她沒有放棄，堅持不懈，最終成功了。

一旦喬迪確認父母這段過往持續的關係後，她拿著事實質問母親。喬迪說母親先是愣住，然後啜泣，堅稱測試結果是錯的。但這是科學與故事之間的對立。過了一陣子，喬迪說媽媽

聲稱她從未有意說謊，她從未真正確定過，她非常希望另一個男人才是喬迪的父親。根據喬迪的說法，她母親利用喬迪父親身分的片段模糊性，來支持她自己想要的敘事。

喬迪對我說：「她拒絕放棄那個敘事導致我們斷絕往來，現在我和母親的關係幾乎已不復存。」

我與她交談的隔天，喬迪正準備前往另一個州撒灰，那是她才剛認識不久的生父的骨灰。她並不後悔找到他。她一生都活在她所謂的「系譜迷惘」中，一種不知道自己與誰有親緣關係的影響。當她找到生父時，這種迷惘消失了。

決策隱私的概念是指人應能自行決定與誰產生關聯、視誰為家庭成員。[47] 能夠這樣選擇家庭有助於某些類型家庭的福祉和情感安全，包括有代理孕母、領養或由捐精者人工受精的家庭。當所有相關人達成一致決議時，故事就能有幸福的結局，個人和家庭的認同變得更加清晰、擴展和一致。然而，當各方觀點不同時，當某人尋找的連結成為另一個人的侵擾時，故事的結局就會不同。

我想到那些老年人，因基因檢測所帶來的挑戰而影響記憶、故事和認同。許多人長時間守著某些故事，或許堅持太久以至於他們開始相信這些故事。這個劇本結局的反轉會大受歡迎還是遭到嫌棄，取決於很多因素。在這場沉浸式製作中，老一輩往往是看戲的人，是那些沒有預期被叫到、拉進情節中的人。

系譜學一直是廣受退休人士喜愛的嗜好，他們有時間和意願在這個人生階段，利用這段時間來定位出自己在大歷史中的

位置。即使如此，他們對於昂貴的新式唾液基因測試的接受度較低；請注意呈交 DNA 測試的並非珍年邁的母親，或丹妮爾女兒的祖母，而是下一代。儘管在 2018 年只有十分之一的老年人進行了大眾消費型的基因測試，其中只有 5％是基於醫療理由，[48] 但有 60％表示他們希望進行測試，以預估他們未來的疾病風險，並確認他們的祖先親緣。[49]

然而有個問題是，商業 DNA 測試經常提供含混不清、不夠具體、模稜兩可的報告，它呈現的是可能性而非確定性。這可能造成更多的問題，而非解決問題，導致老年人走進可能非必要的醫療檢查泥沼。在美國這樣的國家，健康保險與醫療保健密不可分，這可能會相當令人擔憂；然而在英國這樣的地方壓力會更大，後果也更嚴重。因為商業基因測試激發了你對側寫中潛在問題的焦慮，然而追蹤這些問題的手段在國民健康保險中卻無法獲得。普莉緹・梅蘭妮博士是老年醫學專家，在 2018 年一項關於老年人和基因測試的合著研究中，她警告說：「病人可能沒有考慮到大眾消費型基因測試的後續效應影響。未預期的陽性結果可能導致數個額外的測試，而保險可能未必會涵蓋這些測試。」[50]

同時愈來愈明顯的趨勢是，保險詐騙對老年人來說也成為一大問題。

在 2019 年的加州，出現了一種令人不安的新趨勢，案件被呈報到州內的老年醫療保險巡查隊，該機構接受有關潛在詐騙的投訴。當年度大約有四分之一的案件與基因檢測相關，同一時期，另一個反詐騙熱線每週接到五十通與潛在基因檢測詐

騙相關的來電，而前一年每週只有一到兩通。[51] 顯然有些非常
奇怪的事情正在發生。在較多老年人聚集的地方，如健康博覽
會、老人活動中心和古董銷售活動等處，有人會設立攤位提供
基因檢測來評估疾病風險。他們討論癌症等可怕疾病對人造成
的潛在傷害來嚇唬老年人。你可能會有這個風險，也可能有那
個風險。他們還透過其他方式接觸老年人，例如：臉書、分類
廣告網站克雷格列表、電子郵件、陌生開發電話。甚至有人會
去老人家住處敲門，這些看似友善的人帶著試管和棉花棒擦拭
臉頰內側，並用筆記本記下敏感資訊，包括保險單號碼和社會
安全號碼，這是美國人等同於英國國民保險號碼的資訊。有時
這些攤位工作人員或敲門者甚至聲稱自己代表美國聯邦政府的
聯邦醫療保險，為六十五歲以上的美國人提供健康保險計畫。

　　這些人並非聯邦醫療保險的員工。然而，他們實際上做的
是向聯邦醫療保險收取他們進行的檢測費用，由聯邦醫療保險
買單。這些不知情的「病人」交出自己的生物特徵資訊、犧牲
了自己的隱私，並因洩漏個人資訊使自己易受攻擊，結果什麼
也沒有得到，沒有收到結果報告，也沒有後續聯繫。

　　如果接受基因檢測的壓力不是來自退休社區門口的詐騙
和危言聳聽，那也可能來自更接近家庭的交際圈。當你收到
的 DNA 測試組來自一個對結果有情感或認知期待的家庭成員
時，拒絕使用可能是很困難的事。祖源網站鼓吹「贈送探索的
禮物」，但這不請自來的禮物很難丟棄在離家最近的慈善商店
裡。[52]

　　在美國國家廣播公司的《再想一次》節目上，一群來賓解

釋他們進行測試的原因。[53] 大多數人提到了健康恐懼，但有一位男士表示：「這是我女朋友買的，因為這是聖誕禮物，我不得不接受。」如果不是丹妮‧夏皮洛的丈夫熱衷於基因系譜學，她本人一開始對這類事情並不感興趣，也可能永遠不會發現她的家族祕密。即使是史丹佛網際網路與社會中心的前任隱私諮詢主任艾爾‧吉達里，也會在聖誕假期分發 DNA 測試組。他向我坦承：「對一個隱私法從業者來說，接受你的 DNA 散布到未知的宇宙中是一件奇怪的事情。」[54]

你的社群也可能鼓勵，甚至堅持對系譜的探索。當代追溯家世的熱情可以追溯到1976年的書籍《根：一個美國家庭的傳奇》，[55] 接著改編成 1977 年製作的電視連續劇而家喻戶曉。[56] 故事追溯了一個非裔美國家庭從十八世紀在甘比亞被綁架，經歷美國奴隸制，到現代作者艾力克斯‧哈利的故事。系譜研究自此成為許多奴隸後裔發現他們起源、進而「跨越奴隸制高牆」[57] 的重要方式；非洲祖源 DNA 服務自我宣傳是一家由黑人為黑人服務的公司。他們的標語是「知道你來自何處是了解你是誰的關鍵因素」。[58]

然而，鼓勵人們探索自己的系譜起源有時可能出於排他而非包容。藉由把焦點放在某人是否符合特定「部落」成員資格的標準上，以判斷他們是在群體之內還是之外。一項關於白人民族主義和基因系譜測試的研究報告指出，「許多白人民族主義者和新興的另類右翼團體對這些測試趨之若鶩，並鼓勵其他人參與」，以此證明他們「歸屬」的群體具有高度選擇性，並有種族導向的入會標準。[59] 研究人員接著描繪基因科技對個體

和群體認同的破壞性和錯置潛力，它揭露的資訊既不是好的也不是壞的，但人的想法，或說是群體迷思使其如此。基因系譜網站祖源執行長所謂「將我們連結在一起的事物」，只有在你想要連結的人是準備好接受的人時，才會有發現的喜悅。[60]

　　宗教社群可能也有其影響力，驅使長者進行基因測試，或至少允許自己被測試。加拿大約克大學的茉莉亞・克里特教授在她的紀錄片《亡者的資料探勘》中表示，系譜產業因為與摩門教教會的某條特定教義有著密切關係。[61] 摩門教可以為生者和亡者進行替代洗禮，使逝者能夠加入他們的永恆天家，但前提是逝者必須要接納洗禮。耶穌基督後期聖徒教會的官方網站聲明：「逝去的靈魂有完全的自由接納或拒絕這樣的洗禮。」[62]

　　但不是誰都可以任意提交逝者的名字進行替代洗禮。耶穌基督後期聖徒教會的官方網站解釋：「所有教會成員都收到指示，只能提交自己已故親屬的名字進行替代洗禮，作為家庭之愛的表達。」透過基因系譜學，一個在世者可以成為無數尚未受洗的已知和未知祖先的洗禮代理人，因此教會鼓勵你的長輩儘快在試管中吐口水。茉莉亞提醒我，「祖源」的總部曾經由摩門教徒所擁有，在被更大的組織併購之前，它離猶他州後期聖徒總部只有一步之遙。[63]「傳承樹系譜專家」是附屬摩門教的系譜偵探團體，網站上極力強調測試年長親屬的必要性，幾乎達到迫切的程度。[64]

　　「我們需要在 DNA 證據永久消失之前取得、保存並維護它。」傳承樹網站上的一篇部落格文章中說，強調 DNA 的維護、保存和繼承有實質的好處，使得測試結果可以長期使

用。[65] 雖然文中從未明確指出這些測試結果的用途與目的，但光是未來世代能夠「連結」的重要性就已經是足夠的誘因。部落格貼文的標題大聲疾呼：「在為時已晚之前：現在就為年長親屬進行測試。」其中「現在」一詞用大寫標明。

茱莉亞・克里特教授說：「這個行業的心口不一真的很讓我感到困擾。」她是國際知名的文化記憶研究學者，[66] 她寫了《系譜的崇高》一書，勾勒出系譜網站的歷史。[67] 她告訴我：「有兩則道德訊息推動整個產業：每個人都需要更多的家人，而你擁有的家人愈多，你就會感覺更能連結和更加健康。」「這是潘朵拉的盒子，你不知道如果你找到某人會發生什麼事。但這個產業仍然堅稱，如果沒有購買關於自己最私密的資訊，你就無法知道自己是誰。」

茱莉亞指出，我們對於心理治療中潛意識的假設，和對於了解自己遺傳資訊的假設，兩者間存在著有趣的對照。在兩種情境下，我們都假設透過那些知識以及那些知識所建立的連結，將以某種方式使我們變得完整。佛洛伊德認為我們無法直接觸及潛意識，但潛意識驅動著我們的感受和反應。[68] 它存在於我們內心最深處，但我們無法掌握它，只能體驗到它的影響。如果我們能夠領略其中真義，就會得到被療癒的承諾。

DNA 的論述也是一樣的。它被認定是我們之所以為我們的根源，但對我們來說也是神祕不可見的。基因系譜和心理治療兩種產業都推廣的觀念是，缺乏自我認識對你不利，而以此

論之，任何讓你更接近以前不可見的自我真相過程都將是有益的。

　　茱莉亞解釋，然而像自我療癒這種更偏向自戀的優點，並非產業人士主張的唯一好處。她指出，祖源的新主人黑石集團參與了藥品研發。[69] 臭名昭著的「金州殺手」在七十二歲時遭到起訴，會被逮到有部分原因是來自 GED 配對上親屬的 DNA 資料中擷取的資訊。[70] GED 配對是一個由使用者提交資料的 DNA 系譜網站。後來 GED 配對被賣給位於加州的營利性法醫學基因體公司 Verogen。[71]「主要論點是，你的 DNA 正透過為藥品研究做出貢獻造福了所有人。」茱莉亞說：「如果允許執法部門使用你的資料，就是在協助捉拿連環殺手，其中主要傳達的訊息是關於這些道德利益。」

　　茱莉亞告訴我她設了快訊通知，用來關注基因系譜的新聞報導。她說，每二十個故事中，大約有十九個是關於解決懸案的，大眾似乎對這類故事有永無止盡的強烈興趣。而其中只有一個和隱私相關。她說，只有在非常偶爾的時候才會有人發聲：等一下。如果這麼多人在使用你的資料，難道你不應該為此獲得報酬嗎？

　　然而，金流的方向恰恰相反。在商業系譜網站上，五分之四的用戶選擇同意他們的資料可用於醫學研究，自願支付 150 英鎊左右進行檢測，同時還授權企業未來可販售彙總的基因資料，從而增加利潤。[72] 這是個令人難以置信的商業模式，將人的生物資訊賣回給他們自己，以及無數其他個人團體。

　　知識與權力的差距非常明顯，經濟問題也引人擔憂，尤其

是考量到個人將生物識別資料放進強大的資訊引擎，背後的資料庫有滿滿的家譜，彷彿無窮盡地開枝散葉，這可能會面臨到潛在的心理、社會和財務成本。

再一次，你搖動骰子，冒險一試。試劑盒寄到。你打開盒子。然後，潘朵拉，你打開了盒子。

DNA 如此私密，很難相信放在外面會很安全，也難以想像這樣的行為不會對個人構成威脅。隱私倡議者敲響警鐘的方式有時深具創意。例如，一個名為「誠 $ 摯」的行動主義團體宣布要拍賣在 2018 年達沃斯世界經濟論壇會議上收集到的物品。[73] 為了喚起大眾對監控資本主義的意識，並強調谷歌、臉書等公司希望從我們身上收集到盡可能最多的個人資料，團體成員搜刮各種帶有世界領導人 DNA 的物品，包括頭髮、菸蒂和飲料杯等。誠 $ 摯在拍賣目錄中表示，成功得標者將能夠「獲得對達沃斯參與者的關鍵洞察，包括潛在的身體和精神疾病，或天賦、血統、飲食和醫療記錄、濫用藥物以及環境賀爾蒙的暴露情況」。[74]

在拍賣的物品中，有一個據稱帶有唐納德·川普 DNA 的飲料杯。

有股感覺在你的胃底翻騰，企業或國家獲取這麼私密的資訊，如兒童或長者這些弱勢族群的 DNA 相關資料，必定居心不良，這種感覺就像你的胃在翻騰。

但是，在聖誕節送出 DNA 測試組的頂尖隱私專家艾爾·

吉達里，他覺得自己有充分的理由不用反應過度。他說，情勢早就無法挽回。[75] 關於我們的資訊已經流出太多，演算法也強大到不需要 DNA 就可以針對某人獲得你想要的任何洞察，針對任何你想要的對象採取歧視性行動。目前累積可取得的健康和其他資料就已經足夠：來自你穿戴裝置上的生理資訊、你自己免費提供的資料、來自網際網路上與你有血緣關係者的健康資訊。儘管你可能會對基因體資料外洩而感到焦慮，但最終會導致你健康或人壽保險被拒絕的，可能是透過其他方式從你數位足跡收集來的資料。

吉達里說：「有時 DNA 能給你一個更快的答案，確認或減輕某項擔憂，但其實往往是你從外部事實就已經知道的健康風險。」你的 DNA 或許會揭示心臟病發作的危險增加，但如果現有的資料足跡已經透露了這點，應該不是什麼晴天霹靂的事。既有的資料側寫就可能已經揭示了一籃子的風險因素：肥胖、缺乏運動、每天買兩包香菸、智慧手錶上的心臟數據、經常從小吃店叫外賣食物，以及你親戚們心臟問題的發生率。

因此，作為家族史愛好者的吉達里本人，依然持續在聖誕節期間包裝 DNA 測試組當禮物。

他概括了我們對新科技感到恐懼的生命週期。「首先，我們會驚恐地倒抽一口氣，」他告訴我，「接著會有一連串的恐怖派對。然後，我們會經歷常態化的過程。之後我們會意識到那些壞事並沒有發生。然後就是第二個版本，重提先前的討論，並再次經歷整個過程。事實上，人們所擔心的那些壞事，幾乎沒有在任何科技創新上真正發生過。」[76]

為了我們大家好，我希望他是對的。

艾瑞克森指出，在老年時期的自我整合對上絕望階段，此時存在的問題是「我以往過得有意義嗎？」請注意此處的動詞形態是過去式。對於生活在充斥著科技與資訊的現代老年人來說，這個動詞時態似乎用錯了，過於靜態。科技進步的腳步和範疇意味著，無論是好是壞，還有太多事情正在進行中，無法用過去式來思考。

藉著協助保存記憶、鞏固維持自我感，以及避免絕望和孤獨，科技可以幫助長者保持認同的連貫性。正如「羅瑞塔」廣告中所呈現的，虛擬助理能夠透過提醒和後援來幫助長者強化他們的正面記憶，讓他們能夠獨立不失能地生活更長一段時間。然而，科技保存拓展回溯性與前瞻性記憶的潛力僅是其影響的一小部分。對於那些尚在追尋確立認同感和社群的長者來說，現在是最好的時機。由於全球系譜連結網絡的擴張，這樣的追尋變得更快速且直接。

但當結果出爐，或者當來電、登門或訊息在你意料之外出現時，關於個人史和認同的舒適假設可能會瞬間灰飛煙滅。若已經有塵埃落定的生活方式，並長期生活在一套假定真實中，要重寫自己的故事、重新定義自己，並調整你的人際關係並不是一個容易的過程。不過至少研究顯示，在中年時期相對固定之後，我們的人格特質會在老年期再次鬆動，幾乎和我們童年時一樣具有可塑性。或許這可以讓我們更容易接受變

化，保持對經驗和可能性的開放態度。但對於老年人，或者任何決定成為基因偵探的人來說，這項科技可能會導致兩種相反方向：連貫性與整合，或者是破碎與修正。

　　數位科技正在以許多尚未深入探討的方式，深刻改變老年人的生活。若移動或科技能力受限，今天的通訊裝置可以顯著增進長者與同儕、社福、社群以及其他世代的連結。

　　這點在當今社會非常重要，約有一百四十萬名英國老年人表示自己「經常感到孤獨」。[77] 在這種情況下，目前作為與親友聯繫門戶的裝置，會不會在不久之後實際開始扮演親友的角色？機器人助手和伴侶在其他人愛莫能助時提供照顧和友誼？人類伴侶與人工智慧伴侶之間的界線會不會漸漸開始模糊？

　　這些思考聽起來仍像是未來的科幻小說，但類似這樣的發展可能並不像你所想的那麼遙遠。這會將我們推向新的邊界，進入現代人類生命週期的最終階段。

第九章

數位來世

每年，亞馬遜都會舉辦一場全球性活動，展示尖端的未來科技。參加者來到 re:MARS 大會，受到科學家和思想領袖的精彩演講所激勵和吸引，這些演講宣揚機器學習、自動化、機器人學和太空領域的創新。[1] 技術長、執行長和首席科學家在舞台上來回走動，背景是一片巨大螢幕，播放著高解析度的示範影片。

在 2022 年 6 月，亞馬遜的高級副總裁兼首席科學家羅希·普拉薩在演講中向觀眾展示人工智慧在未來幾年會如何進一步改善人類的生活。[2]

一位女士和一隻擁有平板臉部的小機器人親暱地站在一起，在一座美麗的五〇年代現代風格房屋前端詳著玻璃拉門。

女人說：「亞斯楚，這是通往後院的門。」

亞斯楚用它的平板臉仔細打量新家的入口。稍後，我們看到它在房子裡閒逛，它在之前的門口停下來，拍了一張照片，然後駛向正在閱讀的女士那邊，此時她還不知道周圍可能

有危險。亞斯楚顯示它拍的照片，並在臉上顯示了一段文字問題。

「是的，門是開著的。」它的……如此回答。她算是雇主、主人還是朋友呢？「我去把門關上。謝謝你，夥伴！」

夥伴，或許也可以算是朋友了。在這場主題演講中，普拉薩熱切地強調我們有潛力與數位事物建立類人、感性且「真實」的關係。普拉薩主張，同理、情感與信任在疫情期間變得更加重要，因為已有太多事物被奪走。

我們即將看到的這些創新，或許能讓這些損失變得比較容易承受。影片重新開始。

在孩子的臥室裡，有一個形狀像熊貓頭的智慧揚聲器。一個小男孩說：「Alexa，奶奶可以繼續讀《綠野仙蹤》給我聽嗎？」

「好的。」Alexa 用令人熟悉的聲音回答。但隨後，抑揚頓挫徹底轉為一位老婦的聲音，講述膽小獅子找到勇氣的故事。男孩臉上掠過一絲幸福而略帶惆悵的微笑，他拿著手中的平裝本跟讀。或許這本書是奶奶給他的，或許他們過去常常一起讀，兩人窩在一起直到他入睡。

普拉薩從未明白指出奶奶現在人在何處。提及疫情所帶來的損失，已經將脈絡表達得足夠清楚。這位與她小孫子分享《綠野仙蹤》故事的奶奶，是來自天堂的聲音。

普拉薩總結：「我們無疑正生活在人工智慧的黃金時代，在這個時代，我們的夢想和科幻都變成了現實。」

當他在掌聲中離開舞台時，台下觀看的記者正在查閱他們

的同義辭典應用程式，以找到「毛骨悚然」的同義詞，並且在他們的來源資料庫中搜尋專家進行採訪，比如我本人。[3] 或許這些專家將不會只是討論是否可能，普拉薩已經清楚表明其可行性，他們應該會討論人們是否真的認為這樣的服務是他們想要的。

　　普拉薩多數的演講內容並未成為頭條新聞。如今對於大多數人來說，一個可愛的個人機器狗告訴你後門開著，聽起來或許還算合理。但對許多觀察者來說，往生者講床邊故事給孩子聽？這樣的故事角度絕對是個非常糟糕的主意。[4] 當普拉薩在他的展示中聲稱亞馬遜客戶希望 Alexa 擁有在「每個時刻」都用得到的各種技能時，這肯定不是那些客戶所指的時刻吧？

　　從數位孕程開始，我們以數位來世來結束對現代生命週期的探索，這是現代認同的另一端。二十年來，我一直在追蹤人的資料在我們去世後會去向何方，並追蹤死亡科技領域的發展。很明顯地，逝者在我們的社會世界中地位正劇烈且迅速地改變。逝者資料的數量、豐富度、持久性和可及性正在急劇增加，而新科技如雨後春筍般出現，讓人們能用這些資料做更多事情。

　　愈來愈容易想像有一天，數位化的逝者可能會形成一個全新的社會階層：有同理心、類人的人工智慧實體，我們還可以繼續與他們互動。

　　如果數位來世的概念嚇得你寢食難安，你並不孤單。如果

你認為這個想法是無稽之談，不成氣候，你也不孤單。可以理解地，那些描繪心理和社會生命週期者可能對數位來世沒什麼興趣。線索就在名稱裡：「生命」週期。非生者在傳統上沒有法律人格權、意識或活躍的社交生活。但我相信在我們死後，資料去向對我們所有人都至關重要，需要深思。這一章將闡述我為何認為我們的數位來世構成連續的社會認同，值得在現代人類生命週期的新模型中占有一席之地。

無論出於意外或刻意為之，你的線上「自我」在死後會持續存在還是消失呢？如果你持續存在，他人對你的認知，會是普拉薩所預測可能具有情感的數位存有，還是僅僅只是一份封存檔案或資料集？而誰又可以決定你的形式？是你有權部分規劃自己的數位資料遺產？你的親人？還是一家公司？透過自己或他人的努力，你最終將成為強而有力的死後網紅，還是虛無飄渺的數位幽魂？

歡迎來到艾瑞克森從未想過的新最後人生階段，在這裡你永遠不會從凡間消失，除非從全球儲存領域中被刪除。[5]

如果去問別人他們肉體死亡後，數位遺跡會持續存在還是消失，他們可能會以一種你有點怪的眼神看著你。首先，你不僅提及死亡，還提到了對方本身的生命終結。其次，「數位遺跡」這個詞聽起來很怪，不是日常對話中會出現的內容，但這點可能會改變。

數位遺跡有很多別名：數位遺產、數位資產、數位塵埃、

數位僵屍。而且仔細想想，它們的存在並不令人意外。它們是人類線上生活的邏輯延伸，因為目前系統還沒有妥當的設置來處理使用者停止生存的事實。當人們問我人死後資料會怎麼樣，他們不確定若要描述與特定人相關、死後持續存在的數位資訊，哪個詞才是正確的。數位物品，如同被擁有的某物？數位自我，如同人的一部分？數位足跡，如同人留下來的痕跡？數位來世，如同存在持續在線上活躍，並自其源出的碳基生物中被解放？

　　無論用什麼詞彙來形容數位遺跡，有一件事是肯定的：它們數量眾多。當然，個人的數位足跡多寡和完整性有顯著的差異，而居住在世界上數位連結最密集或最稀疏的地區，會造成巨大的鴻溝。簡單來說，你在生前所產出的資料愈多，死後留下的也就愈多。所幸對於這個正勉力應對環境問題的星球來說，並非所有耗能的資料都會被保留，然而仍有為數眾多的資料會因設計或預設狀態，至少暫時保存一陣子。

　　你的資料現在理所當然就在全球儲存領域中。想想那些為了清理囤積在辦公室的文件，或為了在裝置上釋放儲存空間，有多少資料被你放上了雲端，而那些成千上萬的檔案建立後，你就再也沒有整理過。畢竟，被動地保留資訊，把它們留在蘋果、谷歌或 Dropbox 上，遠比篩選和編輯它們來得省事。你有一天或許會需要它。如果這些資料不會對任何人造成傷害，你又有什麼動機要刪除它呢？

　　然而，本書寫作之際，英國以及全球許多地方都面臨著氣候與能源危機。[6] 從這個角度來看，我們的數位生活很快就會

占全球用電量的五分之一,而資料儲存中心將使用其中的三分之一以上的電量,這個數字令人怵目驚心。[7] 到了 2025 年,「雲端」可能容納超過兩百 200 皆位元組(zettabytes, 10^{12} GB)的資料。這個數量有點難捉摸,但如果你有一個 1TB 的硬碟,1ZB 等於有十億個 1TB 硬碟。這些資料顯然並非真的在雲端,而是「腳踏實地」地儲存在地球上,需要全天候不間斷的冷卻設備來降溫,但願隨著科技發展,這些設備能變得更加節能並達成碳中和。[8]

而在這些伺服器裡面,保存著數以十億計往生者的資料。在這些數位遺跡中,有些重如泰山,有些則平凡無奇、毫無意義。其中有些內容源自名人(無論美名或臭名)或大眾認為在歷史文化上的重要人物,還有一些則由那些從未離開家鄉成為頭條新聞,過著燦爛又平凡生活的普通人所創建。但無論其重要性或範疇如何,世界上每一位連網公民都會留下資料集:一段遙遠廣袤、偶爾連貫但多數破碎的多媒體資訊流,就像身後無數飄散脫落的皮質細胞一樣尾隨著你。

某些在線上的往生者在現實世界中顯然已經遠去,而其他人則狀態未明,或者當我們受線上陌生人的文字、圖像或影片影響時,我們並不在意這點。你可能曾因為某位已逝者在貓途鷹網站上的評論而感動,從而預訂了最近一次的海灘假期。我們也不要忘記,那些在數位時代之前生活並逝世的人,他們的影像和故事也在線上被無止盡地講述和重述,加以出售和消費。今天的孩子們不是透過電影認識瑪麗蓮・夢露,也不是藉由音樂會認識寇特・柯本:他們是用網際網路來認識這些文化

偶像的。在現實世界中，死去的身體要不是徹底消失，骨灰儀式性地撒向四方，不然就是迅速清楚地隔離到指定區域：公墓、墓園、靈骨塔、骨灰罈。雖然有高達六成的人在失去所愛後偶爾會產生幻覺：聽到祂們的聲音、瞥見祂們的身影，或感受到祂們的撫摸，但我們通常不會在聚會上撞見祂們，在家中遇到祂們，或與祂們進行雙向對話。[9]假使我們真的經歷到了，通常會稱之為鬧鬼，這很難稱得上是一種日常經驗。

對於數位亡者來說，情況就完全不同了：不管你是否有意識到，我們確實每天都會遇到祂們。儘管有專門用於線上追思的「虛擬墓地」，但逝者的資料往往與活人的資料占據相同的地方和空間，因為沒有人另行組織這些資料。

在社交媒體上，這種現象尤其明顯。激勵人心的影音部落客和網紅在因癌症、成癮、自殺或他殺去世後，依然在YouTube 或 Instagram 上留存，追蹤者持續增加。牛津網際網路研究所的研究人員計算出，到了 2100 年，臉書將成為擁有超過四十九億座數位墳墓的墓園，逝者數量預計在本世紀過四分之三時超過活人數。[10]

臉書上的逝者檔案不斷增加，因為死後刪除帳號是自願而非強迫的。如果希望帳號在過世後刪除，你必須採取特定行動，點進你的紀念帳號代理人設定勾選。如果沒有這麼做，你的法定代理人未必會花工夫採取行動移除它。如果沒有事先安排，去世後你仍會留在社交網絡上。

在規劃我們自己的後事時，通常的預設是什麼也不做。在美國和英國，只有大約 30％至 40％的人設立遺囑處理實體財

產，為數位遺產做安排的人數比例更是少之又少。[11] 人在思考他們想要的東西時，往往不會採取行動。在 2018 年的數位死亡調查中，約有 31％ 的受訪者表示他們可能會要求在去世後移除其社交媒體帳號，但只有 11％ 的人多花了幾秒鐘去設置臉書帳號上的紀念帳號代理人。[12]

而在這段期間，許多人開始指望社交媒體公司可以看顧我們的悲慟，期待他們繼續保存數位逝者的資訊。當平台嘗試移除時，我們會提出抗議。在 2019 年末，推特想要釋出昂貴的儲存空間，宣布即將清除不活躍帳戶，包括那些不再發推文的逝者。[13] 失去親人的使用者立刻起而抗爭，反對威脅到他們所愛之人資訊的刪除。推特在二十四小時之內道歉並撤回決定，承諾將研究設置紀念帳號，仿效其矽谷鄰居做一樣的事。[14]

我很好奇社交媒體公司願意繼續這樣做多久。雖然可能有各種方式可以利用逝者資料來賺錢，但長期托管這些資料還是很燒錢。逝者顯然對購物的興趣不大，而且他們幾乎不點擊廣告。

也許你不上社交媒體，但這並不代表你不會有數位的身後事。現代生活產生了許多較不顯眼，但可能更加生動的數位遺留物：可能不見或突然發現的數位文件和照片、可能引起麻煩或帶來安慰的紀念品斷簡、編織新敘事或挑戰舊敘事的線索。需要付費的部落格平台、電子郵件和雲端儲存帳戶，最終會因為沒有付錢而遭停用，有用和傷感的素材可能也會隨之而去。但免費帳號會一直存在，直到有人找出方法來登入或取消

它們。

　　有些逝者的電子痕跡有更容易直接取用的方式：它們就在我們自己的裝置和帳號中。我們與這些資料的關係並不總是簡單明瞭。已故朋友和親戚的對話串仍保留在我們的手機上，逐漸滑落到對話列表的底部，除非我們自己發訊息給他們，而許多人確實會這麼做。從手機通訊錄中刪除逝者的聯繫方式可能會感到一言難盡，這是現代科技媒介悲傷過程中一個棘手的領域。

　　我們往往低估了自己在線上所留下隻字片語的力量和影響。無論你是生是死，任何人都可以將這些碎片拼湊起來，以他們選擇的方式講述你和你的生活。

　　而這往往會頗為接近你過去曾自認為的「真實」。我在許多工作坊中展示過這種能力，過程中我主持一個名為「給虛擬陌生人的悼詞」的練習。

　　活動中會找出一位成員，他對死亡焦慮程度在可控的範圍，且擁有豐富且易於取用的數位足跡，讓他接受眾人的悼念。追思小組僅獲得初始的切入點，如 Linkedin 的側寫檔案、網站或 Instagram 帳戶。小組的任務是在短短半小時內完成一段感人的個人致敬，捕捉該成員存在的本質，他們「真正」的樣貌，以及生命中最有意義的事物。與一般葬禮的慣習不同，悼詞發表後，「已故者」有回覆的權利，對追思者是否成功捕捉到其本質進行回饋。

　　結果總是相同：志願被悼念的成員感到震驚不已。悼詞不僅在細節大致準確，而且傳達出的整體感受反映了他們如何看

待自己或希望別人如何看待他們。除了偶有的錯誤細節或抓錯重點，驚訝的志願者會說，沒錯，那就是我。另一個驚奇元素是悼詞顯示他們不記得自己向世界透露了這麼多細節。當然，我們不可能記住或追蹤多年來我們在線上自我揭露的所有活動，但追思者經常大量引用第三方在線上記錄、儲存和分享的內容，或在諸如 Spotify 等平台上被動記錄的資訊。

我們最終的數位遺跡中，有一大塊會是其他人傳播關於我們的資訊，我們既無法控制這些資訊，有時甚至毫不知情，而別人的加油添醋也將在我們死後持續。活著的時候，你還有機會更正記錄。一旦人死後，一切都難以預料。

科技保存我們的資料，使之在肉體消亡後仍可取用。很明顯地，他人將繼續透過這些資料經驗到我們，並產生連結。對於許多處於失落和哀傷中的人來說，這將是一件寶貴且奇妙的事情。對於未來的家族史學家和族譜愛好者來說，這些資料可能是極佳的資源。這種想法可能會讓你感到安慰。然而，無論朋友還是陌生人，都可以取得、編輯、敘述、使用或濫用你的數位遺產，來達成他們本身的目的和動機，並可能在此過程中重構你的身分和傳承，對此你可能就沒那麼樂觀了。

本章後段，我們將探討你的社交身分將如何以鮮活生動的方式在線上持續存在，無論是出自你個人規劃還是因為其他人的設計。但有時遺族並不想使用你的資料來進行任何形式的精細延續或重建，他們可能只希望取得這些材料，解答未解的問題，緩解悲傷的感覺，或與你建立聯繫。但我們留下的素材往往如此完整、私密，且與其他在世者緊密關連，因此這些資料

應該受到保護，還是傳給繼承人？這個問題正變得愈來愈棘手。

在 2018 年，德國最高法院的法官判決，我們的數位遺產應該像文件夾或一盒照片那樣，直接交給繼承人。在這個充滿爭議的裁決中，他審理了一樁悲痛父母的案件，他們不確定自己的女兒是因意外還是自殺身亡。他們希望透過她的臉書私訊內容找到答案，但臉書拒絕提供取用權限。法官指出，將私人信件、日記等在某人死後交給法定繼承人一向是常見作法，他認為沒有任何理由對數位資料有差別待遇。[15]

業餘系譜學家也同意這一點。我曾在一次熱衷追尋此嗜好的聚會上談到數位遺產。我認為某些資料應該在死後保持私密，特別是當其中訊息牽涉到仍在世的共同生活者，他們驚愕地反駁我的觀點。一位家譜研究愛好者堅稱，如果資料被留了下來，這代表逝者認為即使被看到也沒有關係。她本人的身分認同緊密地連結盡可能了解自己祖先的資訊，以至於對她來說，無法想像不能取得這些素材。

從家人對於無法取得逝者資料的反應中，我們一次又一次地看到身分由社會所建構的主題，身分來自我們與他人剪不斷理還亂的關係，並由此定義。他們希望取用檔案的動機既與自己的身分密切連結，也關乎逝者的身分。當臉書拒絕給予取用權限時，德國父母感到震驚：他們可是她的父母，她是他們的女兒。多倫多的卡蘿・安・諾博發現自己無法實現丈夫臨終前的願望，要完成他起頭的書籍。因為草稿放在一個她把密碼弄丟的 iCloud 帳戶中；想到無法滿足摯愛的請求就讓她痛苦不

已,她可是他的太太,她說,不敢置信。[16] 起初,臉書不允許住在格洛斯特的尼克·蓋瑟從女兒的個人檔案中移除殺害她凶手的七十二張照片。他有密碼,但帳戶已被設為紀念狀態,沒有人能登入,個人檔案也無法更改。如果荷莉在臉書上有指定紀念帳號代理人,本應可以進行更改,但這項創新功能是在荷莉死後一週才推出的。[17] 家人無法忍受在網路上留下愛女和妹妹與其謀殺犯相擁合照的永久遺跡。

有時候,數位遺產不僅是關於逝者,也與悼念者息息相關:家庭照、應該留給繼承人的智慧財產,或屬於其他人的創意產出。我在前一本書中採訪的女士失去了她大部分的攝影作品集,原因是她男友的家人拿走了雙方用來儲存各自作品的筆記型電腦。[18] 在蘋果推出「遺產聯絡人」設定之前,倫敦的瑞秋·湯普森為了獲得儲存在已故丈夫 iCloud 中的家庭相簿,進行了三年的法律纏訟,丈夫用照片記錄了女兒的整個童年,如果沒有這些照片,這個小女孩便會失去年少歲月的記錄。[19]

但有時候,深入探索檔案庫的欲望無疑是為了與依然跳動的數位心臟建立聯繫,延續逝者與生者之間的羈絆。當我們失去某人時,常常會經歷一種追尋和呼喚的反射,試圖找回我們失去的那一塊。我們渴求的是對於逝者的真實感受。我們想要理解,我們緊隨線索,尋找答案。我們可能想要更多更多,盡可能地獲得,或許不確定自己到底在尋找什麼,或者不知道何時才算足夠。

儘管從某些角度來看檔案庫可能是靜態的,但透過這樣的

追尋眼光來觀看解讀，檔案庫一點都不會死氣沉沉，尤其是當你考慮到其中的內容時。如果你追求的是透過接觸親密事物來尋求親密感，那麼檔案庫中並不乏這樣的材料，我們所找到的資訊可能會徹底改變我們對那個人以及彼此關係的看法和敘事。

假設萬一你不幸遭遇到想像的公車事故後，人們可以查看你的檔案庫。如果因為你生前資料安全管理不善，他人的權限可能完全沒有限制。如果你屬於那些為數不多、有計劃處理自己數位遺產的人，他人的權限相對有限，但仍然可以揭露不少資訊。[20]

如果我明天就不幸離世，我的蘋果手機、智慧手錶和筆記型電腦將會是我的個人財產，除非它們在事故中損壞。如果真的損壞了，那也沒關係：我家裡還有一台老舊的蘋果平板和一台桌上型電腦，所有設備都連接到我的雲端帳戶。此外，我還有一個 2TB 的外接硬碟，大約十五個 USB 隨身碟，以及一堆老舊的硬體堆在儲藏室，其中大多數可能需要拿到「死亡科技博物館」才有可能提取資料。

因為我是一名心理治療師，保密是這一行的關鍵，所以我工作用的任何設備都有最高級別加密和密碼保護。我還沒啟用谷歌的「閒置帳號管理員」功能，但我的助理擁有必要的資訊和登入權限，可以在我去世後將訊息轉交給我的「臨床遺囑執行人」，也就是那位在我去世後管理我客戶的專業同行。[21] 出於安全考量以及對他人隱私的考慮，我不會隨手留下一張密碼表讓我的家人能夠登入我大多數的線上帳戶。

但我已經列出了這些帳戶清單，以便可以關閉它們。我的先生是我在臉書上的紀念帳號代理人，我已授權他下載資料庫供任何需要的人使用；無論如何，在我清理歷史記錄之前寫的一堆書籍，都還在我的書房裡。[22]

重點是，由於我事先做了準備，我的蘋果遺囑聯絡人可以取用照片、筆記、郵件、聯絡人、日曆、提醒、雲端訊息、通話記錄、雲端文件、健康資料、語音備忘錄、瀏覽器書籤和我的閱讀列表。想想這個問題，認真想想這個問題。

現在想想如果有人擁有你全部的密碼，可以登入你所有設備，有一切權限，還有什麼可以被取用的。這包括你在凌晨三點瀏覽的網站列表以及搜尋歷史記錄，代表你當時所思所憂所幻想的事物。後者是對於你內心世界運作的深刻洞察，迷你電影《我愛阿拉斯加》就是基於一系列某匿名德州女士的搜尋歷史記錄為基礎所製作，劇情的展開猶如一部帶有時間和日期戳記的俄羅斯小說。[23] 請看這部作品，想想在她死後取用這些筆電上搜尋歷史記錄的，如果不是電影製作人，而是她的悲痛丈夫，會是怎樣的光景。他對妻子和他們之間的關係可能會有怎樣的新理解？這是他所未曾掌握的。

那麼位置資料呢？如果它們被啟用或未被禁用，手機和可穿戴裝置上的位置設定能夠追蹤你曾到過的每一個地方，然而這並不總是與你聲稱的地點相同。這些資料很容易與其他被動捕獲、帶有時間戳記的資訊進行交叉比對。當心率資料加上某個週三未解釋地出現在 M4 高速公路的某服務區，而當天你寄給配偶的電子郵件抱怨一整天無聊的辦公室會議。三者結合在

一起時，某種畫面開始浮現。

悼念者未必總是會受到誘惑去對他們所愛之人的數位遺產進行探長白羅式的推理工作，但在關係緊張或死亡情況複雜難解的情況下，悲慟的生者尋找長久問題的解答可能會讓他們陷入強迫性數位偵探工作的漩渦當中。你是否曾經說自己身在某處，而其實沒有在那裡？也許是完全清白的。也許不是。但在你離去之後，你所愛的人正在為這個問題所苦，那是什麼樣的感覺？這會如何影響他們對你以及他們自己的看法？

當你只是在尋求慰藉，你所面臨的風險是，你對已故親人的記憶以及持續的情感羈絆，可能會因為和其數位遺產靠得太近，被你意料之外的素材徹底顛覆。搜尋者永遠無法提前知道蓋子下面藏了什麼。

隱私律師艾爾·吉達里來自史丹佛的網路與社會中心，他回憶起在這個領域處理過的一個案例，也是他早期訴訟的案例之一。[24] 一位十八歲的年輕人騎著摩托車去上大學，發生了事故而不幸身亡。吉達里說，當時並沒有社交媒體，但這位年輕人的父母還是希望能夠登入他的電子郵件和其他數位儲存內容。吉達里向他們解釋法律，他們的兒子與這些服務提供者之間的合約不允許他們取用這些內容，但他們不理解這一點，直接上了法庭。

吉達里表示：「事實證明有個辦法能幫他們，他們聯繫了每個從他那裡收到訊息的人，並且去找他們請求許可或發出傳票。但結果非常慘烈，因為兒子並不如他們所想像的那樣。他們發現的許多訊息成為對他的最後回憶，內容非常令人不

安。」更糟的是,還有關於生者的新資訊浮出水面,在瀏覽死去兒子的來往信件時,他的母親發現女兒對她的負面評價,進一步導致遺族家庭成員之間嚴重的衝突。

吉達里表示:「這成了我整個執業生涯中的一個隱喻,那就是要當心你所求,如果你真得到了,你可能不會喜歡。」

我想到瑞秋,她是我在上一本書中也訪問過的悲傷母親。她在女兒自殺後登入了女兒的筆記型電腦。[25] 儘管她盡了最大努力,仍未能說服臉書更改個人封面照片,該照片顯示的是凱蒂在她去世的房間裡的樣子。這種無法掌控的感覺讓她感到創傷,而當她在凱蒂的電腦上發現更多令人不安的圖片時,她又更加心神不寧了。

瑞秋說:「這非常痛苦。我不知道會在裡面找到什麼。成千上萬凱蒂自己的照片,自拍,在鏡子前看著自己。一張看起來很悲傷,下一張哭泣,看著自己。那真是令人心碎。」

檔案庫可能不是活生生的人,或許也不能讓那個人死而復生,但無論好壞,我們與它的互動卻可以產生那樣的感覺。而當你的發現改變了逝者的生命敘事以及你們之間的關係時,看起來這種變化的重要性不言可喻。

我用很長的篇幅討論檔案庫,因為它是你在所有數位遺產類型中最有可能遇到的一個,說不定至今已經有多次經驗了。然而,你在《黑鏡》這類科幻劇集中看到,由科技驅動的死後生活場景不再是虛構的情節,現在就存在有數位來生的可

能性或許會讓你感到驚訝。[26]

雖然死者（到目前為止）可能還不能透過數位科技保有感知能力，而且（就我們所知）他們並不知道自己仍在進行社交互動和影響，但活著的人可以透過演算法驅動的機器跟他們共同創造互動的假象。如果這種現象開始大規模普及，將會對我們的生活方式以及我們如何看待死亡產生重大影響，可能會讓我們將肉體、有機的死亡與自我的消亡視為分開的兩件事。

在數位僵屍光譜的底端，是出於有意或無心的死者之聲現象。[27] 拜假冒個人檔案詐騙的存在，死者會發出新的交友請求。有人會持續登入已故親人的社交媒體帳戶，通常出於善意，從這些帳戶發布貼文或傳送私訊，他們的通訊就像是來自那位死者本人。

當然，並非所有人都有良善的意圖。一位悲痛的母親用她已故女兒的臉書帳號傳訊給女兒此前不久交往的男朋友：「你不覺得馬上又談戀愛有點太快了嗎？」[28]

隨著時間的推移，電子郵件帳戶被駭的可能性愈高，所以如果還沒有收到過死者發的垃圾郵件，你可能是少數。手機號碼則會被重新分配，一位年輕女性在她哥哥去世六個月後，仍會在想尋求慰藉時發簡訊給他，結果得到了回覆。[29]

最後，在計劃的部分，許多數位遺產公司看準我們對死亡的焦慮，提供服務來幫助我們當軀殼不在時仍保持臨在，例如預錄的影片或文字訊息，將於死後的未來幾年內在特殊場合逐步發送。這些訊息出現時是否會受到歡迎，這是無從預測的。

在這些情況下，幽靈般的手伸出來觸摸我們，生命的幻象

是轉瞬即逝的；接收者通常很快就會明白，這些現象背後的解釋令人失望地平淡無奇，根植於這個現世，而非那個遙遠的彼岸。但還有其他方法可以運用現成的原始數位素材來讓死者再現或復生，手法從粗糙笨拙到無法察覺不一而足。

在金・卡戴珊四十歲生日那天，她的丈夫肯伊・威斯特安排了一段「來自天堂的特別驚喜」：她已故的父親羅伯特・卡戴珊的浮空投影。羅伯特穿著淺色西裝，用自己的聲音回憶他們過去在車裡聽音樂，隨著最愛的曲子跳舞的時光。他促狹地說，他就在她的身邊看顧她，每當有人放屁就代表他在場。他極力推崇她的丈夫，稱讚她嫁給了「全世界最最最最天才的男人，肯伊・威斯特。」在場如果還有人不確定浮空投影的腳本作者是誰的話，這時應該已經解開了疑惑。（不相關的消息是，卡戴珊在四個月之後提出離婚。）

這份生日禮物的成本並未公開，但其品質和已故的圖帕克・夏庫爾在科切拉音樂節上表演的浮空投影相近，因此可能花費在十萬到四十萬美元不等。[31] 如同過去幾年裡羅伊・奧比森、惠妮・休斯頓和瑪麗亞・卡拉絲的浮空投影一樣，這次的幻象雖然製作精良，但仍明顯可辨認不是真實的。[32]

在本書寫作之際，阿巴合唱團在倫敦的表演「阿巴達」就比較難這麼說了。這個製作耗資一億七千五百萬美元，名列有史以來最昂貴的音樂盛宴。[33] 與先前的例子不同，這次的表演，所有仍然健在的樂隊成員都充分知情、參與和同意；我毫不懷疑，即使哪天成員們不在了，阿巴合唱團旅程仍將繼續巡演並賺取收益。也與先前的例子不同，如果沒有人事先告訴你

看到的是什麼，你是無從分辨真假的，這既是來自製作的品質，也因為主角們活生生地參與其中。你會認為自己乘坐時光機回到了 1970 年代，親眼見到了阿巴合唱團的現場表演。離場的時候我女兒問我，舞台左側偶爾出現的樂隊是否真的在那裡。因為無法信任自己的感官，我誠實告訴她我不確定。

在娛樂界的最後一個例子中，2021 年發行的《波登人生不設限》帶有一絲不正當、醜聞和倫理爭議。[34] 作家、主廚和旅行紀錄片製片人波登於 2018 年自殺身亡，但似乎在電影中提供了部分旁白。

在接受《紐約客》訪問時，導演摩根‧內維爾透露他使用人工智慧創造了波登未曾說過的話，並為此舉辯護。他還得寸進尺地說：「你可能不知道其他由人工智慧說出的台詞是什麼，你也無從得知。」[35]

遺產執行人是波登的前妻，她對此相當不悅，並否認有人諮詢過她。「我絕對不會是那個說波登會對此表示贊同的人。」奧塔薇亞‧布西亞在推特上寫道。[36]

波登作為一名紀錄片工作者，擁有受歡迎的節目，提供了充足的語音資料來訓練人工智慧。[37] 內維爾雇用了一家專業軟體公司為他完成這項工作，就像阿巴合唱團邀請喬治‧盧卡斯的光影魔幻工業參與《旅程》的製作，[38] 或德瑞博士聘請數位領域創造圖帕克的浮空重現一樣。[39] 這些都需要大筆的資金。另一方面，羅希‧普拉薩在 re:MARS 的舞台上吹捧，只需不到一分鐘的祖母語音就足以讓她在去世後完整地朗讀《綠野仙蹤》，這是一項將透過 Alexa 對所有人開放的科技。[40] 而如果

你有 30 美元和 30 分鐘的時間，你甚至可以複製自己的聲音，製造一種更有說服力的幻覺。

我已經在使用 Descript 平台 [41] 來產出研究和寫作上所需的精確訪談逐字稿，成果相當令人驚豔。但在網飛系列節目《一切的未來》中，平台的另一種應用浮出抬面。[42] Descript 由人工智慧驅動的「配音」功能，實現「極度真實的語音克隆，讓你可以創造一個以你聲音構成的語音合成模型」。一旦你唸完一個 30 分鐘的腳本，你就可以藉由文字輸入來創建音檔。

在《死後生命的未來》這一集中，研究死亡、臨終、悲慟和失落的死亡學家柯爾·英佩里，輸入「謝謝你們今天來參加我的葬禮，我的一生很美好。」[43] 她眼眶泛淚。「我不知道為什麼這會讓我情緒激動，」她說，「聽起來就像是我自己在說話。這很奇怪。我感覺很怪異。」

回想起兩年前我訓練了自己的 Descript 語音克隆，我開啟一個新專案，並輸入了一個鬧著玩的臨終告白。「是我在洗碗間用鉛管殺死了芥末上校。」我這樣寫道。幾秒鐘後，音訊波形出現了，我按下播放鍵。我猜想在聽了這段剪輯後，沒有人會相信那不是從我口中說出來的話。

我注意到 Descript 還提供了另一種功能：與他人分享你的語音克隆。在深度偽造和後事實益發嚴重的時代，出於很明顯的理由，我建議你在做這件事之前最好深思熟慮。在本書寫作之際，專門訓練用來偵測深度偽造的演算法大約只有 65％的有效率；而只有 20％的深度偽造能夠以人工識別。[44] 而且已故的人因為已經往生，無法也無權澄清事實。[45]

如果你還沒有被嚇傻，讓我們來談談聊天機器人。逝者的聊天機器人已經存在一段時間了，這是科技圈內人的守備範圍，例如程式設計師和軟體工程師。不過，只要將親人的語音克隆與現成的聊天機器人程式結合起來，幾乎任何人都可以和已故的親人進行可信的對談。

在 2020 年 12 月，美國專利及商標局授予微軟一項專利，這項技術能將圖像、語音資料、社交媒體貼文、文字簡訊和電子郵件轉化為栩栩如生的聊天機器人。專利申請提出，這將讓使用者能夠「根據特定人的性格主題創建或修改聊天機器人」，並進一步建議它可以由已故的朋友或家庭成員受到「啟發」，也許還能生成 2D 或 3D 的逼真模擬。[46]

微軟人工智慧計畫的總經理在專利消息曝光後發推特，暗示在專利申請與授予之間，微軟可能已經重新考慮了。[47]也許他們最終不會使用逝者的資料。

但在其他地方這種情況仍在發生，正如 2021 年在《舊金山紀事報》中一篇長文令人震驚的描繪，文中包含許多感人的片段，描述一位失去摯愛的年輕人約書亞，與似乎是他已故女友潔西卡的對話。[48]「從 10 美元開始。」十二月計畫的銷售頁面這樣寫道，約書亞用這個平台重新與他失去的愛人建立聯繫。[49]「我們現在可以模擬與任何人進行文字對話。任何人，包括那些已經不在人世的人。」

約書亞與潔西卡之間的對話看起來既真實又令人心碎。在螢幕上滾動看他們倆的互動，你不禁會覺得自己像顆電燈泡，正在窺探兩個互相深愛並且彼此思念的人親密交流。[50]這

個潔西卡很有愛、能同理、智慧又有洞察力。由於十二月計畫的先進與精密,「潔西卡」能在對話中學習並應用所學,就像亞斯楚在開頭的故事中學會後門位置一樣。這是約書亞感覺她如此人性化的其中一點原因。

當聊天機器人因程式內建的功能而「死去」,對約書亞來說並不容易。這種設計的其中一個理由是為了節省能源。想像一下,如果為地球上每個去世的人都訓練一個 AI 持續運作,將會產生多大的碳足跡。這樣做會讓地球完蛋。

姑且不論這個擔憂,想想如果多付出一些努力,你可以比使用語音克隆唸自己的悼詞更厲害:你可以創建一個真實的影像聊天機器人來與哀悼者對話。瑪麗娜・史密斯於 2022 年去世,但在她最後幾個月裡,她花了兩天時間在攝影機前回答關於她生活的問題,使用她兒子的影片平台「故事檔案」。[51] 瑪麗娜所製作的「數位克隆」有其侷限性,她可以使用預錄的片段回答一套固定的問題,但她不能偏離腳本。在她的葬禮上,瑪麗娜透露了生前沒有人知道的私事。[52]

寇克船長將來也會做同樣的事。威廉・夏特納已經用故事檔案分享了有關《星艦奇航記》的祕密,這些祕密將在他去世後才會公開。[53]

不過,我見過與數位來生互動最令人揪心的例子,來自於韓國電視台。[54] 該節目於 2020 年播出,製作團隊所使用的昂貴技術現在已更趨近於普及,而疫情期間對虛擬實境和元宇宙沉浸式技術的大力投入只會加速其發展。

在電視攝影棚的平淡綠幕背景前,一名女士步履蹣跚地走

動。她在哭泣，小小喘息般的啜泣間之以短暫的悲鳴呻吟。攝影師緊隨其後。這位女士戴著虛擬實境眼鏡，雙手套著虛擬實境手套。她伸出雙臂在空中抓握，將雙手合攏，彷彿在試圖抓住什麼，擁抱一個幽靈。

某方面來說的確是這樣。

「媽媽，你去哪了？」張智星（音譯）的六歲女兒娜燕（音譯）問道。她穿著粉紅色的無袖連身裙和涼鞋。「媽媽，我很想你。」

鏡頭轉向製作團隊。他們在哭泣。接著轉向張智星的家庭：她的丈夫、兒子和兩個女兒。他們也在哭泣。然後鏡頭又回到張智星與另一個女兒的團聚，她在 2016 年因罕見血液疾病而過世。

張智星搖搖晃晃，試圖抓住女兒的手時，在過去八個月中精心建構的娜燕數位替身耐心地解釋說：「媽媽，你喜歡握我的手，對吧？」她的母親不能自己地說是的，她很想那樣做。娜燕向她的母親示範怎麼做。她們向彼此伸出手，手掌對手掌。**55**

跟所有新穎事物一樣，使這些奇蹟發生的科技正在沿著可負擔、可取得和可用性的曲線流向日常消費者。昨日的小眾產品變得無所不在，不可思議或毛骨悚然的變得普遍，而在你意識到之前，我們將以各種方式看到死者復活，或至少看似活著。

當然，一如既往，人們在你離開後仍會講述關於你的故事。但我們正在遠遠超越這一點。

　　社交媒體平台是否會繼續保留你的資料，使你能夠繼續影響未來的世代？葬儀社是否會將一盒包裝精美、可能有銘刻字樣的 2TB 硬碟交給親屬，並說，這是你所愛的人？擁有你聲音的聊天機器人是否會在你自己的追悼會上迎接哀悼者？刻在你墓碑上的 QR 碼是否提供登入完整檔案庫，或僅有其中部分權限？你的浮空投影是否會出現在實體墓地的小徑上迎接訪客，或在你生前喜歡參加的特殊場合被推出來，例如你孩子的婚禮？

　　亞馬遜的機器學習技術是否可以讓你用自己的聲音為孫子孫女讀睡前故事？一台啟用 Alexa 的智慧揚聲器是否會取代或伴隨你的照片，成為未來家庭神壇的一部分，使你在有人需要時主動或被動地作為家族長老出現，當他們不需要時退回背景中，為生者讓出空間，並且可能繼續學習，獨立於他人的刻意輸入？人工智慧是否將使你能夠展現同理和情感，喚起信任，並在你原來的身體消失後繼續成為某人的祖父母或朋友？

　　有一天，你會像亞斯楚一樣有輪子嗎？

　　另一方面，如果你對自己的數位替身死後繼續存在的想法感到極度不適，你能做些什麼來對此做出改變呢？專注於數位與死亡領域的英國法律學者艾迪娜‧哈賓雅博士建議，一份具有法律約束力的「不得把我作成機器人」令狀，應可成為未來遺囑的一部分，但我們目前還沒有走到這一步。[56] 按照目前大多數全球法域的現狀，幾乎沒有什麼能阻止你的親人或陌生人在你去世後取得你的資料並隨意使用：浮空投影、虛擬實境模

擬、語音克隆、說書人、聊天機器人、機器人，不一而足。

　　但另一個問題是，你的資料會持續存在嗎？儘管你可能聽說過，線上並非永恆，當你的資料開始影響到某人的利潤時，很可能就會被刪除。如果沒有人認為你存在的記錄重要到值得被歷史記住，或許最終你曾在地球上生活的大部分證據將在資料清理中消失。也許是場意外，在資料遷移的過程中發生，或者存放硬碟與 USB 隨身碟的房子發生火災。又或許，你生前嚴格的資料安全措施將確保沒有人能取得足夠的原始資料將你變成一個聊天機器人。那麼你將只是一個數位鬼魂，由無實體而脫離脈絡的資料所構成的幽靈，無法發聲也無從辨識。

　　上述關於死亡和消殞可能性的討論是否讓你覺得很不舒服？這不怪你。通常並不是死亡本身讓我們煩擾，我們透過新聞和娛樂消費了如此多的死亡，以至於它幾乎很難被認為一個禁忌話題。[57] 真正讓我們感到禁忌的是那些讓我們想到自己死亡的事情。[58] 當我們思考自身的死亡時，困擾我們的部分原因是普遍對消失的恐懼：意識的閃爍，身體的解離。從存有到非存有的突然轉變既可怕又難以掌握。此外，我們生命中某些最痛苦的經驗就是被無視。從嬰兒期開始，我們這些社會性生物就發現被遺忘、無足輕重、無法自主或失去影響力，都是存在的威脅。即使我們明白這些事情在我們死後都將不再重要，接受我們最終的不可見或無關緊要仍需要一些情感上的重訓。

　　因此，數位存續的幻想對我們來說可能很有吸引力。仔細規劃自己的數位來生可能會減輕一些死亡焦慮。但如果你的視

角一直是要發展烏托邦式的數位不朽來自我安慰，你現在已經讀到了一些注意事項。也許這些警告讓你感到不安，這是可以理解的。我們的焦慮幾乎總是由我們無法控制的情況引起的，在這些情況下，我們無法預測會發生什麼事，而且有一定的機率會是不太愉快的事。無論在談死亡還是網際網路，這些條件都是成立的。你儘管可以規劃數位來生，但你永遠不會得到你以為你有的控制權。你會持續存在還是消失，如何被記得、由誰記得，以及你在未來人們的心目中、腦海裡和螢幕上如何活下去，主要的決定因素是其他人，而非你自己。但是，除了螢幕以外，也許這與以往的情況並無太大的不同。無論你成為死後意見領袖還是數位幽靈，一旦你對世界產生了影響，一旦你被寫入生命之書，你就無法被完全抹除，即使網路資訊消失了也一樣。僅僅因為你曾在此處，無論持續多久，以多巨大或渺小的方式，你都已改變了無數人的生命軌跡。你非常可能擁有一段數位來生，會讓這點比以往任何時候都更加真實。

結論

用「結論」這個詞聽起來好像我現在會給你一些關於在這瘋狂世界中生活的終極解答或忠告。也許你希望能得到一份簡易指南,對於你現階段人生的是是非非,以及你所關心的人在科技使用上的健康與否,無論他們目前處於人生階段的哪個位置,都有個一槌定音的說法。也許你甚至跳過前面的章節翻到這裡,因為你早已被充斥科技、步調快速的忙碌生活所淹沒,你只是在尋找一些小技巧來讓事情變得更好。

真要說這本書表達了什麼,我希望它讓你看到事情真正的複雜和細緻之處。與其感到無力或無助,不妨從另一個角度看待它。正因事態如此複雜而多層次,也取決於你個人的情況,你可以尋求你能控制且有主導權的層面,並在最大程度上加以利用。換句話說,我希望這本書能讓你實踐我專利的「科技平靜冥想」:願我能平靜接受我無法改變的科技面向,有勇氣改變我能改變的使用方式,並有智慧辨別二者的差異。[1]

科技的特定類型或使用方式在生活中是好是壞,幾乎完全取決於你自己:某人視為寇讎的科技可能是另一個人的救星。因此我無法提供確切答案,取而代之的是留給你一套基本的重啟人生工具。

把精力放在你可以控制的地方

在數位世界中，控制是一項重大主題：感覺失控、被裝置所控、試圖透過科技控制人事物。在史蒂芬‧柯維的《與成功有約》中，他描繪了一種包含三個同心圓的靶心模型：控制圈、影響圈和關注圈（又稱無法控制圈）。[2]

你的控制圈包含了自身的行動、舉止和反應。你可以控制自己買什麼、打什麼字、貼什麼文、透露什麼資訊、安裝什麼程式、追蹤誰。你可以控制與你的孩子或伴侶的身體接觸或眼神交流，你的遠端工作合約談判，以及是否要吐口水到試管中寄出進行分析。你可以控制是否與生命中重要的人就科技議題進行對話，或保持沉默。

大概就是這樣了。這些是你能控制的事情。你可能希望將其他人以及和你直接相關的事件放在影響圈中，但你無法控制它們。你甚至無法完全控制自己的思想和感受，大腦會不由分說地傳給你，但你可以主導對這些思想感受的內在和外在反應，比如即使大腦告訴你網路聊天很廢，你還是可以選擇在線上聯繫朋友。

世界上的絕大多數事物都超出你的控制範圍，這些事物可能是你不斷關注、擔憂並假裝能夠做些什麼來改變的，這就是「關注圈」。你無法以一己之力控制大型科技公司的所作所為，或者科技創新和變革的步調與本質。你無法控制社會趨勢或獨自解決大環境的問題。你無法控制孩子的學校或工作的組織如何使用科技，儘管你或許能產生一點影響。

科技將世界帶到你面前，當那個世界的問題如此靠近且鮮活地出現在你的手掌上，你的警戒系統就會啟動，敦促你做出回應。戰鬥！僵住！逃跑！但在全球層面上，大環境的問題不需要，也沒有任何實際可行的回應可以解決，你只是被拉進了關注圈而已。為了最大程度的內心平靜和影響力，你應堅定地專注於控制圈和影響圈。

盡量少依循武斷的規則、假設和目標，多多根據你的價值觀來擬定方向

人往往基於假設和規則來應對科技。科技在本質上是壞的，所以我應該限制它。過多的 Zoom 視訊會議會導致 Zoom 疲勞。我無法在線上建立真正的連結。早上一起床就用手機是不好的。螢幕對孩子來說是不健康的。我永遠無法在社交媒體或通訊軟體上做自己。

我在猜，對科技強加武斷的規則並試圖加以遵循，可能未必會對你有用。有一種更為個體化的方式可以管理人與科技間的關係：聚焦於價值觀。科技投入可以為價值觀服務，讓你接觸到對你真正重要的事物。也有可能，你使用科技的方式可能會妨礙或模糊價值觀，帶你偏離讓你感覺良好人事物的道路。

我們很少明確闡述自己的價值觀，如果你不密切覺察自己的價值觀，要與之保持一致就會很困難。有許多練習可以幫助你澄清這些價值觀。[3] 一旦你確認好一組核心價值觀，請思考以下問題。或許也可以把它們寫進日記裡，以便能一直放在心

上。你愈能意識到這些價值觀,就愈能在當下穩住自己,將自己從不符合你價值觀的無意識行為中拉出來:我如何透過使用科技來服膺自己的價值觀?我使用科技的習慣會如何讓我偏離價值觀?我如何主動地讓更多的科技使用與核心價值觀互相連結並予以支持?

在將新科技引入生活之前,積極進行思考

在擴大科技在你生活中的角色之前,無論是購買新裝置、註冊應用程式、安裝更多設備,都要審視哪些內在和外在因素促使你這麼做。首先:內在因素如擔心、焦慮、無聊和社交比較,是否像是迫切需要解決的問題一樣應接不暇,迫使你尋求科技來解決它們?你是否用說服力十足的故事自我催眠,認為這項科技可以如何幫助甚至改變你的生活?當你上次對自己說這種故事時,後來真的實現了嗎?其次:外在影響如媒體、廣告、網路推送以及其他人的敘事和行為,是否在敦促你採用某些科技?你是否成了聰明行銷和社會壓力下的獵物?

在你購買設備或安裝式之前,回想一下你在這本書中看過的一些內容,並從以下四個角度來思考。我想像採用這項科技將對以下各方產生什麼樣的衝擊或影響:我自己?其他人?整個世界?未來?

我的意思並不是說這些問題有一刀兩斷、對錯分明的答案,也沒有暗示只要專心致志盯著水晶球夠久,就能預言科技

的衝擊。影響往往是好壞參半的，試圖一槌定音地預測未來不
會有太大的幫助。相反地，我鼓勵你更深入地反思，對你而言
採用新科技的吸引力何在，並猜測那項科技對你的實用性，這
個判斷要基於你的經驗、自我認知，以及我希望這本書能帶來
更廣闊的視角。

學習正念技巧，幫助你轉移注意力和覺察力

　　毫無疑問地，科技不是中性的。無論是出於本質還是設
計，科技都會以某種方式助推你的意識，牽曳你的行為，就像
社交圈中其他成員在實體世界中引導你的注意力，並推動你做
出特定反應一樣。過往的經驗塑造並教導你，你採取了某些行
動而獲得正強化，所以對這些環境提示做出下意識的反應是正
常的。

　　但是本能性且下意識的反應未必對你有益，也未必能帶你
走向想要而珍視的方向。下意識的回應並不會讓你成為你想成
為的人、父母或伴侶。你有多少次想著：「天哪，我浪費了多
少時間在 Instagram ／小遊戲糖果傳奇／推特上末日滾動？我
今天本來有很多事情想做的。」你有沒有發現自己在孩子試圖
向你展示美勞作品時，卻直盯著手機看？自從你拿到了最新款
的智慧手機，你是否每天都只顧滑手機而忽略了你的伴侶？

　　這就是正念在當今的數位世界中如此重要的原因。它開發
並強化你覺察自己所關注事物的能力，讓你更容易能轉化意識
和注意力。當你改變關注事物的方向，無論是在線上還是線

下，你就能擺脫那些操弄你的影響。你更能辨識並把握你想要攀登路徑上的支點和踏點。正如珍妮・奧德爾在《如何「無所事事」：一種對注意力經濟的抵抗》中所言，藉由選擇注意的對象，你為自己創造了新的現實，改變了你覺得可能改變的事情。[4] 你改變了可能改變的事情，從而改變了你的行動。

相信並善用科技的力量來滿足你的社交需求

你是社會性動物。你與他人的羈絆，彼此看見對方，對你的生活滿意度和自我感來說都至關重要。想要改變你使用科技的方式，一種更有效的手段是主動認識到科技在哪些面向上促進了你與他人的深層關係連結，在哪些方面卻為你埋下分歧或脫節的感覺。並非所有由科技媒介的連結和對話都生而平等，有些是交易性而淺薄的，有些則深刻且具有轉化力。你應該盡量偏向後者。

要找出適合你的正確平衡並不能仰賴公式、規則、研究報告或他人的判斷與意見。你只能依靠自己的經驗。如果你拒絕接受可能建立連結的經驗，比如新盧德派份子在大疫封鎖期間不願嘗試視訊通話或線上治療，你或許對自己太沒信心了。經驗是一位比心智更好的老師。

實體會面、「現實生活」中的聚會和肢體接觸對人類來說非常重要。在生命中的某些階段，如嬰兒期和童年，肢體接觸對身心發展非常關鍵。我誠心希望人類物種不會演化到不需要這種接觸的地步。在寫這本書之際，謝天謝地，世界不再處於

封鎖狀態,「我正在隔離」這樣的話題在交談中出現的次數也減少了。儘管我們可能已經大致走出了那段非常時期,但可以確定的是,人類的未來還是會有其他的挑戰。當我們無法實體相聚時,能夠產生深刻而有意義連結的創新,是我能想到的其中一個最佳數位科技用途。在「承平」時期,我認為能夠感受到與全球的家人朋友比十年前來得更加親近,這是種日常的奇蹟。

培養對科技的感激之情

演化的力量致力於保護我們不受傷害,因此我們的大腦內建有消極偏誤。[5] 心智喜歡掃描環境,尋找潛在威脅並想出消滅它們的方法。正如本書所述,科技在生活的方方面面都可能被視為威脅:對身分的威脅、對地位的威脅、對生計的威脅,或對現在未來安全的威脅。這種消極偏誤鼓勵我們不成比例地關注這些事情,儘管基本意圖是好的,其實這只是試圖讓我們活下來,但這種到處宣揚末日心態的影響對我們是不利的。

可以試著這樣想:在大腦最古老那一部分的預設中,威脅偵測設定為 9,相信自己會沒事設定為 1。感恩和積極的實踐增強了需要增強的那一面,幫助你調高另一個旋鈕來抵消副作用。

專注於科技在你生活中的正面影響,想想你覺得感激的地方。它對你有什麼幫助?它如何讓你感覺被接受和被看見,或

協助你接納他人？它如何讓你能夠自我表達？它賦予你什麼正面的力量？它讓你跟誰建立了聯繫，又是如何建立的？它以哪些方式讓你的生活真的變得更輕鬆、更好玩，或更有成就感？你真心喜歡它的哪些地方？

如果你的腦海中冒出了成見、警告和注意事項，請帶著好奇心和良好的幽默感去關注。這只是你的消極偏誤在恐慌，害怕你會分心而把自己置於危險之中。告訴它將來還有很多機會發表高見，現在你正專注於其他事情上。

這裡有一個重要的注意事項：我不是要你用自我安慰來抵抗對科技的具體擔憂。例如，不要寫下一個積極的想法來試圖壓制一個具體的消極想法，比如用「也許 Instagram 對我的孩子真的有好處」來回應「Instagram 會毀了我的孩子」。

試圖透過反駁來排除消極想法看似合理，但你會驚訝地發現這種方法往往都是無效的。有部分原因是因為憂心忡忡的大腦早已準備好另一個反駁；有部分原因是因為這些直接了當、過於化約的陳述並不適用於人們與科技之間的個別情境。因此，你的科技感恩清單根本不需要與憂慮清單有任何關聯。你只是在調高心中的另一顆旋鈕，給自己一個更平衡的視角作為禮物。

記住，「身分」是受社會約束和影響的

當我在學習存在主義心理治療時，我讀了德國哲學家馬丁·海德格的作品。其書籍的英文翻譯使用了很多連字符號來

表達一項關於人類存在的基本真理：你不是一座孤島。[6] 你的身分和存有不斷密不可分地與他人、周遭環境以及時間的流逝交織在一起。海德格說，沒有人僅只是一個存有。相反地，你與他人共在。你是在世存有。你是向死存有。

　　身分總是在不斷演進和變化，因為它所處的社會、實體和科技世界也在不斷演進和變化。身分總是與無數其他人相連結，由眾人共同建構，並受到他人如何看待我們、對待我們，以及描述我們的影響。如果沒有他人，我們甚至不會有「自我」感。打從生命之初，我們就在與我們共享世界的人們目光中尋找自己的倒影。為了生存，即使不是字面意義上的生存，也是身分的生存，我們按照他人的期望、要求、假設和價值條件來塑造自己。

　　在整本書中，我強調了我們對彼此的自我形象和自我敘事都有一定的影響力。我會說，網路世界將此影響力指數型放大。關於你的敘事在線上可能變得固著，也可能破碎；你可能掌握，也可能失去在社交媒體上對自我形象和身分的控制；帶著偏見的演算法可能凸顯，也可能遺忘你的特徵。所有這些對於你的自我體驗都很重要。

　　當你在網路上留下資訊、在社交媒體上發布貼文、公開你生活的某些事物時，很多時候這不僅僅只是你自己的事，還會涉及到其他人，且可能會產生重大影響。同樣地，監控也不僅僅只是緩解你的焦慮、提供你對孩子或伴侶的控制感，或是保

證你企業的獲利。

你的行為將影響其他人如何經驗自己及其生活。受到如此密切的監視，他們可能最終只會感到深深地被無視。

科技賦予了你這些權力。心存善念明智地使用，理想情況下與人合作並獲得他們的同意，你有可能也正在透過科技形塑他們的身分。

我開始寫這本書時既有一個學術動機，也有一個情感動機。比較理性上的動機是用理論而非實驗來檢驗艾瑞克森關於身分變化階段的觀點，看看這些理論在幾十年後是否依然適用。情感上的啟發來自於我自己有時在科技面前感到迷失和失控，我也很常在其他人身上看到同樣的情況。如果有工具能幫助我重啟並奪回生活的主控權，讓我能更有意識地過生活，我想找到它們。

在寫作和研究的過程中，我重溫了對艾瑞克森的喜愛。重新熟悉他對人的一生心理和社會階段的描述，幫助我反思自己的人生過程，並更加理解正處於「自我認同對抗角色混淆」階段的孩子，和處於「自我整合對抗絕望」階段的父母。對我而言，這個模型的洞察力至今依然歷久彌新。這就是為什麼在整本書中，我一直把艾瑞克森教授的理論作為大致的架構。

但同時也益發明確的是，當今科技正在劇烈改變世界，由於我們的生活深深鑲嵌在這個世界中，科技也在改變我們經驗自我和他人的方式。當我試圖建立一套與科技相關的新發展危機來與艾瑞克森的理論並行時，我注意到這些危機有多麼容易浮現。我花了一些時間決定確切的術語，但一路上科技所引發

的衝突似乎顯而易見。不過，我從人們閱讀這本書中所獲得的其中一個樂趣，是聽到各階段的基本張力是什麼的不同觀點。

截至目前為止所完成的作品是附錄3。我希望它能提醒你，在生命中的每個年齡和階段，你都有選擇：你可以決定做什麼或不繼續做什麼，你可以選擇接受什麼或拒絕什麼，你也可以更加有心地做出可能影響他人的決策。

你可以觀察，監測嬰兒生理徵象或學齡兒童的位置是否真的減輕了你的焦慮，或加深了你們之間的連結。

即使社交媒體讓你感到不安，你還是可以消極地一直滑手機；或者你可以更有意識地使用它來建立穩固且支持性的友誼。

你可以選擇給予孩子更多或更少的自主權，讓他們自行講述生活故事並探索世界。

你可以努力與伴侶和家庭成員建立信任和透明的關係，你也可以屈服於祕而不宣和窺視行為。

你可以認為自己的社交媒體貼文僅和自己有關，你也可以更深入考慮你的分享會如何影響他人的認同和經驗。

當科技被濫用並對人造成傷害時，你可以利用自己的選票和聲量來倡議改變。

你可以陷入自我實現的預言，認為透過科技的互動是次等的，你也可以在進入每一次線上談話時，帶著利用該科技幫助你用真正想要的方式來連結和創造的意圖。

你可以坦誠並全面地承認你與科技相關的正面和負面經歷，注意到它何時讓你偏離了重要的事情，質疑你對它的信念

和假設，並改變你的觀點和行為。

透過有意識地應對生命週期中的每一個科技轉折點，你更能保護你的自我完整性，一種穩固而持續的自我感。在一個不斷威脅這種完整性的環境中，這非常重要。這個環境會催眠你習慣成自然，而非保持自我覺知。即使身處一個執迷於科技的世界裡，有著陰影的大科技和監控資本主義統治者，潛意識的行為推力，以及不懈的行銷，只要你將注意力放回本源，便可奪回比你預期中更多的權力。當你更深入頻繁地與自我價值觀連結，當你保持正念與動機，你也會發現自己更有決心使用這些權力。找出這支槓桿，探索更豐富的選擇範圍，你可以重啟你的整個人生。

致謝

　　每一次我進行重大寫作計畫時，都需要一間好的在地咖啡店、一些寫作團體、一群作家同伴，以及各種朋友圈，以在創傷和小題大作中提供支持和社交活動。但本書寫作起於全球疫情大流行初期，一次封鎖還沒結束，後來還有兩次。我所珍視的常規和儀式都被迫中斷、顛覆，或至少受到挑戰。因此，這段旅程並不容易，我永遠感激以下這些人和場所，他們使得一個看似不可能的任務最終變得可以達成。

　　非常感謝我的文學經紀人卡洛琳・哈德曼，她緊迫盯人，協助將我隨口提及的初步想法形塑成一個提案，並為這本書找到了一個家；也感謝哈德曼與史萬生的每一位參與者。艾略特與湯普森的莎拉・瑞格比爽朗且冷靜地包容我的起伏，為此她應得一枚獎章；她也是一位縝密且敏銳的編輯，幫助我解開糾纏的段落，並為此書找到更清晰的路徑。艾略特與湯普森的皮帕・克瑞恩也幫忙潤稿和完善，艾米・格瑞弗則主導將書推向市場。

　　以下這句話絕無虛言：如果沒有由麥特・崔尼提和帕魯・巴維詩所創立的倫敦作家沙龍，本書就不可能完成。常有人說寫作是一項孤獨的事業，但可以不必如此。倫敦作家沙龍是一

個虛擬的聚會場所和神聖空間，為來自世界各地的慷慨、支持、鼓舞人心的作家提供服務，這簡直是個奇蹟。這些人在寫作的漫長時光中支持我、關心我的書和人，如果我感謝每一位倫敦寫作沙龍裡的教練、主持或作家，這份謝辭將會太長。我會盡力以同樣的方式回報這些禮物。雖然我感激倫敦寫作沙龍裡的每個人，但我確實感動地要特別提到露薏絲·柯蘭，她的靈魂由純粹的愛所組成，是個非凡人物。

學術同僚在這本書中扮演了重要角色，無論是透過言語和行動支持我，還是直接對計畫作出貢獻。感謝克里斯·弗伍、賈瑞特·甘迺迪以及伍爾弗漢普頓大學網路心理學碩士班和專業諮商心理學博士課程的團隊，特別是在那裡進行了首次教授演講，給了我寶貴的機會來修正和測試本書中的新生命週期模型。

也感謝塔瑪·利佛、維多利亞·納許、貝琳達·溫德、吉拉德·羅斯納、彼得·富西、茱莉亞·克里特、喬迪·克魯格曼－拉布、艾迪娜·哈賓雅，以及許多線上死亡研究網絡的成員。我也無比感激所有分享他們故事的貢獻者，其中一些人是匿名的：珍娜·卡弗尼迪斯、珍、馬特爾、潔達、潔西和喬安娜。我在本書中大量借鑑了臨床經驗，因此我感謝所有進入我的綜合案例的治療客戶，以及多年來支持我的許多臨床同事，他們的想法也體現在這本書中，包括情境行為科學協會的成員、我在接受與承諾治療的同事，以及我出色且睿智的臨床主管安德魯·格羅斯特。

如果沒有我令人驚豔的助手艾瑪·羅斯，我無法在整個過

程中保持理智，她永遠不能離開我，我不知道沒有她我該怎麼辦。

封鎖解除後，我在東倫敦雷頓斯通的在地咖啡店「麥杯」度過了許多快樂的寫作日。那裡的員工除了出色的咖啡，也提供關懷、好奇心和愉快心情。都會作家退隱所的查理·海恩斯非常熱情好客，也是一位出色廚師和絕佳的寫作時光提供者，解封後他歡迎我來到史迪克威克莊園，那裡的 7 號房俯瞰德文郡的鄉村景觀，那是我第二個家。

封鎖期間少數的好處之一是建立了每週的儀式：與遠在他方的家人一起完成《紐約時報》星期天的填字遊戲。我的姐姐莎拉·羅德威爾、媽媽貝絲和爸爸喬治·羅德威爾，以及我的姐夫艾力克斯·顧提總是在週日讓我心情愉快，他們一直毫無保留地支持我。家庭填字遊戲仍是我一週中的重點時刻。當我能夠再次去探望他們和我的兄弟賈斯丁·羅德威爾時，那趟旅程既喜悅又有生產力。每天早晨，在我母親寧靜的藝術工作室中，我能不受干擾地進行寫書的工作，在那個階段是我亟需的一種奢侈。

其他為我帶來快樂、舒適和靈感的朋友、家人、鄰居，和志同道合者幾乎不計其數。倫敦飛蛾、好奇讀書俱樂部、叛逆讀書俱樂部和美麗企業之家的許多可愛人們支持我的寫作，並滋養我的靈魂。美麗企業之家的提姆·里柏瑞和莫尼卡·蔣給了我許多機會。我的丈夫馬可斯·哈維是一個可靠而令人安定的存在，我們迷人、幽默、獨一無二的女兒在風風雨雨中都愛著我、支持我並娛樂我。愛比·霍普、戴夫·霍普、麥可·

納貝維恩、魯本·威廉斯、史考特·楊、雅各·凡·德·博格、卡爾·歐曼、艾蜜莉·帕布羅奇、梅根·魁格利、克里斯·鮑威爾和卓越的寫作導師雪莉·威爾森是我的啦啦隊和擁護者。

最後，塞斯·席克勒是我的導師、指導靈和風暴中的定錨，每個人都需要這樣的朋友。

文化世代

世代	出生年起	出生年至	2023 時最年輕	2023 時最年長
貝塔世代	2025	2039	無	無
阿法世代	2010	2024	< 1	13
Z 世代	1995	2009	14	28
千禧世代／Y 世代	1980	1994	29	43
X 世代	1965	1979	44	58
嬰兒潮	1946	1964	59	77
沉默世代	1925	1945	78	98
最偉大世代	1910	1924	99	113

艾瑞克森社會心理發展階段

年齡	衝突	重要事件	正面結果
嬰兒期	信任對不信任	餵食	希望
學步兒期	自主對羞怯懷疑	如廁訓練	意志
早期童年	主動性對內疚感	探索	目的
童年晚期	勤勉對自卑	學校	能力
青春期	自我認同對角色混淆	社交關係	忠誠
成年早期	親密對孤獨	親密關係	愛
成年中期	生產對停滯	工作與親職	關懷
成年晚期	自我整合對絕望	反省人生	智慧

卡斯凱特社會心理科技人生階段模型

階段	艾瑞克森式衝突	科技衝突	科技／事件	可能結果
數位孕程	不適用	擱置對預測	父母與社群的線上身分建構	白板或賽博格胎兒
嬰兒期	信任對不信任	連結對孤立	嬰兒監控、嬰兒穿戴式裝置	被看見的嬰兒或被監控的嬰兒
學步兒期	自主對羞怯懷疑	能動性對無力感	曬娃	敘事者或臣民
學齡兒期	主動性對內疚感勤勉對自卑	自信對不安	父母／教育機構監控與追蹤	探索者或受監護者
青春期	身分認同對角色混淆	統合對分裂	社交媒體與線上認同實驗	編織者或流浪者
青年期	親密對孤獨	進退有據對不確定感	親密監控、顧滑手機、數位跟騷	尊重者或僭越者
中年期	生產對停滯	擁抱對抗拒	遠端連結、混合式工作、雇主監控	科技愛好者或新盧德派份子
老年期	自我整合對絕望	融貫對碎片化	記憶科技、基因系譜	整合者或重寫人生
數位來生	不適用	存續對消失	社交空間中持續存在的個人資料	死後網紅／數位幽靈

注釋

引言

1. Saul Mcleod, 'Erik Erikson's 8 Stages of Psychosocial Development', Simply Psychology, 24/02/2023; https://simplypsychology.org/Erik-Erikson.html，檢索日期 28/03/2023。亦可見 Erik H. Erikson, *Identity and the Life Cycle*, rev. edn (New York, W. W. Norton, 1994).

2. Saul Mcleod, 'Freud's Psychosexual Theory and 5 Stages of Human Development', Simply Psychology, 13/02/2023; https://simplypsychology.org/psychosexual.html，檢索日期 28/03/2023.

3. 提姆・伯納斯－李是發明網際網路的英國軟體設計師。請見 'Overview, Tim Berners-Lee', Oxford Reference; https://www.oxfordreference.com/display/10.1093/oi/authority.20110803095501214;jsessionid=C1E8BE96653D4819232AED7E97647754 (n.d.)，檢索日期 28/03/2023.

4. Elaine Kasket, *All the Ghosts in the Machine: The Digital Afterlife of Your Personal Data* (London, Robinson, 2019).

5. Erik Erikson, 'The Problem of Ego Identity', *Journal of the American Psychoanalytic Association*, vol. 4, pp. 56–121.

第一章

1. Andrea Diaz, 'Officials Release Video from Gender Reveal Party that Ignited a 47,000-Acre Wildfire', CNN.com, 28 November 2019; https://edition.cnn.com/2018/11/27/us/arizona-gender-reveal-party-sawmill-wildfire-trnd/index.html，檢索日期 27/03/2023.

2. 同上。

3. 與珍娜・卡弗尼迪斯的私人聯繫, 05/07/2021.

4. Sarah Young, 'Woman Who Invented Gender Reveal Parties Says Trend Has Gone"Crazy"', *Independent*, 29 July 2019; https://www.independent.co.uk/life-style/genderreveal-party-jenna-karvunidis-facebook-daughter-a9023261.html，檢索日期 27/03/2023.

5. M Baby Gender Reveals, 'Crazy Alligator/Crocodile Baby Gender Reveal!!', YouTube, 29/03/2018; https://www.youtube.com/watch?v=AFf0Wm

6Qx5M，檢索日期 27/03/2023.

6. Janelle Griffith, 'Family"Inadvertently" Created a Pipe Bomb at Fatal Gender Reveal', NBC News, 28 October 2019; https://www.nbcnews. com/news/us-news/familyinadvertently-created-pipe-bomb-fatal-gender-reveal-n1072856，檢索日期 27/03/2023.

7. Azi Paybarah, 'Celebratory Cannon Salute at Baby Shower Ends in Death, Police Say', *New York Times*, 7/02/2021; https://www.nytimes. com/2021/02/07/us/babyshower-cannon-explosion-Michigan.html，檢索日期 27/03/2023.

8. Lydia Wang, 'Two People Were Killed in a Gender Reveal Plane Crash', *Refinery29*, 01/04/2021; https://www.refinery29.com/enus/2021/04/10400556/gender-reveal-planecrash-cancun-deaths，檢索日期 27/03/2023.

9. Christopher Mele, 'Gender Reveal Device Explodes, Killing Man in Upstate New York', *New York Times*, 22/02/2021; https://www.nytimes. com/2021/02/22/nyregion/gender-reveal-explosion-ny.html，檢索日期 27/03/2023.

10. Umberto Castiello et al., 'Wired to be Social: The Ontogeny of Human Interaction', *PLoS One*, vol. 5, issue 10 (October 2010); doi.org/10.1371/journal.pone.0013199，檢索日期 27/03/2023.

11. 與塔瑪・利佛的私人聯繫, 5/05/2023. 塔瑪・利佛是珀斯柯丁大學網路研究的教授，也是澳洲研究委員會旗下數位兒童卓越中心的首席研究員。https://www.tamaleaver.net，檢索日期 27/03/2023.

12. Sonia Livingstone, Mariya Stoilova and Rishita Nandagiri, 'Children's Data and Privacy Online: Growing Up in a Digital Age', London School of Economics (LSE) Media and Communications, December 2018; https://www.lse.ac.uk/mediaand-communications/assets/documents/research/projects/childrens-privacy-online/Evidence-review-final.pdf，檢索日期 27/03/2023.

13. https://www.youtube.com/@2mbabygenderreveals733，檢索日期 27/03/2023.

14. 麥克・克里柏本人在鱷魚性別揭示影片中現身。他的商業網站是 https://kliebertgatortours.com。克里柏的故事在揭示時曾受新聞大幅報導；我試圖聯繫他對這本書發表評論，但並未獲得回應。

15. D. boyd and A. E. Marwick, 'Social Privacy in Networked Publics: Teens' Attitudes, Practices, and Strategies', *A Decade in Internet Time: Symposium on the Dynamics of the Internet and Society* (2011), pp. 1–29.

16. 與珍娜‧卡弗尼迪斯的私人聯繫, 5 July 2021.

17. Jenna Karvunidis, 由 Molly Langmuir 報導, 'I Started the"Gender Reveal Party" Trend. And I Regret It', *Guardian*, 29 June 2020; https://www. theguardian.com/lifeandstyle/2020/jun/29/jenna-karvunidis-i-started-gender-reveal-party-trend-regret，檢索日期 27/03/2023.

18. Lulu Garcia-Navarro, 'Woman Who Popularized Gender-Reveal Parties Says Her Views on Gender Have Changed', NPR.org, 28 July 2019; https://www.npr.org/2019/07/28/745990073/woman-who-popularized-gender-reveal-parties-says-herviews-on-gender-have-changed，檢索日期27/03/2023.

19. Karvunidis, 引用自 Young, 'Woman Who Invented Gender Reveal Parties'.

20. https://www.swlaw.edu/swlawblog/202103/meet-our-2021-womens-lawassociation-board-members.

21. Donald J. Winnicott, 'The Theory of the Parent-Infant Relationship', *International Journal of Psycho-Analysis*, vol. 41 (1960), pp. 585–95.

22. Stacey B. Steinberg, 'Sharenting: Children's Privacy in the Age of Social Media', *Emory Law Journal*, vol. 66 (2016–17), pp. 839–84; https://scholarship.law.ufl.edu/cgi/viewcontent.cgi?article=1796 &context= facultypub，檢索日期 27/03/2023.

23. Ruth Graham, 'Baby's First Photo: The Unstoppable Rise of the Ultrasound Souvenir Industry', BuzzFeed, 18 September 2014; https://www. buzzfeednews.com/article/ruthgraham/sharing-ultrasound-photos-facebook-instagram，檢索日期 27/03/2023.

24. Sally Howard, 'The Rise of the Souvenir Scanners: Ultrasonography on the High Street', *British Medical Journal*, vol. 370 (23 July 2020); doi.org/10.1136/bmj.m1321，檢索日期 27/03/2023.

25. Sophia Alice Johnson, '"Maternail Devices", Social Media and the Self-Management of Pregnancy, Mothering and Child Health', *Societies*, vol. 4, no. 2 (2014), pp. 330–50; doi.org/10.3390/soc4020330，檢索日期 27/03/2023.

26. 同上。

27. 與利佛的私人聯繫, 5/05/2023.

28. Shoshana Zuboff and K. Schwandt, *The Age of Surveillance Capitalism: The Fight for a Human Future at the New Frontier of Power* (London, Profile Books, 2019).

29. Ewen Macaskill and Gabriel Dance, 'NSA Files Decoded: What the Revelations Mean For You', *Guardian*, 1 November 2013; https://www. theguardian.com/world/interactive/2013/nov/01/snowden-nsa-files-

surveillance-revelations-decoded#section/1，檢索日期 27/03/2023.

30. Deborah Lupton, 'Caring Dataveillance: Women's Use of Apps to Monitor Pregnancy and Children', in *The Routledge Companion to Digital Media and Children* (London, Routledge, 2020).

31. 同上，pp. 398–99.

32. Sean Coughlan, '"Sharenting" Puts Young at Risk of Online Fraud', BBC. co.uk, 21/05/2018; https://www.bbc.co.uk/news/education-44153754，檢索日期 27/05/2023.

33. Mark E. Bouton, 'Context, Attention, and the Switch Between Habit and Goal-direction in Behavior', *Learning & Behavior*, vol. 49, no. 4 (October 2021), pp. 349–62; doi.org/10.3758/s13420-021-00488-z，檢索日期 27/03/2023.

第二章

1. https://owletbabycare.co.uk，檢索日期 24/03/2023.

2. 英國小貓頭鷹網站使用者證言：https://owletbabycare.co.uk/pages/whyowlet，檢索日期 24/03/2023.

3. 在 03/2023 本書寫作之際，英國小貓頭鷹網路商店上的價格。

4. Jay Mechling, 'Child-Rearing Advice Literature', in Paula S. Fass (ed.), *Encyclopedia of Children and Childhood: In History and Society* (Macmillan Library Reference, 2003); http://www.faqs.org/childhood/Bo-Ch/Child-Rearing-Advice-Literature.html，檢索日期 25/03/2023.

5. 班傑明‧史波克的書籍多年來已被重新印刷發行無數次。例如 Benjamin Spock and Stephen J. Parker, *Dr Spock's Baby and Child Care* (New York, Simon & Schuster, 1998).

6. Alex Campbell, 'Six Childcare Gurus Who Have Changed Parenting', BBC.co.uk, 4/05/2013; https://www.bbc.co.uk/news/magazine-22397457，檢索日期 25/03/2023.

7. Gina Ford, *The New Contented Little Baby Book* (London, Vermilion, 2006).

8. Gwen Dewar, 'Sensitive, Responsive Parenting: How Does it Benefit Your Child's Health?', ParentingScience.com, 2021; https://parentingscience.com/responsiveparenting-health-benefits/，檢索日期 25/03/2023.

9. Natasha J. Cabrera, Avery Henigar, Angelica Alonso, S. Alexa McDorman and Stephanie M. Reich, 'The Protective Effects of Maternal and Paternal Factors on Children's Social Development', *Adversity and Resilience*

Science, vol. 2, no. 2 (June 2021), pp. 85–98; doi.org/10.1007/s42844-021-00041-x，檢索日期 25/03/2023.

10. *Witness History: The 'Good-Enough' Mother*, BBC World Service, 14 November 2020; https://www.bbc.co.uk/programmes/w3cszmvv，檢索日期 25/03/2023.

11. Eliza Berman, 'Portrait of a Working Mother in the 1950s', Life.com, 2023; https://www.life.com/history/working-mother/，檢索日期 17 April 2023.

12. Campbell, 'Six Childcare Gurus'.

13. 'Best Smart Cribs of 2023', Babylist.com, 06/01/2023; https://www.babylist.com/hello-baby/best-smart-cribs，檢索日期 25/03/2023.

14. https://uk.getcubo.com，檢索日期 25/03/2023.

15. www.crytranslator.com，檢索日期 25/03/2023.

16. Cry Translator app on the Apple store，檢索日期 25/03/2023.

17. https://annantababy.com，檢索日期 25/03/2023.

18. https://www.nanit.com，檢索日期 25/03/2023.

19. 與維多利亞・納許的私人聯繫，14/05/2021.

20. Roger Dooley, 'Baby Pictures Really Do Grab Our Attention', Neuroscience Marketing; https://www.neurosciencemarketing.com/blog/articles/babies-in-ads.htm (n.d.)，檢索日期 25/03/2023.

21. 與塔瑪・利佛的私人聯繫，5/05/2021.

22. 'Five of the Best Baby Monitors', The Week UK, 28 September 2022; https://www.theweek.co.uk/arts-life/personal-shopper/958043/five-of-the-best-baby-monitors，檢索日期 25/03/2023.

23. 與塔瑪・利佛的私人聯繫，5/05/2021.

24. Michelle I. Dangerfield, Kenneth Ward, Luke Davidson and Milena Adamian, 'Initial Experience and Usage Patterns with the Owlet Smart Sock Monitor in 47,495 Newborns', *Global Pediatric Health*, vol. 4 (4 December 2017); doi.org/10.1177/2333794X17742751，檢索日期 25/03/2023.

25. Christina Caron, '"More Anxiety than Relief": Baby Monitors That Track Vital Signs Are Raising Questions', *New York Times*, 17 April 2020; https://www.nytimes.com/2020/04/17/parenting/owlet-baby-monitor.html，檢索日期 25/03/2023.

26. Junqing Wang, Aisling Ann O'Kane, Nikki Newhouse, Geraint Rhys Sethu-Jones and Kaya de Barbaro, 'Quantified Baby: Parenting and the Use of a Baby Wearable in the Wild', *Proceedings of the ACM on Human-Computer Interaction*, vol. 1, issue CSCW, article 108 (6 December 2017), pp. 1–19;

https://doi.org/10.1145/3134743，檢索日期 25 March 2023.

27. 與維多利亞・納許的私人聯繫, 14/05/2021.

28. Wang et al., 'Quantified Baby'.

29. 若想了解給非專業人士看的恆河猴實驗解釋，請見 'Harlow's Classic Studies Revealed the Importance of Maternal Contact', Association for Psychological Science, 20 June 2018; https://www.psychologicalscience.org/ publications/observer/obsonline/harlows-classic-studies-revealed-the-importance-ofmaternal-contact.html，檢索日期 25/03/2023. 亦可見 Harry F. Harlow, 'The Nature of Love', *American Psychologist*, vol. 13 (1958), pp. 673– 85; https://psychclassics.yorku.ca/Harlow/love.htm，檢索日期 25/03/2023.

30. Sofia Carozza and Victoria Leong, 'The Role of Affectionate Caregiver Touch in Early Neurodevelopment and Parent–Infant Interactional Synchrony', *Frontiers in Neuroscience*, vol. 14 (5/01/2021); doi. org/10.3389/fnins.2020.613378，檢索日期 24/03/2023.

31. 同上。

32. Letizia Della Longa, Teodora Gliga and Teresa Farroni, 'Tune to Touch: Affective Touch Enhances Learning of Face Identity in 4-Month-Old Infants', *Developmental Cognitive Neuroscience*, vol. 35 (February 2019), pp. 42–6; doi.org/10.1016/j.dcn.2017.11.002，檢索日期 24/03/2023.

33. Melissa Fay Greene, '30 Years Ago, Romania Deprived Thousands of Babies of Human Contact: Here's What's Become of Them', *The Atlantic*, July/August 2020; https://www.theatlantic.com/magazine/archive/2020/07/ can-an-unloved-child-learn-tolove/612253/，檢索日期 25/03/2023.

34. Sachine Yoshida and Hiromasa Funato, 'Physical Contact in Parent–Infant Relationship and its Effect on Fostering a Feeling of Safety', *iScience*, vol. 24, no. 7 (2021); doi.org/10.1016/j.isci.2021.102721，檢索日期 24/03/2023.

35. 同上。

36. John Bowlby, *A Secure Base: Parent–Child Attachment and Healthy Human Development* (New York, Basic Books, 1998).

37. Angelo Picardi, Eugenia Giuliani and Antonella Gigantesco, 'Genes and Environment in Attachment', *Neuroscience & Biobehavioral Review*, vol. 112, pp. 254–69; https://www.sciencedirect.com/science/article/abs/pii/ S0149763419308942?via%3Dihub，檢索日期 26/03/2023.

38. Darcia Narvaez, Lijuan Wang, Alison Cheng, Tracy R. Gleason, Ryan Woodbury, Angela Kurth and Jennifer Burke Lefever, 'The Importance of Early Life Touch for Psychosocial and Moral Development', *Psychology:*

Research and Review, vol. 32, 2019; https://prc.springeropen.com/articles/10.1186/s41155-019-0129-0，檢索日期 24/03/2023.

39.　Saul Mcleod, 'Mary Ainsworth: Strange Situation Experiment & Attachment Theory', Simply Psychology, 8/03/2023; https://simplypsychology.org/mary-ainsworth.html，檢索日期 26/03/2023.

40.　Babylist, 'Best Smart Cribs of 2023'.

41.　Diana Devicha, 'What Newborns Need for a Healthy Psychological Start', Developmental Science, 30/01/2016; https://www.developmentalscience.com/blog/2016/3/22/h0p2ycwcw6i2ow3z0pjvr30p8il1sj，檢索日期 25/03/2023.

42.　Jason G. Goldman, 'Ed Tronick and the"Still Face Experiment"', Scientific American, 18 October 2010; https://blogs.scientificamerican.com/thoughtful-animal/edtronick-and-the-8220-still-face-experiment-8221/，檢索日期 25/03/2023.

43.　TNCourts, 'Still Face Experiment Dr Edward Tronick', YouTube, 9 November 2016; https://www.youtube.com/watch?v=IeHcsFqK7So，檢索日期 25/03/2023.

44.　同上。

45.　Bob Hutchins, 'The Science Behind the Possible Effects that Staring at Your Phone Can Have on a Child', The Human Voice, 30 April 2022; https://www.linkedin.com/pulse/science-behind-possible-effects-staring-your-phone-can-bob-hutchins/?trk=articles_directory，檢索日期 25/03/2023.

46.　Laura A. Stockdale, Christin L. Porter, Sarah M. Coyne, Liam W. Essig, McCall Booth, Savannah Keenan-Kroff and Emily Schvaneveldt, 'Infants' Response to a Mobile Phone Modified Still-Face Paradigm: Links to Maternal Behaviors and Beliefs Regarding Technoference', Infancy, vol. 25, no. 5 (September 2020), pp. 571–92; doi.org/10.1111/infa.12342，檢索日期 25/03/2023.

47.　TN Courts, 'Still Face Experiment'.

48.　Laura Santhanam, 'Babies Resemble Tiny Scientists More Than You Might Think', PBS News Hour, 2 April 2015; https://www.pbs.org/newshour/science/babiesresemble-tiny-scientists-might-think，檢索日期 25/03/2023.

49.　Trevor Haynes, 'Dopamine, Smartphones & You: A Battle for Your Time', Harvard University Graduate School of Arts and Sciences, 1/05/2018; https://sitn.hms.harvard.edu/flash/2018/dopamine-smartphones-battle-time/，檢索日期 25/03/2023.

50. Marc H. Bornstein and Nanmathi Manian, 'Maternal Responsiveness and Sensitivity Re-considered: *Some is More*', *Developmental Psychopathology*, vol. 25, issue 4 (8 November 2013); doi.org/10.1017/S0954579413000308，檢索日期 25/03/2023.

第三章

1. Peter Weir (director), *The Truman Show*, Trailer#1; https://www.youtube.com/watch?v=dlnmQbPGuls，檢索日期 25/02/2023.

2. Peter Weir (director), *The Truman Show* (Paramount Pictures, 1998).

3. Peter Weir (director), *How's It Going to End? The Making of The Truman Show* (Paramount Pictures, 2005); https://www.youtube.com/watch?v=3BUHCet-ezc，檢索日期 25/02/2023.

4. Park Chan-Wook (director), *Life Is But a Dream* (Apple, 2022).

5. Amelia Tait, 'Their Lives Were Documented Online from Birth. Now, They're Coming of Age', Rolling Stone, June–July 2022; https://www.rollingstone.co.uk/culture/features/truman-babies-youtube-family-vlogging-generation-18995/，檢索日期 25/02/2023.

6. Erik H. Erikson and Joan M. Erikson, *The Life Cycle Completed* (New York, W. W. Norton, 1998). 關於自主獨立對羞愧懷疑的簡單解釋，請參閱 Mcleod, 'Erik Erikson's 8 Stages of Psychosocial Development'.

7. 「安全依附」是約翰‧鮑比提出的幾種依附風格之一。範例請見 John Bowlby, *A Secure Base: Parent–Child Attachment and Healthy Human Development* (New York, Basic Books, 1990).

8. 見 C. R. Rogers, 'A Theory of Therapy, Personality, and Interpersonal Relationships as Developed in the Client-Centered Framework', in S. Koch (ed.), *Psychology: A Study of a Science*, *Formulations of the Person and the Social Context* (New York, McGraw-Hill, 1959), vol. 3, pp. 184–256. 關於更詳細的羅傑斯人格發展與自我價值理論，請參閱 Saul Mcleod, 'Carl Rogers' Humanistic Theory of Personality Development', Simply Psychology, 2014; https://www.simplypsychology.org/carl-rogers.html，檢索日期 25/02/2023.

9. Carole Peterson, 'What Is Your Earliest Memory? It Depends', *Memory*, vol. 29, no. 6 (2021), pp. 811–22; doi.org/10.1080/09658211.2021.1918174.

10. Erikson and Erikson, *The Life Cycle Completed*. 關於主動對內疚階段的簡單解釋，請見 Mcleod, 'Erik Erikson's 8 Stages of Psychosocial Development'.

11. Zoya Garg, Elmer Gomez and Luciana Y. Petrzela, 'If You Didn't"Sharent,"

Did You Even Parent?', *New York Times*, 7 August 2019; https://www. nytimes.com/2019/08/07/opinion/parents-social-media.html，檢索日期 25/02/2023. 隨附的同名網路影片由肯德爾・西斯米爾、塔吉・詹森與 納以瑪・拉薩所製作。

12. Rose Roobeek and Rob Picheta, 'Grandmother Must Delete Facebook Pictures Posted Online Without Permission, Court Rules', CNN.com, 22/05/2020; https://edition.cnn.com/2020/05/22/europe/netherlands-grandmother-facebook-photos-scli-intl/index. html，檢索日期 25/02/2023.

13. 'Facebook CEO Mark Zuckerberg TechCrunch Interview at the 2010 Crunchies', YouTube, 11/01/2010; https://www.youtube.com/watch?v= LoWKGBloMsU，檢索日期 25/02/2023.

14. 欲了解臉書將貼文預設為公開狀態，以及隨後撤銷的決定，請見 Doug Gross, 'Facebook, Facing Criticism, Ramps up Privacy Options', CNN.com, 27/05/2010; https://edition.cnn.com/2010/TECH/social. media/05/26/facebook.privacy/index.html，檢索日期 25/02/2023.

15. 'Facebook Reports Fourth Quarter and Full Year 2019 Results', Facebook, Inc.; https://investor.fb.com/investor-news/press-release-details/2020/ Facebook-Reports-Fourth-Quarter-and-Full-Year-2019-Results/default. aspx，檢索日期 25/02/2023. 在這份新聞稿中，Facebook 報告截 至 2019 年 12 月 31 日的月活躍用戶數為 25 億。根據聯合國的估 計，2019 年的全球人口為 77 億。請見 https://population.un.org/wpp/ publications/files/wpp2019_highlights.pdf，檢索日期 25/02/2019. 這意味 著在那個時間點，全球有 32.5% 的人口至少是每月活躍用戶。

16. Mark Zuckerberg, 'Starting the Decade by Giving You More Control Over Your Privacy', Facebook Newsroom, 28/01/2020; https://about.fb.com/ news/2020/01/data-privacy-day-2020/，檢索日期 25/02/2023.

17. See Sophie Gallagher, 'Austrian Teenager Sues Parents for Sharing Childhood Photographs on Facebook', Huffpost, 15 September 2016; https://www.huffingtonpost.co.uk/entry/woman-sues-parents-facebook-photos_uk_57da6bbfe4b0d584f7efdba1，檢索日期 25/02/2023.

18. Michel de Montaigne, translated by M. A. Screech, *The Complete Essays* (London, Penguin Classics, 1993).

19. See Olivia Petter, 'Pink Criticises"Disgusting" Trolls Who Shamed her for Photo of Two-Year-Old Son', *Independent*, 1 April 2019; https://www. independent.co.uk/lifestyle/pink-son-instragram-photo-child-circumcision-criticism-a8848786.html，檢索日期 25/02/2023.

20. See Kate Lyons, 'Apple Martin Tells Off Mother Gwyneth Paltrow for Sharing Photo Without Consent', *Guardian*, 29/03/2019; https://www. theguardian.com/film/2019/mar/29/apple-martin-tells-mother-gwyneth-paltrow-off-for-sharing-photo-without-consent，檢索日期 25/02/2023.

21. Zuckerberg, 'Starting the Decade'.

22. John Kropf, 'A Brief History of Data Privacy Day', IAPP.org, 30/01/2020; https://iapp.org/news/a/an-obscure-brief-and-unfinished-history-of-data-privacy-day/，檢索日期 25/02/2023.

23. Zuckerberg, 'Starting the Decade'.

24. 若需社會證明的清楚解釋，請見 'Social Proof: Why We Look to Others for What We Should Think and Do', Farnam Street, 2023; https://fs.blog/mental-modelsocial-proof/，檢索日期 25/02/2023.

25. 共振是適應他人的節奏和情緒，可以發生在多種現象中，如情感、音樂感知、舞蹈、語言溝通和一般的運動協調。關於社交媒體上共振的討論，請參閱 Saike He, Daniel Zheng, Chuan Luo and Zhu Zhang, 'Exploring Entrainment Patterns of Human Emotion in Social Media', *PLoS One*, vol. 11, no. 3 (8/03/2016); doi.org/10.1371/journal.pone.0150630，檢索日期 25/02/2023.

26. https://behaviordesign.stanford.edu，檢索日期 25/02/2023.

27. See James Williams, *Stand Out of Our Light: Freedom and Resistance in the Attention Economy* (Cambridge, Cambridge University Press, 2018).

28. 欲清楚了解習得無助感及其發現，請見 Charlotte Nickerson, 'What is Learned Helplessness and Why Does it Happen?', Simply Psychology, 24/04/2022; https://www.simplypsychology.org/learned-helplessness.html，檢索日期 25/02/2023.

29. 欲獲得核心情感需求如何連結到基模的解釋，請見 GP Psychology's 'Understanding Core Childhood Needs: The Schema Model and Core Childhood Needs'; https://gppsychology.co.uk/blog/understanding-core-childhood-needs/，檢索日期 25/02/2023.

30. Claire Bessant, 'Could a Child Sue Their Parents for Sharenting?', London School of Economics blog, 11 October 2017; https://blogs.lse.ac.uk/parenting4digitalfuture/2017/10/11/could-a-child-sue-their-parents-for-sharenting/，檢索日期 2023.

31. Alicia Blum-Ross and Sonia Livingstone, 'Sharenting: Parent Blogging and the Boundaries of the Digital Self', *Popular Communication*, vol. 15, no. 2, 2017, pp. 110–25; http://eprints.lse.ac.uk/67380/，檢索日期 25/02/2023.

32. 想得到給非專業人士對美國的父母豁免原則的解釋，請見 https://definitions.uslegal.com/p/parental-immunity-doctrine/，檢索日期 25/02/2023.

33. Kendall Ciesemier, Taige Jensen and Naveema Raza, 'If You Didn't "Sharent," Did You Even Parent?', *New York Times*, 7 August 2019; https://www.nytimes.com/2019/08/07/opinion/parents-social-media.html，檢索日期 25/02/2023.

34. See Coughlan, Sean, '"Sharenting" Puts Young at Risk of Online Fraud', BBC, 21/05/2018; https://www.bbc.co.uk/news/education-44153754，檢索日期 25/02/2023.

35. 'E-Safety Commissioner reports millions of social media photos found on child exploitation sharing sites', Children & Media Australia, 1 October 2015; https://childrenandmedia.org.au/news/news-items/2015/e-safety-commissioner-reports-millionsof-social-media-photos-found-on-child-exploitation-sharing-sites，檢索日期 25 February 2023.

36. 與諾丁罕特倫特大學心理系教授貝琳達・溫德的私人聯繫; https://www.ntu.ac.uk/staff-profiles/socialsciences/belinda-winder，檢索日期 25/02/2023.

37. 'Statistics Briefing: Child Sexual Abuse', National Society for the Prevention of Cruelty to Children,03/2021; https://learning.nspcc.org.uk/media/1710/statisticsbriefing-child-sexual-abuse.pdf，檢索日期 25/02/2023.

38. See Shoshana Zuboff, *The Age of Surveillance Capitalism: The Fight for a Human Future at the New Frontier of Power* (London, Profile Books, 2019).

39. Shoshana Zuboff, 'Surveillance Capitalism', Project Syndicate, 3/01/2020; https://www.project-syndicate.org/magazine/surveillance-capitalism-exploitingbehavioral-data-by-shoshana-zuboff-2020-01，檢索日期 25/02/2023.

40. 'How Do I Create a Scrapbook for my Child on Facebook?', Facebook Help Centre; https://www.facebook.com/help/595357237266594，檢索日期 25/02/2023.

41. 智慧型玩具指的是連網的玩具，能從與它們互動的孩子那裡收集數據。欲了解更多資訊，請參閱 'Smart Decisions about Smart Toys', Public Interest Network, 29 December 2022; https://pirg.org/edfund/resources/smart-toys/，檢索日期 25/02/2023.

42. 範例請見 Wister Murray, 'New Thriveworks Research Shows Abundance of Parasocial Relationships in the US', Thriveworks, 22/03/2022; https://

thriveworks.com/blog/research-parasocial-relationships/，檢索日期 25/02/ 2023.

43. 關於依附和關係背景下抗議行為的簡單解釋，請參閱「抗議行為」 AnaniasFoundation.org, 15 July 2022; https://www.ananiasfoundation. org/protest-behavior/?utm_source=rss &utm_medium=rss &utm_ campaign=protest-behavior，檢索日期 25/02/2023.

第四章

1. Erikson and Erikson, *The Life Cycle Completed*. 要獲得關於「勤勉對 自卑階段」的簡單解釋，請參閱 Mcleod, 'Erik Erikson's 8 Stages of Psychosocial Development'.

2. Malwarebytes, 'Big Mother is Watching: What Parents REALLY Think About Tracking Their Kids', Malwarebytes, 28/01/2022; https://www. malwarebytes.com/blog/news/2022/01/big-mother-is-watching-what- parents-really-think-about-tracking-theirkids，檢索日期 21/03/2023.

3. 同上。

4. Tim Lewis, 'Honey, Let's Track the Kids: The Rise of Parental Surveillance', *Guardian*, 1/05/2022; https://www.theguardian.com/media/2022/may/01/ honey-lets-track-the-kidsphone-apps-now-allow-parents-to-track-their- children，檢索日期 21/03/2023.

5. 在 2022 年 10 月寫作之際，Life360 在 Apple store 中「社交網絡」類 應用程式中排名第八，並在 Google Play 上有超過一億次的下載。在 2022 年初，Life360 遭揭發是地理定位產業最大的原始資料來源供應 商，公司表示將不再販售明顯可資辨識個人的資料，但排除處理故障 監控／驅動程式資料的夥伴企業。Life360 的客戶包含位置資料經銷 商，他們轉售資料給美國軍事外包商與全球最大的資料仲介商。儘管 Life360 與一些資料經銷商之間的合約禁止資料用於執法，Life360 表 示很難對第三方在這方面的做法負責。請參閱 Jon Keegan and Alfred Ng, 'Life360 Says It Will Stop Selling Precise Location Data', The Markup, 27/01/2022; https://themarkup.org/privacy/2022/01/27/life360-says-it-will- stop-selling-precise-location-data，檢索日期 21/03/2023.

6. 'Life360 Surpasses One Million Paying Members Valuing the Company at Over$1 Billion for the First Time', BusinessWire, 27 July 2021; https:// www.businesswire.com/news/home/20210727006162/en/Life360- Surpasses-One-Million-Paying-Members-Valuing-the-Company-at-Over-1- Billion-for-the-First-Time，檢索日期 21/03/2023.

7.　'Children and Parents: Media Use and Attitudes Report', Ofcom, 28 April 2021; https://www.ofcom.org.uk/data/assets/pdf_file/0025/217825/children-and-parents-mediause-and-attitudes-report-2020-21.pdf，檢索日期 21/03/2023.

8.　同上，在即時通訊軟體中，WhatsApp 是最受歡迎的，有 53% 的英國兒童使用此應用程式。

9.　Ofcom, 'Children and Parents: Media Use and Attitudes Report 2020/2021', 28 April 2021; https://www.ofcom.org.uk/__data/assets/pdf_file/0025/217825/childrenand-parents-media-use-and-attitudes-report-2020-21.pdf，檢索日期 2/05/2023.

10.　在美國，WhatsApp 的最低使用年齡為十三歲；在歐洲和英國，最低使用年齡為十六歲，這一限制於 2022 年 1 月提高。請參閱 WhatsApp 幫助中心：https://faq.whatsapp.com/818604431925950/?helpref=hc_fnav，檢索日期 23/03/2023.

11.　https://www.bark.us/how/，檢索日期 21/03/2023.

12.　'How Bark Helps You Protect Your Family', YouTube, 9 September 2021; https://www.youtube.com/watch?v=z5r_dk0L-XQ &t=41s，檢索日期 21/03/2023.

13.　Shoshana Zuboff, *The Age of Surveillance Capitalism* (London, Profile Books, 2019).

14.　Keegan and Ng, 'Life360 Says It Will Stop Selling Precise Location Data'.

15.　'Privacy Evaluation for Bark', Common Sense Privacy Program, 2 April 2022; https://privacy.commonsense.org/evaluation/Bark，檢索日期 21/03/2023.

16.　https://fpf.org/issue/internet-of-things/，檢索日期 21/03/2023.

17.　與吉拉德・羅斯納的私人聯繫, 29 June 2021.

18.　Sam Biddle, 'Facebook Engineers: We Have No Idea Where We Keep All Your Personal Data', The Intercept, 7 September 2022; https://theintercept.com/2022/09/07/facebook-personal-data-no-accountability/，檢索日期 21/03/2023.

19.　'The Ultimate Guide to Maladaptive Schemas[Full List]', The Attachment Project, 9/03/2023; https://www.attachmentproject.com/blog/early-maladaptive-schemas/，檢索日期 21/03/2023.

20.　'Sample Items from YSQ-L2 Long Form', Schema Therapy Institute, (n.d.); http://www.schematherapy.com/id53.htm，檢索日期 21/03/2023. 可以在此網站上取得早期版本的年輕模式問卷樣本。

21.　'Sample Items from the YPI', Schema Therapy Institute, (n.d.); https://

www.schematherapy.com/id205.htm (n.d.)，檢索日期 21/03/2023. This is a subset of items from an earlier version of the Young Parenting Inventory.

22. Malwarebytes, 'Big Mother Is Watching'.

23. Michael Wesch, 'YouTube and You: Experiences of Self-awareness in the Context Collapse of the Recording Webcam', *Explorations in Media Ecology*, vol. 8, no. 2 (2009), pp. 19–34; http://hdl.handle.net/2097/6302，檢索日期 21/03/2023.

24. Barron Rodriguez et al., 'Remote Learning During the Global School Lockdown: Multi-Country Lessons', The World Bank, 30/03/2022; https://documents.worldbank.org/en/publication/documents-reports/documentdetail/668741627975171644/remotelearning-during-the-global-school-lockdown-multi-country-lessons，檢索日期 21 March 2023.

25. 在新冠疫情期間，數位落差加劇了社會中既有的不平等。擁有資源的孩子，包括連網設備、私人學習空間、懂技術的父母、可靠且高速的寬頻以及網際網路連結，往往能夠繼續甚至強化他們的教育。而缺乏這些資源的孩子的學習則受到了極大的影響。請參閱 Victoria Coleman, 'Digital Divide in UK Education During COVID-19 Pandemic: Literature Review', Cambridge Assessment, 11 June 2021; https://www.cambridgeassessment.org.uk/Images/628843-digital-divide-in-uk-educationduring-covid-19-pandemic-literature-review.pdf，檢索日期 21/03/2023.

26. Benjamin Herold, 'How Tech-Driven Teaching Strategies Have Changed During the Pandemic', Education Week, 14 April 2022; https://www.edweek.org/technology/howtech-driven-teaching-strategies-have-changed-during-the-pandemic/2022/04，檢索日期 21/03/2023.

27. Emmeline Taylor, 'I Spy With My Little Eye: The Use of CCTV in Schools and the Impact on Privacy', The Sociological Review, vol. 58, no. 3 (20 July 2010), pp. 381–405; https://doi.org/10.1111/j.1467-954X.2010.01930.x，檢索日期 21/03/2023.

28. 'CCTV Model Policy for Schools', National Education Union (n.d); https://neu.org.uk/media/17481/view，檢索日期 21/03/2023.

29. Fraser Sampson, 'The State of Biometrics 2022: A Review of Policy and Practice in UK Education' (foreword), DefendDigitalMe,/05/2022; https://defenddigitalme.org/research/state-biometrics-2022/，檢索日期 21/03/2023.

30. Crystal Tai, 'How China is Using Artificial Intelligence in Classrooms' (video), *The Wall Street Journal*, 1 October 2019; https://www.youtube.

com/watch?v=JMLsHI8aV0g，檢索日期 21/03/2023.

31.　'China Ranks "Good" and "Bad" Citizens with "Social Credit" System', France 24 English, 1/05/2019; https://www.youtube.com/watch?v=NXyzpMDtpSE，檢索日期 21/03/2023.

32.　Samantha Hoffman's profile for the Australian Strategic Policy Initiative; https://www.aspi.org.au/bio/samantha-hoffman，檢索日期 21/03/2023.

33.　Nicole Kobie, 'The Complicated Truth About China's Social Credit System', Wired, 6 July 2019; https://www.wired.co.uk/article/china-social-credit-system-explained，檢索日期 21/03/2023.

34.　欲了解 ClassDojo 本身的使用與觸及的統計數據，請參閱 https://www.classdojo.com/en-gb/about/?redirect=true，檢索日期 21/03/2023.

35.　L. Hooper, S. Livingstone and K. Pothong, 'Problems with Data Governance in UK Schools: The Cases of Google Classroom and ClassDojo', Digital Futures Commission/5Rights Foundation, 2022; https://digitalfuturescommission.org.uk/wp-content/uploads/2022/08/Problems-with-data-governance-in-UK-schools.pdf，檢索日期 21/03/2023.

36.　ClassDojo, 'Privacy Policy', (n.d.); https://www.classdojo.com/en-gb/privacy/?redirect=true，檢索日期 21/03/2023. ClassDojo 的隱私政策列出了以下為應用程式所持有的資料：學生資料：「『學生資料』係指任何個人資訊，無論是由 ClassDojo 收集，或是由學校或其用戶、學生或學生的父母／監護人為學校目的所提供，這些資訊描述了學生，包括但不限於學生的教育記錄或電子郵件中的資訊、名字和姓氏、出生日期、家庭或實際地址、電話號碼、電子郵件地址或其他允許實體或線上聯繫的資料、處分記錄、影片、測試結果、特殊教育資料、青少年依賴記錄、成績、評估、犯罪記錄、醫療記錄、健康記錄、社會安全號碼、生物識別資訊、殘疾情況、社會經濟資訊、食品購買、政治隸屬、宗教資訊、簡訊、文件、學生身分證明、搜索活動、照片、語音錄音、地理位置資訊，或任何其他資料或識別號碼，這些資料或識別號碼能夠提供有關特定學生的資訊。」

37.　'Public Service Announcement: Education Technologies: Data Collection and Unsecured Systems Could Pose Risk to Students', Federal Bureau of Investigation, 13/09/2018; https://www.ic3.gov/Media/Y2018/PSA180913，檢索日期 21 March 2023. 亦可見 Kristen Walker et al., 'Compulsory Technology Adoption and Adaptation in Education: A Looming Student Privacy Problem', *Journal of Consumer Affairs* (28 December 2022); https://doi.org/10.1111/joca.12506，檢索日期 21/03/2023.

38. Jonathan Holmes, 'Schools Hit by Cyber Attack and Documents Leaked', BBC, 6/01/2023; https://www.bbc.co.uk/news/uk-england-gloucestershire-63637883，檢索日期 21/03/2023.

39. 'Privacy Evaluation for Google Classroom', Common Sense Privacy Program, 20 December 2022; https://privacy.commonsense.org/evaluation/Google-Classroom，檢索日期 21/03/2023.

40. Hooper et al., 'Problems with Data Governance in UK Schools'.

41. 私人聯繫, October 2022.

42. Siobhan Buchanan, 'An Apprehensive Teacher's Guide to... ClassDojo', *Guardian*, 28 November 2013; https://www.theguardian.com/teacher-network/teacher-blog/2013/nov/28/teacher-guide-classdojo-behaviour-management，檢索日期 21/03/2023.

43. Jachie Pohl, 'How ClassDojo Helped Me Become Teacher of the Year', *The ClassDojo Blog*, 12 July 2016; https://blog.classdojo.com/how-classdojo-helped-me-becometeacher-of-the-year，檢索日期 21/03/2023.

44. 'The Basics: Parent Accounts', ClassDojo information leaflet; https://static.classdojo.com/docs/TeacherResources/ParentFAQs/ParentFAQs_ForParents.pdf，檢索日期 21/03/2023.

45. A. Soroko, 'No Child Left Alone: The ClassDojo App', *Our Schools/Our Selves*, Spring 2018, pp. 63–75 (p. 70); https://www.researchgate.net/profile/Agata-Soroko/publication/304627527_No_child_left_alone_The_ClassDojo_app/links/5775 607508ae1b18a7dfdeed/No-child-left-alone-The-ClassDojo-app.pdf，檢索日期 21/03/2023.

46. Julie C. Garlen, 'ClassDojo raises concerns about children's rights'[online article], The Conversation, 25/02/2019; https://theconversation.com/classdojo-raisesconcerns-about-childrens-rights-111033，檢索日期 30 June 2023.

47. Berni Graham, Clarissa White, Amy Edwards, Sylvia Potter and Cathy Street, 'School Exclusion: A Literature Review on the Continued Disproportionate Exclusion of Certain Children', Department for Education,/05/2019; https://assets.publishing.service.gov.uk/government/uploads/system/uploads/attachment_data/file/800028/Timpson_review_of_school_exclusion_literature_review.pdf，檢索日期 21/03/2023.

48. Hooper et al., 'Problems with Data Governance in UK Schools'.

49. See Safiya Noble, *Algorithms of Oppression: How Search Engines Reinforce Racism* (New York, NYU Press, 2018).

50. 私人聯繫, 25/01/2021.

51. Keith Fraser, 'Annual Statistics: A Youth Justice System Failing Black Children', Youth Justice Board for England and Wales, 27/01/2022; https://www.gov.uk/government/news/annual-statistics-a-system-failing-black-children，檢索日期 21/03/2023.

52. 'Youth Justice Statistics: 2020 to 2021', Youth Justice Board of England and Wales, 27/01/2022; https://www.gov.uk/government/statistics/youth-justice-statistics-2020-to-2021/youth-justice-statistics-2020-to-2021-accessible-version，檢索日期 21/03/2023.

53. Drew Harwell, 'Federal Study Confirms Racial Bias of Many Facial-Recognition Systems, Casts Doubt on Their Expanded Use', *Washington Post*, 19 December 2019; https://www.washingtonpost.com/technology/2019/12/19/federal-study-confirmsracial-bias-many-facial-recognition-systems-casts-doubt-their-expanding-use/，檢索日期 21/03/2023. 這項在美國進行的聯邦研究確認了臉部識別技術對種族的偏見，發現亞洲人和非洲人被錯認的可能性比白人男性高出多達一百倍，女性也更有可能被錯誤識別。這不是唯一一項此類研究。儘管如此，對高科技的盲目信仰仍難以動搖，而且利用最小的努力清理積壓的懸案對警方來說猶如貓草般誘人。

54. Kashmir Hill, 'Wrongfully Accused by an Algorithm', *New York Times*, 3 August 2020; https://www.nytimes.com/2020/06/24/technology/facial-recognition-arrest.html，檢索日期 21/03/2023.

55. 同上。

56. Tiffany L., Brown et al., 'Inclusion and Diversity Committee Report: What's Your Social Location?', National Council on Family Relations, 4 April 2019; https://www.ncfr.org/ncfr-report/spring-2019/inclusion-and-diversity-social-location，檢索日期 21 March 2023.

57. Drew Harwell, 'As Summer Camps Turn on Facial Recognition, Parents Demand: More Smiles, Please', *Washington Post*, 8 August 2019; https://www.washingtonpost.com/technology/2019/08/08/summer-camps-turn-facial-recognition-parents-demand-moresmiles-please/，檢索日期 21/03/2023.

第五章

1. Amanda Silberling, 'TikTok Reached 1 Billion Monthly Active Users', Techcrunch.com, 27 September 2021; https://techcrunch.com/2021/09/27/

298

tiktok-reached-1-billionmonthly-active-users，檢索日期 26/02/2023.

2. 這個統計數字是由網飛所提供，英國國家廣播公司引用報導。請參閱 Becky Padington and Ian Youngs, 'Anime: How Japanese Anime has Taken the West by Storm', BBC, 26/03/2022; https://www.bbc.co.uk/news/entertainment-arts-60865649，檢索日期 26/02/2023.

3. 同上。

4. 私人聯繫，訪談資料經過許可使用。

5. 《我的英雄學院》中死柄木弔的過往故事在多處都有摘要，請參閱 Francesco Cacciatore, '*My Hero Academia*'s Real Ultimate Villain Finally Takes the Stage', Screenrant.com, 30/01/2023，檢索日期 26/02/2023.

6. '*Sturm und Drang*: German Literary Movement', Britannica.com, 20 July 1998; https://www.britannica.com/event/Sturm-und-Drang/additional-info#history，檢索日期 26/02/2023.

7. Johann Wolfgang von Goethe, *The Sorrows of Young Werther*[1774], trans. R. D. Boylan, 2009; https://www.gutenberg.org/files/2527/2527-h/2527-h.htm，檢索日期 26/02/2023.

8. Andy Greenwald, *Nothing Feels Good: Punk Rock, Teenagers, and Emo* (New York, St Martin's Griffin, 2003).

9. Adam Burgess, 'A Guide to Goethe's"*The Sorrows of Young Werther*"', Thoughtco.com, 27 November 2018; https://www.thoughtco.com/sorrows-of-young-werther-goethe-739876，檢索日期 26/02/2023.

10. Charlie Connelly, 'This Book Conjured Seriously Sinister Reactions From Obsessed Fans', The New European, 13/03/2017; https://www.theneweuropean.co.uk/brexit-newsthis-book-conjured-seriously-sinister-reactions-from-obsessed-fans-17088/，檢索日期 26/02/2023.

11. 關於歌德時代的模仿自殺案例是否像傳聞中的那樣眾多，仍有爭議，請參閱 Nicholas Kardaras, 'How Goethe's Sorrows of Young Werther Led to a Rare Suicide Cluster', Literary Hub, 15 September 2022; https://lithub.com/how-goethessorrows-of-young-werther-led-to-a-rare-suicide-cluster/，檢索日期 26/02/2023.

12. 若想了解現代的維特效應與所謂的帕帕基諾效應，即媒體和社交媒體可以提供支持，將潛在的自殺者從絕境中挽救回來的想法，以下是出色的討論，請參閱 Jennifer Ouellette, 'How 13 Reasons Why Sparked Years of Suicide-Contagion Research', Ars Technica, 15 September 2021; https://arstechnica.com/science/2021/09/how-13-reasons-why-sparked-years-ofsuicide-contagion-research/，檢索日期 26/02/2023.

13. Granville Stanley Hall, *Adolescence: Its Psychology and its Relation to Physiology, Anthropology, Sociology, Sex, Crime, Religion and Education* (New York, D. Appleton and Company, 1904); https://archive.org/details/adolescenceitsp01hallgoog/page/n8/mode/2up，檢索日期 26/02/2023.

14. 請參閱 Perry Meisel, 'Freudian Trip', *New York Times*, 24/01/1993; available on https://www.nytimes.com/1993/01/24/books/freudian-trip.html，檢索日期 26 February 2023. 或許霍爾將佛洛伊德和榮格帶到美國的舉動是一種提升職業生涯的策略，為此他不得不擱置自己公然的反猶主義和明顯反精神分析的觀點。霍爾是一位著名的優生學家，他對種族和性別差異的理論可能使他的整體學說的危害大於助益。

15. Laurence A. Steinberg, 'A Social Neuroscience Perspective on Adolescent Risk-Taking', *Developmental Review*, vol. 28, no. 1 (March 2008), pp. 78–106; doi.org/10.1016/j.dr.2007.08.002. PMID: 18509515; PMCID: PMC2396566; https://www.ncbi.nlm.nih.gov/pmc/articles/PMC2396566/，檢索日期 26/02/2023.

16. Erikson and Erikson, *The Life Cycle Completed*. 欲了解身分認同對角色混淆階段的簡單解釋，請見 Mcleod, 'Erik Erikson's 8 Stages of Psychosocial Development'.

17. D. Wood et al., 'Emerging Adulthood as a Critical Stage in the Life Course' in N. Halfon, C. Forrest, R. Lerner and E. Faustman (eds), *Handbook of Life Course Health Development* (Springer, Cham, Switzerland, 2018); https://doi.org/10.1007/978-3-319-47143-3_7.

18. William Shakespeare, *As You Like It* (New York, Penguin Books, 2000).

19. 關於線上自我展示的廣泛討論，並參考高夫曼及其他多位理論家的觀點，請參閱 Amy Guy, 'The Presentation of Self on a Decentralised Web', University of Edinburgh, doctoral thesis, 2018; https://dr.amy.gy，檢索日期 on 26/02/2023.

20. Erikson and Erikson, *The Life Cycle Completed*.

21. 這句話常被歸為查爾斯‧達爾文所言，但達爾文實際上是從社會學和哲學家赫伯特‧史賓塞那裡借用的，史賓塞在閱讀達爾文的作品後，在自己的著作《生物學原理》（1864 年）中使用。欲了解更多資訊請參閱 Conor Cunningham, 'Survival of the Fittest–Biology'; https://www.britannica.com/science/survival-of-the-fittest (updated 16/02/2023)，檢索日期 26/02/2023.

22. 欲了解具體在網絡公眾內的青少年討論，請參閱 danah michele boyd, 'Taken Out of Context: Teen Sociality in Networked Publics', University of

California Berkeley, doctoral thesis, 2008; https://www.danah.org/papers/TakenOutOfContext.pdf，檢索日期 26/02/2023.

23. Monica Anderson and Jingjing Jiang, 'Teens' Social Media Habits and Experiences', Pew Research Center, 28 November 2018; https://www.pewresearch.org/internet/2018/11/28/teens-social-media-habits-and-experiences/，檢索日期 26/02/2023.

24. Melanie C. Green and Jenna L. Clark, 'The Social Consequences of Online Interaction', in Alison Attrill-Smith, Chris Fullwood, Melanie Keep and Daria J. Kuss (eds), *The Oxford Handbook of Cyberpsychology* (Oxford, Oxford University Press, 2019), pp. 216–37 (p. 228).

25. J. P. Gerber, L. Wheeler and J. Suls, 'A Social Comparison Theory Meta-Analysis 60+Years On', *Psychological Bulletin*, vol. 144, no. 2 (2018), pp. 177–97; https://doi.org/10.1037/bul0000127，檢索日期 18/03/2023.

26. S. Lyubomirsky and L. Ross, 'Hedeonic Consequences of Social Comparison: A Contrast of Happy and Unhappy People', *Journal of Personality and Social Psychology*, vol. 73, no. 6 (1997), pp. 1141–57; doi.org/10.1037//0022-3514.73.6.1141，檢索日期 19/03/2023.

27. Chia-chen Yang, Sean M. Holden, Mollie D. K. Carter and Jessica J. Webb, 'Social Media Social Comparison and Identity Distress at the College Transition: A Dual-Path Model', *Journal of Adolescence*, no. 69 (December 2018), pp. 92–102; https://doi.org/10.1016/j.adolescence.2018.09.007，檢索日期 19/03/2023.

28. 'The Panopticon', University College London (n.d.); https://www.ucl.ac.uk/bentham-project/who-was-jeremy-bentham/panopticon，檢索日期 26/02/2023.

29. 私人聯繫，經許可使用。

30. Ben Bradford, Julia A. Yesberg, Jonathan Jackson and Paul Dawson, 'Live Facial Recognition: Trust and Legitimacy as Predictors of Public Support for Police Use of New Technology', *The British Journal of Criminology*, vol. 60, issue 6 (November 2020), pp. 1502–22; https://doi.org/10.1093/bjc/azaa032.

31. R. De Wolf, 'Contextualizing how teens manage personal and interpersonal privacy on social media', *New Media & Society*, vol. 22, no. 6 (2020), pp. 1058–75; https://doi.org/10.1177/1461444819876570.

32. 'The Facebook Files', *The Wall Street Journal*, September–December 2021; https://www.wsj.com/articles/the-facebook-files-11631713039，檢索日期

26/02/2023.

33. Georgia Wells, Jeff Horwitz and Deepa Seetharaman, 'Facebook Knows Instagram Is Toxic for Teen Girls, Company Documents Show', *The Wall Street Journal*, 14 September 2021; https://www.wsj.com/articles/facebook-knows-instagram-is-toxic-for-teen-girlscompany-documents-show-11631620739?mod=article_inline，檢索日期 26/02/2023.

34. 在《華爾街日報》的「臉書文件」報導之後，臉書公布了該研究結果的加註投影片：https://about.fb.com/wp-content/uploads/2021/09/Instagram-Teen-Annotated-Research-Deck-1.pdf，檢索日期 26/02/2023.

35. Scott Pelley, 'Whistleblower: Facebook Is Misleading the Public on Progress Against Hate Speech, Violence, Misinformation', CBS News, 4 October 2021; https://www.cbsnews.com/news/facebook-whistleblower-frances-haugen-misinformationpublic-60-minutes-2021-10-03/，檢索日期 26/02/2023.

36. Scott Carpenter, 'Zuckerberg Loses$6 Billion in Hours as Facebook Plunges', Bloomberg UK, 4 October 2021; https://www.bloomberg.com/news/articles/2021-10-04/zuckerberg-loses-7-billion-in-hours-as-facebook-plunges?leadSource=uverify%20wall，檢索日期 26/02/2023.

37. Avi Asher-Schapiro and Fabio Teixeira, 'Facebook Down: What the Outage Meant for the Developing World', Thomson Reuters Foundation News, 5 October 2021; https://news.trust.org/item/20211005204816-qzjft/，檢索日期 26/02/2023.

38. Carpenter, 'Zuckerberg Loses$6 billion'.

39. 'Facebook Whistleblower Frances Haugen Testifies Before Senate Commerce Committee', C-SPAN, 5 October 2021; https://www.youtube.com/watch?v=GOnpVQnv5Cw，檢索日期 26/02/2023.

40. Wells et al., 'Facebook Knows Instagram Is Toxic for Teen Girls'.

41. https://www.amyorben.com，檢索日期 26/02/2023.

42. Amy Orben, 'Teens, Screens and Well-Being: An Improved Approach', Oxford University, doctoral thesis, 2019; https://tinyurl.com/4tp8tadj，檢索日期 26/02/2023.

43. 同上, p. 7.

44. 關於自我報告調查研究問題的簡單解釋，請參閱 Kristalyn Salters-Pedneault, 'The Use of Self-Report Data in Psychology', Very Well Mind, 22 October 2022; https://www.verywellmind.com/definition-of-self-report-425267，檢索日期 26/02/2023.

302

45. M. J. George, M. R. Jensen, M. A. Russell, A. Gassman-Pines, W. E. Copeland, R. H. Hoyle and C. L. Odgers, 'Young Adolescents' Digital Technology Use, Perceived Impairments, and Well-Being in a Representative Sample', *Journal of Pediatrics*, vol. 219 (April 2020), pp. 180–7; doi.org/10.1016/j.jpeds.2019.12.002. Epub 2020 Feb 11. PMID:32057438; PMCID: PMC7570431.

46. Leah Shafer, 'Social Media and Teen Anxiety', Harvard Graduate School of Education, 15 December 2017; https://www.gse.harvard.edu/news/uk/17/12/social-mediaand-teen-anxiety，檢索日期 3/03/2023.

47. https://twitter.com/OrbenAmy.

48. Stuart Ritchie, 'Is Instagram Really Bad for Teenagers?', Unherd.com, 22 September 2021; https://unherd.com/2021/09/facebooks-bad-science/，檢索日期 26/02/2023.

49. Pratiti Raychoudhury, 'What Our Research Really Says about Teen Well-Being and Instagram'[online article], Facebook Newsroom, 26 September 2021; https://about.fb.com/news/2021/09/research-teen-well-being-and-instagram/，檢索日期 26/02/2023.

50. Natasha Lomas, 'Seeking to Respin Instagram's Toxicity for Teens, Facebook Publishes Annotated Slide Decks', TechCrunch.com, 30 September 2021; https://techcrunch.com/2021/09/30/seeking-to-respin-instagrams-toxicity-for-teens-facebookpublishes-annotated-slide-decks/，檢索日期 26/02/2023.

51. Casey Newton, 'Why Facebook Should Release the Facebook Files', TheVerge.com, 28 September 2021; https://www.theverge.com/22697786/why-facebook-should-releasethe-facebook-files，檢索日期 26/02/2023.

52. Mariska Kleemans, Serena Daalmans, Ilana Carbaat and Doeschka Anschütz 'Picture Perfect: The Direct Effect of Manipulated Instagram Photos on Body Image in Adolescent Girls', *Media Psychology*, vol. 21, no. 1 (2018), pp. 93–110; doi.org/10.1080/15213269.2016.1257392.

53. 'Mental Health of Adolescents', World Health Organization, 17 November 2021; https://www.who.int/news-room/fact-sheets/detail/adolescent-mental-health，檢索日期 26/02/2023.

54. Lauren Feiner, 'Senate Will Grill Tech Execs After Report that Instagram Can Harm Teens' Mental Health', CNBC.com, 17 September 2021; https://www.cnbc.com/2021/09/17/senate-to-grill-tech-execs-after-report-on-instagram-teen-mental-health.html，檢索日期 26/02/2023.

55. 關於社交媒體的碎片化和自我概念統一假說的簡單解釋，請參閱 'Who Am I, Facebook?', Association for Psychological Science, 19 April 2017; https://www.psychologicalscience.org/publications/observer/obsonline/who-am-ifacebook.html，檢索日期 27/02/2023.

56. Nick Yee and Jeremy Bailenson, 'The Proteus Effect: The Effect of Transformed Self-Representation on Behavior', *Human Communication Research*, vol. 33 (2007), pp. 271–90; doi.org/10.1111/j.1468-2958.2007.00299.x; https://stanfordvr.com/mm/2007/yee-proteus-effect.pdf，檢索日期 27/02/2023.

57. 'Who Am I, Facebook?', Association for Psychological Science.

58. Nandita Vijayakumar and Jennifer Pfeifer, 'Self-disclosure During Adolescence: Exploring the Means, Targets, and Types of Personal Exchanges', *Current Opinion in Psychology*, vol. 31 (February 2020), pp. 135–40; doi.org/10.1016/j.copsyc.2019.08.005, https://www.ncbi.nlm.nih.gov/pmc/articles/PMC7130455/，檢索日期 27 February 2023.

59. Emily Towner, Jennifer Grint, Tally Levy, Sarah-Jayne Blakemore and Livia Tomova, 'Revealing the Self in a Digital World: A Systematic Review of Adolescent Online and Offline Self-Disclosure', *Current Opinion in Psychology* (June 2022), 45:101309; doi.org/10.1016/j.copsyc.2022.101309; epub, 18/02/2022; https://pubmed.ncbi.nlm.nih.gov/35325809/，檢索日期 27/02/2023.

60. Amy Orben, 'Don't Despair if Your Child is Glued to a Screen, It May be Keeping them Sane', *Guardian*, 26 April 2020; https://www.theguardian.com/commentisfree/2020/apr/26/dont-despair-if-your-child-is-glued-to-a-screen-it-may-be-keeping-themsane，檢索日期 27/02/2023.

61. 'There is nothing either good or bad, but thinking makes it so', *Hamlet*, Act II scene 2, spoken by *Hamlet*.

62. Federica Pedalino and Anne-Linda Camerini, 'Instagram Use and Body Dissatisfaction: The Mediating Role of Upward Social Comparison with Peers and Influencers among Young Females', *International Journal of Environmental Research and Public Health*, vol. 19, issue 3 (29/01/2022), article 1543; https://doi.org/10.3390/ijerph19031543，檢索日期 3/03/2023.

63. Green and Clark, 'The Social Consequences of Online Interaction'.

64. Jaimee Stuart, Riley Scott, Karlee O'Donnell and Paul E. Jose, 'The Impact of Ease of Online Self-Expression During Adolescence on Identity in Young Adulthood', in T. Machin, C. Brownlow, S. Abel and J. Gilmour

(eds), *Social Media and Technology Across the Lifespan: Palgrave Studies in Cyberpsychology* (London, Palgrave Macmillan, 2022); https://doi.org/10.1007/978-3-030-99049-7_4.

65. Erikson and Erikson, *The Life Cycle Completed.*

66. Erving Goffman, *The Presentation of Self in Everyday Life* (New York, NY, Bantam Doubleday Dell, 1959).

67. Paul Mountfort, Anne Peirson-Smith and Adam Geczy, *Planet Cosplay: Costume Play, Identity and Global Fandom* (Chicago, University of Chicago Press, 2018).

68. M. H. Bornstein and D. Zlotnik, 'Parenting Styles and Their Effects', in Marshall M. Haith and Janette B. Benson (eds), *Encyclopedia of Infant and Early Childhood Development*, 2nd edn (Cambridge, MA, Elsevier Academic Press, 2008), pp. 496–509.

69. Orben, https://tinyurl.com/4tp8tadj.

70. Mountfort et al., *Planet Cosplay.*

71. Luciano Floridi (ed.), *The Online Manifesto: Being Human in a Hyperconnected Era* (London, Springer Open, 2015). The eBook is available for download from https://link.springer.com/book/10.1007/978-3-319-04093-6，檢索日期 26/02/2023.

72. 同上 , p. 1.

73. William Gibson, *Neuromancer* (London, Harper Voyager, 1984).

74. Patrick Stokes, *Digital Souls: A Philosophy of Online Death* (London, Bloomsbury Academic Publishing, 2021).

第六章

1. Erikson and Erikson, *The Life Cycle Completed.*關於「親密對孤獨階段」的簡單解釋，請參閱 Mcleod, 'Erik Erikson's 8 Stages of Psychosocial Development'.

2. Alex Shashkevich, 'Meeting online has become the most popular way U.S. couples connect, Stanford sociologist finds', Stanford News, 21 August 2019; https://news.stanford.edu/2019/08/21/online-dating-popular-way-u-s-couples-meet/，檢索日期 4/03/2023.

3. Samantha Joel et al., 'Machine learning uncovers the most robust self-report predictors of relationship quality across 43 longitudinal couples studies', *PNAS/Psychological and Cognitive Sciences*, vol. 117, no. 32 (11 August 2020), 19061–71; https://doi.org/10.1073/pnas.1917036117 (27 July

2020)，檢索日期 4/03/2023.

4.　Alex Cocotas, 'History Tells Us–685 Million Smartphones Will Be Sold This Year–A 45 Percent Increase Over Last Year', BusinessInsider.com, 14 August 2012; https://www.businessinsider.com/what-history-tells-us-about-2012-smartphone-sales-2012-8?r=US &IR=T，檢索日期 4/03/2023.

5.　Tom Chatfield, 'The new words that expose our smartphone obsessions', BBC.com, 29 November 2016; https://www.bbc.com/future/article/20161129-the-new-words-thatreveal-how-tech-has-changed-us，檢索日期 4/03/2023.

6.　Elyssa M. Barrick, Alixandria Barasch and Diana I. Tamir, 'The Unexpected Social Consequences of Diverting Attention to Our Phones', *Journal of Experimental Social Psychology*, vol. 101 (July 2022); https://doi.org/10.1016/j.jesp.2022.104344，檢索日期 4/03/2023.

7.　Yeslam Al-Saggaf and Sarah B. O'Donnell, 'Phubbing: Perceptions, Reasons Behind, Predictors, and Impacts', Wiley Online Library: *Human Behavior and Emerging Technologies*, 10 April 2019; https://doi.org/10.1002/hbe2.137，檢索日期 4/03/2023.

8.　Camiel J. Beukeboom and Monique Pollmann, 'Partner Phubbing: Why Using Your Phone During Interactions with Your Partner Can Be Detrimental for Your Relationship', *Computers in Human Behavior*, vol. 124 (November 2021); https://doi.org/10.1016/j.chb.2021.106932，檢索日期 4/03/2023.

9.　Tarja Salmela, Ashley Colley and Jonna Häkkilä, 'Together in Bed? Couples' Mobile Technology Use in Bed', *Proceedings of the CHI Conference on Human Factors in Computing Systems*, paper no. 502 (May 2019), pp. 1–12; https://doi.org/10.1145/3290605.3300732，檢索日期 4/03/2023.

10.　範例請參閱 Shalini Misra, Lulu Cheng, Jamie Genevie and Miao Yuan, 'The iPhone Effect: The Quality of In-Person Social Interactions in the Presence of Mobile Devices', *Environment and Behavior*, vol. 48, issue 2 (1 July 2014); https://journals.sagepub.com/doi/10.1177/0013916514539755; 檢索日期 4/03/2023.

11.　Mariek M. P. Vanden Abeele and Marie Postma-Nilsenova, 'More Than Just Gaze: An Experimental Vignette Study Examining How Phone-Gazing and Newspaper-Gazing and Phubbing-While-Speaking and Phubbing-While-Listening Compare in Their Effect on Affiliation', *Communication Research*

Reports, vol. 35, issue 4 (2018), pp. 303–13; https://doi.org/10.1080/088240 96.2018.1492911, 17 July 2018，檢索日期 4/03/2023.

12. 欲了解更多關於這些概念在通信隱私管理理論中的應用，請參閱通信隱私管理中心網站 https://cpmcenter.iupui.edu/learn/theory，檢索日期 4/03/2023.

13. Charlotte D. Vinkers, C. Finkenauer and Skyler T. Hawk, 'Why Do Close Partners Snoop? Predictors of Intrusive Behavior in Newlywed Couples', *Personal Relationships*, vol. 18, issue 1 (March 2011), pp. 110–24; https://doi.org/10.1111/j.1475-6811.2010.01314.x, 11 November 2010，檢索日期 4/03/2023.

14. See Amir Levine and Rachel Heller, *Attached: Are You Anxious, Avoidant or Secure? How the Science of Adult Attachment Can Help You Find – and Keep – Love* (New York, Pan Macmillan/Bluebird, 2019). 要 了 解有關依附理論和依附風格的深入研究討論，請參閱 R. Chris Fraley, 'Adult Attachment Theory and Research: A Brief Overview'; http://labs.psychology.illinois.edu/~rcfraley/attachment.htm (2018)， 檢 索 日 期 4 March 2023.

15. Vinkers et al., 'Why do close partners snoop?'

16. 同上。

17. Jesse Fox and Robert S. Tokunaga, 'Romantic Partner Monitoring After Breakups: Dependence, Distress, and Post-Dissolution Surveillance via Social Networking Sites', *Cyberpsychology, Behavior, and Social Networking*, vol. 18, no. 9 (8 September 2015); doi.org/10.1089/cyber.2015.0123 (8 September 2015)，檢索日期 4/03/2023.

18. 'What is Stalking and Harassment?', Police UK (n.d); https://www.police.uk/advice/advice-and-information/sh/stalking-harassment/what-is-stalking-harassment/，檢索日期 4/03/2023.

19. 'Stalking and Harassment', Crown Prosecution Service, 23/05/2018; https://www.cps.gov.uk/legal-guidance/stalking-and-harassment，檢索日期 4/03/2023.

20. '"Fighting for My Sanity": Stalking and Post-Traumatic Stress Disorder', Suzy Lamplugh Trust, April 2019; https://www.suzylamplugh.org/fighting-for-my-sanitystalking-and-post-traumatic-stress-disorder，檢索日期 4/03/2023.

21. 同上。

22. 'Stalking Analysis Reveals Domestic Abuse Link', Crown Prosecution

Service, 4 December 2020; https://www.cps.gov.uk/cps/news/stalking-analysis-reveals-domesticabuse-link，檢索日期 4/03/2023.

23.　強制控制的定義包括受害者和加害者之間有個人聯繫、受害者害怕會遭受暴力或造成重大負面影響的生活、行為是反覆或持續的，且加害者知道他們的行為可能會對受害者產生嚴重影響。參閱 https://www.gov.uk/government/consultations/controlling-or-coercive-behaviourstatutory-guidance/draft-controlling-or-coercive-behaviour-statutory-guidance-accessible, 23 April 2022，檢索日期 4/03/2023.

24.　Emma Short, Antony Brown, Melanie Pitchford and James Barnes, 'Revenge Porn: Findings from the Harassment and Revenge Porn (HARP) Survey–Preliminary Results', Annual Review of Cybertherapy and Telemedicine, 2017; https://pure.uvt.nl/ws/portalfiles/portal/24446962/Annual_Review_of_CyberTherapy_and_Telemedicine_2017.pdf#page=208，檢索日期 4/03/2023.

25.　Samantha Bates, 'Revenge Porn and Mental Health: A Qualitative Analysis of the Mental Health Effects of Revenge Porn on Female Survivors', Feminist Criminology, vol. 12, issue 1 (24 July 2016); https://doi.org/10.1177/1557085116654565，檢索日期 4/03/2023.

26.　'2021 Norton Cyber Safety Insights Report: Special Release–Online Creeping', Norton Lifelock; https://www.nortonlifelock.com/us/en/newsroom/press-kits/2021-norton-cyber-safety-insights-report-special-release-online-creeping/，檢索日期 1 November 2022. 摘要可參閱 '2021 Norton Cyber Safety Insights Report: Special Release–Online Creeping', YouTube, 14 June 2021; https://www.youtube.com/watch?v=H1gWXwDKOd8，檢索日期 4/03/2023.

27.　Emily Tseng et al., 'The Tools and Tactics Used in Intimate Partner Surveillance: An Analysis of Online Infidelity Forums', 29th Usenix Security Symposium 12–14 August 2020; https://www.usenix.org/conference/usenixsecurity20/presentation/tseng，檢索日期 4/03/2023.

28.　'Am I Being Stalked?', National Stalking Helpline (online assessment tool) (n.d.); https://www.suzylamplugh.org/am-i-being-stalked-tool，檢索日期 4 Mar 2023.

29.　關於 2022 年英格蘭和威爾斯的跟蹤騷擾原始數據，請參閱英國國家統計局網站 , 'Stalking: findings from the Crime Survey for England and Wales' (dataset); https://www.ons.gov.uk/peoplepopulationandcommunity/crimeandjustice/datasets/stalkingfindingsfromthecrimesurveyforenglandand wales 25 November 2022，檢索日期 4/03/2023.

30. Crown Prosecution Service, 'Stalking Analysis Reveals Domestic Abuse Link'.

31. 'Understanding and addressing violence against women: Intimate partner violence', World Health Organization, 2012; https://apps.who.int/iris/bitstream/handle/10665/77432/WHO_RHR_12.36_eng.pdf，檢索日期 4/03/2023.

32. 'About Us', Clinic to End Tech Abuse (CETA), 2023; https://www.ceta.tech.cornell.edu/aboutus，檢索日期 4/03/2023.

33. Crown Prosecution Service, 'Stalking and Harassment'.

34. 'Am I Being Stalked?', Stalking in Ireland (n.d.); https://www.stalkinginireland.ie/am-i-being-stalked，檢索日期 4/03/2023.

35. Norton Lifelock, '2021 Norton Cyber Safety Insights Report'.

36. 'GenZ and Millennials Accept Online Creeping and Stalking as Part of Dating Culture', PRNewswire, 7/02/2023; https://www.prnewswire.com/news-releases/genz-and-millennials-accept-online-creeping-and-stalking-as-part-of-dating-culture-301740012，檢索日期 4/03/2023.

37. 'Written Evidence from the Suzy Lamplugh Trust' (evidence to parliamentary committee), UK Parliament, 5 June 2022; https://committees.parliament.uk/writtenevidence/109132/pdf/，檢索日期 4/03/2023.

38. 'BLOG: Stalking During Covid-19', Victims Commissioner, 28 July 2021; https://victimscommissioner.org.uk/news/blog-stalking-during-covid-19/，檢索日期 4/03/2023.

39. Catherine Lough, 'Six-Fold Increase to Incel Websites in Nine Months', *Independent*, 3/01/2022; https://www.independent.co.uk/news/uk/jake-davison-plymouth-lawcommission-ofcom-b1985878.html，檢索日期 4/03/2023.

40. Emily Tseng et al., 'The Tools and Tactics Used in Intimate Partner Surveillance'.

第七章

1. Mary Lewis, 'Frame Knitting', *Heritage Crafts: Red List of Endangered Crafts*, 24 May 2021; https://heritagecrafts.org.uk/frame-knitting/，檢索日期 6/03/2023.

2. Jessica Brain, 'The Luddites', Historic UK: The History and Heritage Accommodation Guide, 6 October 2018; https://www.historic-uk.com/

HistoryUK/HistoryofBritain/The-Luddites/，檢索日期 6/03/2023.

3. Tom De Castella, 'Are You a Luddite?', BBC.co.uk, 20 April 2012; https://www.bbc.co.uk/news/magazine-17770171，檢索日期 6/03/2023.

4. Thomas Pynchon, 'Is it O.K. to Be a Luddite?', *New York Times Book Review*, 28 October 1984, pp. 1, 40–1; http://www.pynchon.pomona.edu/uncollected/luddite.html，檢索日期 6/03/2023.

5. Marc Prensky, 'Digital Natives, Digital Immigrants, Part 1', *On the Horizon*, vol. 9, issue 5 (1 September 2001), pp. 1–6; http://dx.doi.org/10.1108/10748120110424816，檢索日期 7/03/2023.

6. Erikson and Erikson, *The Life Cycle Completed*.關於「生產對停滯階段」的簡單解釋，請參閱 Mcleod, 'Erik Erikson's 8 Stages of Psychosocial Development'.

7. Harold Ramis (director), *Groundhog Day* (Columbia Pictures, 1993).

8. Rachel Nuwer, 'Our Personalities are Most Stable in Mid-Life', *Smithsonian Magazine*, 14 August 2014; https://www.smithsonianmag.com/smart-news/ourpersonalities-are-most-stable-mid-life-180952352/，檢 索 日 期 7/03/2023.

9. Colleen McClain, Emily A. Vogels, Andrew Perrin, Stella Sechopoulos and Lee Rainie, 'The Internet and the Pandemic', Pew Research Center, 1 September 2021; https://www.pewresearch.org/internet/2021/09/01/the-internet-and-the-pandemic/，檢索日期 7/03/2023.

10. 'Covid-19 and the Digital Divide', UK Parliament, 17 December 2020; https://post.parliament.uk/covid-19-and-the-digital-divide/，檢 索 日 期 7/03/2023.

11. 要進行五大人格的心理測量評估，請造訪開源心理測量項目網站 https://openpsychometrics.org/tests/IPIP-BFFM，檢 索 日 期 18 August 2022. 關於 HEXACO, 請前往 http://hexaco.org，檢索日期 7/03/2023.

12. Maureen Tibbetts, Adam Epstein-Shuman, Matthew Leitao and Kostadin Kushlev, 'A Week During COVID-19: Online Social Interactions are Associated with Greater Connection and More Stress', *Computers in Human Behavior*, vol. 4 (August–December 2021); https://doi.org/10.1016/j.chbr.2021.100133，檢索日期 7/03/2023.

13. Ave Kotze, 'The Therapeutic Frame: An Illusion of the Past?', *The Psychologist*, 28/02/2023; https://www.bps.org.uk/psychologist/therapeutic-frame-illusion-past，檢索日期 7/03/2023.

14. L. C. Jiang, N. N. Bazarova and J. T. Hancock (2013), 'From Perception

to Behavior: Disclosure Reciprocity and the Intensification of Intimacy in Computer-mediated Communication', *Communication Research*, vol. 40, issue 1 (February 2013), pp. 125–43.

15. Elaine Kasket, 'The Digital Age Technologies Attitudes Scale (DATAS)'; https://tinyurl.com/58pnb753. Check https://www.elainekasket.com for updates and scoring.

16. David S. White and Alison Le Cornu, 'Visitors and Residents: A New Typology for Online Engagement', *First Monday*, vol. 16, no. 9 (5 September 2011); https://doi.org/10.5210/fm.v16i9.3171，檢索日期 7/03/2023.

17. J. L. Clark and M. C. Green, 'Self-fulfilling prophecies: Perceived reality of online interaction drives expected outcomes of online communication', *Personality and Individual Differences* (2017), advanced online publication; doi.org/10.1016/j.paid.2017.08.031.

18. David Scharff, 'The Data Are In: Telehealth is Here to Stay', *Psychology Today*, 10 November 2021; https://www.psychologytoday.com/gb/blog/psyc hoanalyticexploration/202111/the-data-are-in-telehealth-is-here-stay，檢索日期 7/03/2023.

19. Elaine Kasket, 'When Virtual Becomes Reality', *IAI News*, issue 87 (9 April 2020); https://iai.tv/articles/when-virtual-becomes-reality-auid-1402，檢索日期 7 March 2023.

20. Debra Rose Wilson (reviewer) and Louise Morales-Brown (author), 'What Does It Mean to be"Touch Starved"?', *Medical News Today*, 19/01/2021; https://www.medicalnewstoday.com/articles/touch-starved，檢索日期 7/03/2023.

21. Rosetta Thurman, 'Why We Love Social Media: Could Findings from a Study on Oxytocin be Applied to Social Media?', Stanford Social Innovation Review, 20 July 2010; https://ssir.org/articles/entry/why_we_love_social_media，檢索日期 7/03/2023.

22. Paul Zak, 'How Stories Change the Brain', *Greater Good Magazine*, 17 December 2013; https://greatergood.berkeley.edu/article/item/how_stories_change_brain，檢索日期 7/03/2023.

23. NCFE, 'Digital poverty: 3 Factors and How Society Can Tackle It', NCFE.org.uk; https://www.ncfe.org.uk/all-articles/digital-poverty-3-factors-and-how-society-can-tackleit/，檢索日期 7/03/2023.

24. 同上。

25. 'Poorest Twice as Likely to Feel Lonely in Lockdown Compared to the Richest', University of Manchester, 28 July 2021; https://www.manchester.ac.uk/discover/news/poorest-twice-as-likely-to-feel-lonely-in-lockdown/，檢索日期 7/03/2023.

26. Edmund Heery and Mike Noon, *A Dictionary of Human Resource Management*, 2nd edn (Oxford, Oxford University Press, 2008); doi.org/10.1093/acref/9780199298761.001.0001，檢索日期 6/03/2023. See summary at https://www.oxfordreference.com/display/10.1093/oi/authority.20110803100021241;jsessionid=AA35ACDCB4B4A61C5A0A844E566C3FF2，檢索日期 6/03/2023.

27. Alex De Ruyter and Martyn Brown, *The Gig Economy* (Newcastle-upon-Tyne, Agenda Publishing, 2019).

28. 'The Origins of"Side-Hustle": The Word Appears to Have Entered Our Language in the 1950s', Merriam-Webster/Words We're Watching, September 2022; https://www.merriam-webster.com/words-at-play/words-were-watching-side-hustle，檢索日期6 March2023. 顯然只有在過去的幾十年裡，「副業」才開始被用於「工作」這個意義，在歷史上大部分時間裡，它有更不光彩的含義，即「詐騙」。

29. Nikki Shaner-Bradford, 'What Do you Do? I'm a Podcaster-Vlogger-Model-DJ: *The Gig Economy* Has Given Us Multi-Hyphenates: People Who've Made a Lifestyle Out of Working More than One Job', The Outline.com, 25 November 2019; https://theoutline.com/post/8301/everyone-you-know-is-a-multi-hyphenate，檢索日期 6/03/2023.

30. FutureLearn, 'Global Report Suggest"Job for Life" a Thing of the Past', FutureLearn.com, 22 April 2021; https://www.futurelearn.com/info/press-releases/globalreport-suggests-job-for-life-a-thing-of-the-past，檢索日期 6/03/2023.

31. McKinsey Global Institute, 'The Future of Work After COVID-19', 18 February 2021; https://www.mckinsey.com/featured-insights/future-of-work/the-future-of-workafter-covid-19，檢索日期 6/03/2023.

32. Raj Raghunathan, *If You're So Smart, Why Aren't You Happy?*(New York, Penguin/Portfolio, 2016).

33. *Modern Times*, directed by Charlie Chaplin (United Artists, 1936).

34. Raghunathan, *If You're So Smart*.

35. David Blustein, 'The Great Resignation', Boston College, 10 April 2023; https://www.bc.edu/bc-web/bcnews/nation-world-society/education/q-a-the-

great-resignation.html，檢索日期 7/03/2023.

36. Dan Cable and Lynda Gratton, 'What's Driving the Great Resignation?', Think/London Business School, 13 June 2022; https://www.london.edu/think/whats-driving-thegreat-resignation，檢索日期 7 Mar 2023.

37. Joseph Fuller and William Kerr, 'The Great Resignation Didn't Start with the Pandemic', *Harvard Business Report*, 23/03/2022; https://hbr.org/2022/03/the-greatresignation-didnt-start-with-the-pandemic，檢索日期 7/03/2023.

38. 'What 52,000 People Think About Work Today: PwC's Global Workforce Hopes and Fears Survey 2022', PWC Global, 24/05/2022; https://www.pwc.com/gx/en/issues/workforce/hopes-and-fears-2022.html，檢索日期 7/03/2022.

39. 同上。

40. Nadia Reckmann, '4 Ways to Implement Peter Drucker's Theory of Management', Business News Daily, 21/02/2023; https://www.businessnewsdaily.com/10634-peterdrucker-management-theory.html，檢索日期 7/03/2023.

41. Sébastien Ricard, 'The Year of the Knowledge Worker', *Forbes*, 10 December 2020; https://www.*forbes*.com/sites/*forbes*techcouncil/2020/12/10/the-year-of-the-knowledgeworker/?sh=597b73907fbb，檢索日期 7/03/2023.

42. McKinsey & Company, 'Americans are embracing Flexible Work–and They Want More of It', McKinsey.com, 23 June 2022; https://www.mckinsey.com/industries/realestate/our-insights/americans-are-embracing-flexible-work-and-they-want-more-of-it，檢索日期 7/03/2023.

43. Reckmann, '4 Ways to Implement Peter Drucker's Theory of Management'.

44. Gabriella Swerling, 'Still Working from Home? You're Probably Middle-Aged and Wealthy', Telegraph, 23/05/2022; https://www.telegraph.co.uk/news/2022/05/23/stillworking-home-probably-middle-aged-wealthy/，檢索日期 7/03/2023.

45. Robbert van Eerd and Jean Guo, 'Jobs Will Be Very Different in Ten Years. Here's How to Prepare', World Economic Forum: Future of Work, 17/01/2020; https://www.weforum.org/agenda/2020/01/future-of-work/，檢索日期 7/03/2023.

46. 'Ford to Cut Nearly 4,000 Jobs in Europe, Including 1,300 in UK: US Carmaker Blames Losses on Rising Costs and Need to Switch to Electric

Vehicle Production', *Guardian*, 14/02/2023; https://www.theguardian.com/business/2023/feb/14/fordjobs-losses-cut-uk-europe，檢索日期 7/03/2023.

47. 'Hospice Chaplain Demographics and Statistics in the US', Zippia; https://www.zippia.com/hospice-chaplain-jobs/demographics/，檢索日期 7/03/2023.

48. Jodi Kantor and Arya Sundaram, 'The Rise of the Worker Productivity Score', *New York Times*, 14 August 2022; https://www.nytimes.com/interactive/2022/08/14/business/worker-productivity-tracking.html，檢索日期 7/03/2023.

49. 同上。

50. 同上。

51. 同上。

52. William Alexander, *Ten Tomatoes that Changed the World: A History* (New York, Little, Brown & Company, 2022).

53. Michael Barbaro (host), Rikki Novetsy, Michael Simon Johnson and Mooj Zadie (producers), 'The Rise of Workplace Surveillance', *The Daily* (podcast), 24 August 2022; https://www.nytimes.com/2022/08/24/podcasts/the-daily/workplace-surveillanceproductivity-tracking.html，檢索日期 7/03/2023.

54. Rose, Nikolas, *Governing the Soul: Shaping of the Private Self* (London, Free Association Publishing, 1999).

55. https://houseofbeautifulbusiness.com，檢索日期 7/03/2023.

56. Rose, *Governing the Soul*.

57. Douglas Belkin and Lindsay Ellis, 'Mouse Jigglers, Fake PowerPoints: Workers Foil Bosses' Surveillance Attempts: Companies that Track Employees' Productivity Run Up Against Their Inventive Workarounds', *The Wall Street Journal*, 11/01/2023; https://www.wsj.com/articles/employee-productivity-workers-avoid-monitoring-11673445411，檢索日期 7/03/2023.

58. Chase Thiel, Julena M. Bonner, John Bush, David Welsh and Niharika Garud, 'Monitoring Employees Makes Them More Likely to Break Rules', *Harvard Business Review*, 27 July 2022; https://hbr.org/2022/06/monitoring-employees-makes-them-more-likelyto-break-rules，檢索日期 7/03/2023.

59. 同上。

60. Kantor and Sundaram, 'The Rise of the Worker Productivity Score'.

61. 這句克里希那穆提的引言並非出自他的作品，而是由馬克·馮內果在《伊甸園快車：瘋狂回憶錄》（*The Eden Express: A Memoir of Insanity*, 1975）中引用的。它可能源自克里希那穆提的《生活評論》系列（*Commentaries on Living Series* 第三輯，1960）中的段落：「難道社會本身沒有助長個人的不健康嗎？……為什麼個人要調整自己去適應一個不健康的社會？」

62. 私人聯繫。

63. Emily Laurence, 'Virtual Reality Therapy: Everything You Need to Know', *Forbes Health*, 31/01/2023; https://www.*forbes*.com/health/mind/virtual-reality-therapy/，檢索日期 7/03/2023.

64. Stephen L. Carter, 'Can ChatGPT Write a Novel Better Than I Can?', *Washington Post*, 13/02/2023; https://www.washingtonpost.com/business/can-chatgpt-write-abetter-novel-than-i-can/2023/02/11/e7f3d0c4-aa0e-11ed-b2a3-edb05ee0e313_story.html，檢索日期 7/03/2023.

65. 匿名，私人聯繫，24/03/2023.

66. Laurie Clarke, 'When AI Can Make Art–What Does It Mean for Creativity?', *Guardian*, 12 November 2022; https://www.theguardian.com/technology/2022/nov/12/when-ai-can-make-art-what-does-it-mean-for-creativity-dall-e-midjourney，檢索日期 7 March 2023.

67. University and College Union, '"Hands Off" Online Lecture Recordings, UCU Tells Universities and Colleges', UCU.org.uk, 3 September 2021; https://www.ucu.org.uk/article/11746/Hands-off-online-lecture-recordings-union-tells-universities-and-colleges，檢索日期 7/03/2023.

68. Tamara Kneese, 'How a Dead Professor is Teaching a University Art History Class', *Slate: FutureTense*, 27/01/2021; https://slate.com/technology/2021/01/dead-professorteaching-online-class.html，檢索日期 7/03/2023.

69. Stephen Marche, 'The College Essay Is Dead: Nobody Is Prepared for How AI Will Transform Academia', *The Atlantic*, 6 December 2022; https://www.theatlantic.com/technology/archive/2022/12/chatgpt-ai-writing-college-student-essays/672371/，檢索日期 7/03/2023.

第八章

1. Statista Research Department, 'Average Cost of a 30-Second Super Bowl TV Commercial in the United States from 2002 to 2023', Statista.com, 10/02/2023; https://www.statista.com/statistics/217134/total-advertisement-

revenue-of-super-bowls/，檢索日期 3/03/2023.

2. Jordan Valinsky, 'Google's Super Bowl Ad: People Shed Tears for"Loretta"', CNN Business, 3/02/2020; https://edition.cnn.com/2020/02/03/business/google-superbowl-ad-loretta-trnd/index.html，檢索日期 3/03/2023.

3. Justin Byers, '112.3 Million People Watched Super Bowl LVI', FrontOfficeSports.com, 15/02/2022; https://frontofficesports.com/112-million-people-watched-superbowl-lvi/，檢索日期 3/03/2023.

4. Kayla Keegan, 'The Incredible True Story Behind Google's 2020 Super Bowl Commercial: "Loretta" Was One of the Most Powerful Ads of the Night', GoodHousekeeping.com, 3/02/2020; https://www.goodhousekeeping.com/life/entertainment/a30751020/super-bowl-google-commercial-ad-true-story/，檢索日期 3 March 2023.

5. Megan McCluskey and Rachel E. Greenspan, 'These Were the Best Super Bowl 2020 Commercials', Time.com, 2/02/2020; https://time.com/5772692/best-super-bowlcommercials-2020/，檢索日期 3/03/2023.

6. Lorraine Twohill, 'Google and the Super Bowl: Here to Help', Google: The Keyword, 28/01/2020; https://blog.google/products/assistant/google-super-bowl-here-to-help/，檢索日期 3/03/2023.

7. Joelle Renstrom, 'The Sinister Realities of Google's Tear-Jerking Super Bowl Commercial', Slate.com, 3/02/2020; https://slate.com/technology/2020/02/googleassistant-super-bowl-commercial-loretta.html，檢索日期 3/03/2023.

8. Erikson and Erikson, *The Life Cycle Completed*. 關於「自我整合對絕望階段」的簡單解釋，請參閱 Mcleod, 'Erik Erikson's 8 Stages of Psychosocial Development'.

9. 若需非專家的解釋，請參閱 Saul Mcleod, 'Freud's Id, Ego, and Superego: Definition and Examples', Simply Psychology, 20/02/2023; https://simplypsychology.org/psyche.html，檢索日期 3/03/2023.

10. Elaine Kasket, 'Memento Mori, Memento Vivere: Use an Exercise About Death to Help You Live a Better Life', Ascent Publication/Medium.com, 7 November 2019; https://medium.com/the-ascent/memento-mori-memento-viveri-8df26bd2aad8，檢索日期 3 March 2023.

11. 'Mom Computer Therapy' (comedy sketch), *Inside Amy Schumer* (television series), season 2, episode 7, Amy Schumer, Brooke Posch and Daniel Powell (executive producers), So Easy Productions/Irony Point/Jax Media (2014); https://www.youtube.com/watch?v=A6A331B1oq8，檢索日期 3/

316

03/2023.

12. Kelly Twohig, 'Why Marketers' Picture of Seniors is Getting Old', ThinkWithGoogle: Consumer Insights, July 2021; https://www. thinkwithgoogle.com/consumer-insights/consumer-trends/digital-seniors/，檢索日期 3/03/2023.

13. 'IT and Internet Industry', Office of National Statistics (data and analysis from Census 2021); https://www.ons.gov.uk/businessindustryandtrade/ itandinternetindustry，檢索日期 on 3/03/2023.

14. Data is still emerging, but see, for example, Andrew Sixsmith, Becky R. Horst, Dorina Simeonov and Alex Mihailidis, 'Older People's Use of Digital Technology During the COVID-19 Pandemic', *Bulletin of Science, Technology & Society*, vol. 42, issue 1–2 (21 April 2022); doi. org/10.1177/02704676221094731，檢索日期 3/03/2023.

15. Twohig, 'Why marketers' picture of seniors is getting old'.

16. 'Build a Helpful Home, One Device at a Time', Google Home, 2023; https://home.google.com/what-is-google-home/，檢索日期 3/03/2023.

17. Viktor Mayer-Schönberger, *Delete: The Virtue of Forgetting in the Digital Age* (Cambridge, MA, Princeton University Press, 2009).

18. 'Dementia', World Health Organization, 20 September 2022; https://www. who.int/news-room/fact-sheets/detail/dementia，檢索日期 3/03/2023.

19. Anne Wilson and Michael Ross, 'The Identity Function of Autobiographical Memory: Time is On Our Side', *Memory*, vol. 11, issue 2 (21 October 2010), pp. 137–49; doi.org/10.1080/741938210，檢索日期 3/03/2023.

20. Michael K. Scullin, Winston E. Jones, Richard Phenis, Samantha Beevers, Sabra Rosen, Kara Dinh, Andrew Kiselica, Francis J. Keefe and Jared F. Benge, 'Using Smartphone Technology to Improve Prospective Memory Functioning: A Randomized Controlled Trial', *Journal of the American Geriatrics Society*, vol. 70, issue 2 (February 2022), pp. 459–69; https://doi. org/10.1111/jgs.17551，檢索日期 3/03/2023.

21. Samantha A. Wilson, Paula Byrne, Sarah E. Rodgers and Michelle Maden, 'A Systematic Review of Smartphone and Tablet use by Older Adults With and Without Cognitive Impairment', *Innovation in Aging*, vol. 6, issue 2 (6/01/2022); doi.org/10.1093/geroni/igac002，檢索日期 3/03/2023.

22. Eidetic 是一款間隔重複學習的應用程式，幫助使用者記憶電話號碼、單詞和事實。https://www.eideticapp.com，檢索日期 3/03/2023.

23. Elevate 是一款使用遊戲來「保持敏銳、建立自信和提升生產力，為

你量身訂做的大腦訓練」的應用程式。https://elevateapp.com，檢索日期 3/03/2023.

24. 'Care Home Fees and Costs: How Much do You Pay?', Carehome.co.uk, April 2022; https://www.carehome.co.uk/advice/care-home-fees-and-costs-how-much-do-you-pay，檢索日期 3/03/2023.

25. Aline Ollevier, Gabriel Aguiar, Marco Palomino and Ingeborg Sylvia Simpelaere, 'How Can Technology Support Ageing in Place in Healthy Older Adults? A Systematic Review', *Public Health Reviews*, no. 41, article no. 26 (23 November 2020); https://doi.org/10.1186/s40985-020-00143-4.

26. Alessandra Talamo, Marco Camilli, Loredana di Lucchio and Stefano Venture, 'Information from the Past: How Elderly People Orchestrate Presences, Memories and Technologies at Home', *Universal Access in the Information Society*, no. 16 (August 2017), pp. 739–53; https://doi.org/10.1007/s10209-016-0508-6，檢索日期 3/03/2023.

27. Frida Ryman, Jetske Erisman and Léa Darvey, 'Health Effects of the Relocation of Patients With Dementia: A Scoping Review to Inform Medical and Policy Decision-Making', *The Gerontologist*, vol. 59, issue 6 (December 2019), pp. e674–e682; https://doi.org/10.1093/geront/gny031，檢索日期 3/03/2023.

28. Tori DeAngelis, 'Optimizing Tech for Older Adults', *Monitor on Psychology*, vol. 52, no. 5 (1 July 2021), p. 54; https://www.apa.org/monitor/2021/07/tech-older-adults，檢索日期 3/03/2023.

29. 'Lack of Sleep in Middle Age/05/Increase Dementia Risk', National Institute of Health; https://www.nih.gov/news-events/nih-research-matters/lack-sleep-middle-agemay-increase-dementia-risk，檢索日期 3/03/2023.

30. Eric Suni, 'Technology in the bedroom', Sleep Foundation, updated 15 December 2022; https://www.sleepfoundation.org/bedroom-environment/technology-in-thebedroom，檢索日期 3/03/2023.

31. Ann Fessler, *The Girls Who Went Away: The Hidden History of Women Who Surrendered Children for Adoption in the Decades Before Roe v Wade* (New York, Penguin Books, 2007).

32. Gregory Rodriguez, 'How Genealogy Became Almost as Popular as Porn', Time.com, 30/05/2014; https://time.com/133811/how-genealogy-became-almost-as-popular-asporn/，檢索日期 3/03/2023.

33. Antonio Regalado, 'More than 26 Million People Have Taken an At-Home Ancestry Test', MIT Technology Review, 11/02/2019; https://www.

technologyreview.com/2019/02/11/103446/more-than-26-million-people-have-taken-an-at-home-ancestrytest/，檢索日期 3/03/2023.

34. Heather Perlberg, 'Blackstone Reaches $4.7 Billion Deal to Buy Ancestry. com', Bloomberg.com, 5 August 2020; https://www.bloomberg.com/news/articles/2020-08-05/blackstone-said-to-reach-4-7-billion-deal-to-buy-ancestry-com?leadSource=uverify%20wall，檢索日期 3/03/2023.

35. Brody Ford and Emily Chang, 'Facebook Executive Deborah Liu Named CEO of Ancestry.com', Bloomberg UK, 3/02/2021; https://www.bloomberg.com/news/articles/2021-02-03/facebook-executive-deborah-liu-named-ceo-of-ancestrycom?leadSource=uverify%20wall，檢索日期 3/03/2023.

36. Diane Brady, 'Exclusive: Ancestry Expands DNA Testing to 54 New Markets', *Forbes*.com, 24 August 2022; https://www.*forbes*.com/sites/dianebrady/2022/08/24/exclusive-ancestry-expands-dna-testing-to-54-new-markets/?sh=5beffbc5c84c，檢索日期 3/03/2023.

37. 同上。

38. Jacob Sonenshine, 'Where to Find Stocks that Will Rise 10 Times', Barrons. com, 8 November 2022; https://www.barrons.com/articles/stocks-can-rise-tenfold-consumertech-51667862981，檢索日期 3/03/2023.

39. Dani Shapiro, *Inheritance: A Memoir of Genealogy, Paternity, and Love* (London, Daunt Books, 2014).

40. Jacqueline Mroz, 'A Mother Learns the Identity of Her Child's Grandmother. A Sperm Bank Threatens to Sue', *New York Times*, 16/02/2019; https://www.nytimes.com/2019/02/16/health/sperm-donation-dna-testing.html，檢索日期 3/03/2023.

41. 與喬迪・克魯格曼－拉布的私人聯繫, 29/03/2022.

42. https://righttoknow.us，檢索日期 3/03/2023.

43. Mroz, 'A Mother Learns the Identity of Her Child's Grandmother'.

44. 同上。

45. Andrew Stern, 'The Hidden Dangers of DNA Tests: Do the Benefits Outweigh the Risks?', NBC/Think Again, 1/03/2019; https://www.nbcnews.com/think/video/home-dna-testing-is-your-privacy-at-risk-of-a-data-breach-1450470467980，檢索日期 3/03/2023.

46. https://righttoknow.us，檢索日期 3/03/2023.

47. Roger J. R. Levesque, 'Decisional Privacy', in Roger Levesque, *Adolescence, Privacy, and the Law: A Developmental Science Perspective* (Oxford, Oxford University Press, 2016), pp. 16–55; https://doi.org/10.1093/acprof:o

so/9780190460792.003.0002，檢索日期 3/03/2023.

48. Kara Gavin, 'Older Adults Have High Interest in Genetic Testing–and Some Reservations', *Michigan Medicine*, 1 October 2018; https://www.michiganmedicine.org/health-lab/older-adults-have-high-interest-genetic-testing-and-some-reservations，檢索日期 3/03/2023.

49. 同上。

50. 同上。

51. Melissa Bailey, 'Genetic-testing Scan Targets Seniors and Rips off Medicare', NBCNews.com, 31 July 2019; https://www.nbcnews.com/health/aging/genetic-testingscam-targets-seniors-rips-medicare-n1037186，檢索日期 3/03/2023.

52. https://www.ancestry.com，檢索日期 3/03/2023.

53. Stern, 'The Hidden Dangers of DNA Tests'.

54. 與艾爾・吉達里的私人聯繫, 17/03/2021.

55. Alex Haley, *Roots* (New York, Vintage, 1994).

56. Alex Haley (writer/screenplay) and James Lee (screenplay), Marvin J. Chomsky, John Erman, David Greene and Gilbert Moses (directors), David L. Wolper (executive producer), *Roots: The Saga of an American Family* (TV miniseries), (Warner Bros. Television, 1977).

57. Sojourner Ahébée, 'For African Americans, DNA Tests Offer Some Answers Beyond the"Wall of Slavery"', Whyy.org, 21/05/2021; https://whyy.org/segments/tracingyour-ancestry-through-dna/，檢索日期 3/03/2023.

58. https://africanancestry.com/，檢索日期 3/03/2023.

59. Aaron Panofsky, 'Genetic Ancestry Testing Among White Nationalists: From Identity Repair to Citizen Science', *Social Studies of Science*, vol. 49, issue 5 (2 July 2019); https://doi.org/10.1177/0306312719861434，檢索日期 3/03/2023.

60. Brady, 'Exclusive: Ancestry Expands DNA Testing to 54 New Markets'.

61. Julia Creet (director, producer), *Data Mining the Deceased: Ancestry and the Business of Family* (2017); https://juliacreet.vhx.tv/products/data-mining-thedeceased-ancestry-the-business-of-family.

62. 'Baptism for the Dead', The Church of Jesus Christ of Latter-Day Saints, 2023; https://newsroom.churchofjesuschrist.org/article/baptism-for-the-dead，檢索日期 1 March 2023.

63. 與茱莉亞・克里特教授的私人聯繫, 20/03/2022.

64. https://www.legacytree.com/about，檢索日期 3/03/2023.

320

65. Paul Woodbury, 'Before It's Too Late: DNA Testing Older Relatives NOW', LegacyTree.com, 2017; https://www.legacytree.com/blog/dna-testing-older-relatives-now，檢索日期 3/03/2023.

66. https://www.juliacreet.com. 我與茱莉亞·克里特教授的談話發生在 20/03/2022.

67. Julia Creet, *The Genealogical Sublime* (Amherst, MA, The University of Massachusetts Press, 2020).

68. Sigmund Freud, *The Unconscious* (London, Penguin Classics, 2005).

69. Heather Perlberg, 'Blackstone Reaches$4.7 Billion Deal to Buy Ancestry. com', Bloomberg.com, 5 August 2020; https://www.bloomberg.com/news/articles/2020-08-05/blackstone-said-to-reach-4-7-billion-deal-to-buy-ancestry-com?leadSource=uverify%20wall，檢索日期 3/03/2023.

70. Gina Kolata and Heather Murphy, 'The Golden State Killer is Tracked Through a Thicket of DNA, and Experts Shudder', *New York Times*, 27 April 2018; https://www.nytimes.com/2018/04/27/health/dna-privacy-golden-state-killer-genealogy.html，檢索日期 3/03/2023.

71. Nila Bala, 'We're Entering a New Phase in Law Enforcement's Use of Consumer Genetic Data', Slate, 19 December 2019; https://slate.com/technology/2019/12/gedmatchverogen-genetic-genealogy-law-enforcement.html，檢索日期 3/03/2023.

72. Eric Rosenbaum, '5 Biggest Risks of Sharing Your DNA with Consumer Genetic-Testing Companies', CNBC Disruptor/50, 16 June 2018; https://www.cnbc.com/2018/06/16/5-biggest-risks-of-sharing-dna-with-consumer-genetic-testing-companies.html，檢索日期 3/03/2023.

73. Emily Mullin, 'Trump's DNA is Reportedly for Sale. Here's What Someone Could Do With It'[online article], OneZero/Medium.com, 14/02/2020; https://onezero.medium.com/trumps-dna-is-reportedly-for-sale-here-s-what-someone-could-do-with-ite4402a9062c2，檢索日期 3/03/2023.

74. 'The Davos Collection: Predictive Artifacts of the Global Elite', Auction Catalog, EARNE$T, 2019; https://static1.squarespace.com/static/5c7e298c65a707492acb5b96/t/624c88f7f2c1692f6a3f09b2/1649182972785/The_Davos_Collection_LR.pdf，檢索日期 3/03/2023.

75. 與艾爾·吉達里的私人聯繫 , 17/03/2021.

76. 同上。

77. 'Loneliness Research and Resources', AgeUK.org.uk, 8/02/2023; https://www.ageuk.org.uk/our-impact/policy-research/loneliness-research-and-

resources/，檢索日期 24 Mar 2023.

第九章

1. https://remars.amazonevents.com，檢索日期 2/03/2023.
2. https://remars.amazonevents.com/learn/keynotes/?trk=www.google.com，檢索日期 2/03/2023. 羅希‧普拉薩 2002 年 6 月 23 日的演講約於 43:30 開始。
3. See Elaine Kasket, *All the Ghosts in the Machine: The Digital Afterlife of Your Personal Data* (London, Robinson/Little Brown, 2020).
4. 範例請參閱 James Vincent, 'Amazon shows off Alexa Feature that Mimics the Voices of Your Dead Relatives: Hey Alexa, That's Weird as Hell', TheVerge.com, 23 June 2022; https://www.theverge.com/2022/6/23/23179748/amazon-alexa-feature-mimic-voicedead-relative-ai，檢索日期 1/03/2023.
5. 國際數據公司追蹤並預測全球儲存領域的情況，包括已安裝的儲存容量的大小、儲存的數據量以及每年的可用儲存量。請參閱 https://www.idc.com/getdoc.jsp?containerId=IDC_P38353，檢索日期 2/03/2023. 亦可見 Sydney Sawaya, 'Stored Data Doubling Every 4 Years, IDC Says', SDX, 13/05/2020; https://www.sdxcentral.com/articles/news/stored-data-doubling-every-4-years-idc-says/2020/05/，檢索日期 2 March 2023.
6. 'Climate change puts energy security at risk', World Meteorological Organization, 11 October 2022; https://public.wmo.int/en/media/press-release/climate-change-putsenergy-security-risk，檢索日期 2/03/2023.
7. Nicola Jones, 'How to stop data centres from gobbling up the world's electricity', Nature, 12 September 2018; https://www.nature.com/articles/d41586-018-06610-y，檢索日期 2/03/2023.
8. 'How Much Energy Do Data Centers Really Use?', Energy Innovation Policy & Technology LLP, 17/03/2020; https://energyinnovation.org/2020/03/17/how-muchenergy-do-data-centers-really-use/，檢索日期 2/03/2023.
9. Anna Castelnovo, Simone Cavallotti, Orsola Gambin and Armando D'Agostino, 'Post-bereavement hallucinatory experiences: A critical overview of population and clinical studies', *Journal of Affective Disorders*, 186 (1 November 2015), pp. 266–74; doi.org/10.1016/j.jad.2015.07.032; epub, 31 July 2015; PMID: 26254619. https://pubmed.ncbi.nlm.nih.gov/26254619/，檢索日期 2/03/2023.
10. Carl J. Öhman and David Watson, 'Are the Dead Taking Over Facebook?

A Big Data Approach to the Future of Death Online', *Big Data and Society* (23 April 2019); https://doi.org/10.1177/205395171984254, https://journals. sagepub.com/doi/full/10.1177/2053951719842540，檢索日期 2/03/2023.

11. 'Only 4 in 10 UK adults have a Will despite owning a property', Today's Wills and Probate, 13 August 2021; https://todayswillsandprobate.co.uk/ only-4-in-10-uk-adults-havea-will-despite-owning-a-property/，檢索日期 2/03/2023, and Rachel Lustbader, 'Caring.com's 2023 Wills Survey Finds that 1 in 4 Americans See a Greater Need for an Estate Plan Due to Inflation', Caring.com, 2023; https://www.caring.com/caregivers/estate-planning/wills-survey/，檢索日期 2/03/2023.

12. James Norris and Carla Sofka, 'The Digital Death Report 2018', Digital Legacy Association, 2018; https://digitallegacyassociation.org/wpcontent/ uploads/2019/11/Digital-Death-Survey-2018-The-Digital-Legacy-Association-1.pdf，檢索日期 2/03/2023.

13. Dave Lee, 'Twitter prepares for huge cull of inactive users', BBC.co.uk, 26 November 2019; https://www.bbc.co.uk/news/technology-50567751，檢索日期 2/03/2023.

14. Dave Lee, 'Twitter account deletions on"pause" after outcry', BBC.co.uk, 27 November 2019; https://www.bbc.co.uk/news/technology-50581287，檢索日期 2 March 2023.

15. 'Facebook Ruling: German Court Grants Parents Right to Dead Daughter's Account', BBC.co.uk, 12 July 2018; https://www.bbc.co.uk/news/world-europe-44804599，檢索日期 3/03/2023.

16. Rosa Marchitelli, 'Apple Blocks Widow from Honouring Husband's Dying Wish', CBC News, 19 October 2020; https://www.cbc.ca/news/business/ widow-apple-deniedlast-words-1.5761926，檢索日期 3/03/2023.

17. BBC, 'Facebook Removes Hollie Gazzard Photos with her Killer', BBC. co.uk, 11 November 2015; https://www.bbc.co.uk/news/uk-england-gloucestershire-34781905，檢索日期 3/03/2023.

18. See Kasket, *All the Ghosts in the Machine*, pp. 93–4.

19. Ben Stevens, 'Widow Wins Long Battle for iPhone Family Photos', *The Times*, 11/05/2019; https://www.thetimes.co.uk/article/widow-wins-long-battle-for-iphone-familyphotos-h7mv9bw7t，檢索日期 3/03/2023.

20. Norris and Sofka, 'The Digital Death Report 2018'.

21. 谷歌的非活躍帳戶管理器允許你在該平台內提名某人，在你確認死亡後該人可以取用你的谷歌帳戶。欲了解其運作方式的說明，請參閱

https://digitallegacyassociation.org/google-guide/，檢索日期 3/03/2023.

22. 關於管理臉書數位資產以及數位遺產的教學，請參閱 https://digitallegacyassociation.org/facebook-tutorial/，檢索日期 3 March 2023.

23. Lernert Engelberts and Sander Plug, 'I Love Alaska' (Netherlands, Submarine Channel, 2009). 這部紀錄片記錄了用戶 711391 從 2006 年美國線上搜索資料外洩中的搜索歷史。亦可見 Nat Anderson, '2006 AOL search Data Snafu Spawns"I Love Alaska" Short Films', ArsTechnica, 28/01/2009; https://arstechnica.com/information-technology/2009/01/aol-search-data-spawns-ilove-alaska-short-films/，檢索日期 3/03/2023.

24. 與艾爾・吉達里的個人聯繫, 15/01/2021. 關於他的資訊，可以在史丹佛法學院的網際網路與社會中心網站上找到; https://cyberlaw.stanford.edu/about/people/albert-gidari，檢索日期 3/03/2023.

25. Kasket, *All the Ghosts in the Machine*, pp. 102–8.

26. Charlie Brooker (writer) and Owen Harris (director), 'Be Right Back' (episode of *Black Mirror*), Channel 4, 11/02/2013.

27. Debra Bassett, 'Who Wants to Live Forever? Living, Dying and Grieving in Our Digital Society', *Social Sciences,* vol. 4, issue 4 (20 November 2015), pp. 1127–39; https://doi.org/10.3390/socsci4041127, available on https://www.mdpi.com/2076-0760/4/4/1127，檢索日期 3/03/2023.

28. Vanessa Nicolson, 'My Daughter's Death Made Me Do Something Terrible on Facebook', *Guardian*, 22 April 2017; https://www.theguardian.com/lifeandstyle/2017/apr/22/overcome-grief-daughter-death-died-message-boyfriend-facebook?，檢索日期 3/03/2023.

29. Dhruti Shah, 'Somebody Answered My Dead Brother's Number', BBC.co.uk, 10 October 2019; https://www.bbc.co.uk/news/world-us-canada-49941840，檢索日期 3/03/2023.

30. BBC, 'Kanye West Gives Kim Kardashian Birthday Hologram of Dead Father', BBC.co.uk, 30 October 2020; https://www.bbc.co.uk/news/entertainment-arts-54731382，檢索日期 3/03/2023.

31. Olivia Harrison, 'Wait, How Much Did Kim Kardashian West's Birthday Hologram Cost?', Refinery29.com, 31 October 2020; https://www.refinery29.com/en-gb/2020/10/10140853/kim-kardashian-dad-hologram-cost，檢索日期 3/03/2020. 亦可參閱 Heather Schwedel, 'How You Create a Robert Kardashian-Style Hologram–and How Much it Costs', Slate.com, 31 October 2020; https://slate.com/human-interest/2020/10/robert-kardasian-hologram-company-kim-kanye-cost.html，檢索日期 3/03/2023.

324

32. David Rowell, 'The Spectacular, Strange Rise of Music Holograms', *Washington Post*, 30 October 2019; https://www.washingtonpost.com/ magazine/2019/10/30/deadmusicians-are-taking-stage-again-hologram-form-is-this-kind-encore-we-really-want/，檢索日期 3/03/2023.

33. Lane Brown, 'We've Been Thinking About Holograms All Wrong: Forget Reanimating Dead Musicians. This Tech is for Living Performers Who Can't Stand Their Bandmates', *New York Magazine: Vulture*, 11 October 2022; https://www.vulture.com/2022/10/abba-voyage-london-holograms. html，檢索日期 3/03/2023.

34. Morgan Neville (director), Eileen Myers and Aaron Wickenden (editors), *Roadrunner: A Film About Anthony Bourdain*, CNN Films/HBO Max/ Tremolo Productions/Zero Point Zero (2021).

35. Helen Rosner, 'The Ethics of a Deepfake Anthony Bourdain Voice', *The New Yorker*, 17 July 2021; https://www.newyorker.com/culture/annals-of-gastronomy/the-ethics-of-adeepfake-anthony-bourdain-voice，檢索日期 3/ 03/2023.

36. Responding to an article published in *Variety,* Ottavia Busia tweeted on 16 July 2021; https://twitter.com/OttaviaBourdain/status/141588945500571648 5?lang=en，檢索日期 3/03/2023.

37. 安東尼‧波登以《波登闖異地》聞名，這是一個在 CNN 播出了 12 季的旅遊和美食節目。

38. 範例可參閱 Alex Marshall, 'Abba Returns to the Stage in London. Sort Of', *New York Times*, 27/05/2022; https://www.nytimes.com/2022/05/27/ arts/music/abbavoyage-london.html，檢索日期 3/03/2023.

39. Cathy Scott, 'Digital Domain Cashes In On"Hologram Tupac"', *Forbes*, 10 May 2012; https://www.*forbes*.com/sites/crime/2012/05/10/digital-domain-cashes-in-onhologram-tupac/?sh=603c4fb27d45m，檢索日期 3/03/2023.

40. See https://remars.amazonevents.com/learn/keynotes/?trk=www.google.com.

41. Descript 的賣點是「疊錄的超真實語音克隆。Descript 的疊錄讓你可以創建自己的文字轉語音模型，或從我們的超真實預設語音中選擇一種。」參閱 https://www.descript.com，檢索日期 3/03/2023.

42. Nilay Patel, Eleanor Donovan, Josh Barry, Chad Mumm, Mark Olsen, Max Heckman, John Warren and Chris Gross (executive producers), *The Future of Life After Death* (episode of *The Future of*), The Verge/21 Laps Entertainment/Vox Media Studios, Netflix, 28 June 2022.

43. 柯爾‧英佩里是一名死亡學家、作者及美國死亡學校的創始人。

https://coleimperi.com，檢索日期 3/03/2023.

44. Matthew Groh, Ziv Epstein, Chaz Firestone and Rosalind Picard, 'Deepfake Detection by Human Crowds, Machines, and Machine-Informed Crowds', *PNAS*, vol. 119, no. 1 (5/01/2022); https://doi.org/10.1073/pnas. 2110013119，檢索日期 3/03/2023.

45. 隨著時間的推移，我們無疑會看到許多引人注目的例子：已故之人被代言或被利用來為生者服務，並產生各種後果。例如，數位亡者死後被綁在鞭刑柱上，並因政治原因而遭受網路暴力。範例可見 Dan Levin, 'They Died from Covid. Then the Online Attacks Started', *New York Times*, 27 November 2021; https://www.nytimes.com/2021/11/27/style/anti-vaccine-deaths-social-media.html，檢索日期 3/03/2023.

46. Dalvin Brown, 'AI Chat Bots Can Bring You Back from the Dead, Sort Of', *Washington Post*, 4/02/2021; https://www.washingtonpost.com/technology/2021/02/04/chat-bots-reincarnation-dead/，檢索日期 3/03/2023.

47. 2021 年 1 月 22 日，提姆・歐布萊恩發推文：「無論如何，確認目前沒有這樣的計畫。但如果我有機會為《黑鏡》撰寫劇本，我知道該去美國專利商標局網站尋找故事靈感。」https://twitter.com/_TimOBrien/status/1352674749277630464?s=20，檢索日期 3/03/2023.

48. Jason Fagone, 'The Jessica Simulation: Loss and Loss in the Age of A.I.', *San Francisco Chronicle*, 23 July 2021; https://www.sfchronicle.com/projects/2021/jessicasimulation-artificial-intelligence，檢索日期 3/03/2023.

49. 十二月計畫的服務明確宣傳自己能夠模擬已故之人。https://projectdecember.net，檢索日期 3/03/2023.

50. Fagone, 'The Jessica Simulation'.

51. Storyfile 宣稱自己為「對話影片：會回答的影片。我們讓人工智慧感覺更加人性化」的服務。https://storyfile.com，檢索日期 3/03/2023.

52. Joacquin Victor Tacia, 'An"AI-Powered Hologram" Creepily Revives Dead Woman to Deliver A Speech at Her Funeral', TechTimes, 18 August 2022; https://www.techtimes.com/articles/279328/20220818/ai-ai-powered-hologram-creepily-revives-dead-womandeliver-speech-funeral.htm，檢索日期 3/03/2023.

53. 據報導威廉・夏特納加入 Storyfile 以「探索人工智慧的新邊界」。參閱 https://storyfile.com/william-shatner-joins-new-frontier-of-ai-at-90/，檢索日期 3 March.

54. Kim Jong-Woo (director), Meeting You (MBC America, 2020). See Lee Gyu-Lee,"Meeting You" Creator on His Controversial Show: "I Hope it Opens Up

Dialogue'", *The Korea Times*, 5 April 2020; https://www.koreatimes.co.kr/www/art/2020/04/688_287372.html，檢索日期 3/03/2023.

55. 人對於他人的悲慟經常會有反應和評判，包括（也許尤其是）涉及科技的悲慟和哀悼。有一點很重要需要注意：沒有一種單一的悲慟過程，事實上，數位環境在某些方面重新引發了階段論和規範性的悲慟，這是對人沒有幫助的概念。參閱 Morna O'Connor and Elaine Kasket, 'What Grief Isn't: Dead Grief Concepts and their Digital-Age Revival', in T. Machin, C. Brownlow, A. Abel and J. Gilmour (eds), *Social Media and Technology Across the Life Span (Palgrave Studies in Cyberpsychology)*, (Cham, Switzerland, Palgrave Pivot, 2022), pp. 115–30.

56. Edwina Harbinja, Lilian Edwards and Marisa McVey, 'Governing Ghostbots', *Computer Law & Security Review*, vol. 48 (April 2023); https://doi.org/10.1016/j.clsr.2023.105791，檢索日期 3/03/2023.

57. Michael Hvid Jacobsen (ed.), *The Age of Spectacular Death* (London, Routledge, 2020).

58. 在寫作之際，約翰・特洛爾任職於巴斯大學的死亡與社會中心，他的 TEDx 演講可造訪 https://www.youtube.com/watch?v=UjIrVfqKWLQ，檢索日期 2/03/2023.

59. Patrick Stokes, *Digital Souls: A Philosophy of Online Death* (London, Bloomsbury Publishing, 2021).

結語

1. 這是《平靜禱詞》的變體，該禱詞由美國神學家萊因霍爾德・尼布爾在 1943 年寫成。

2. Stephen Covey, *The Seven Habits of Highly Effective People: Powerful Lessons in Personal Change* (reissue edn) (London, Simon & Schuster, 2013).

3. 欲獲取價值觀練習合集的連結，請參閱。Elaine Kasket, 'Goals, Values, and Technology' (*This is Your Life on Tech* podcast episode); https://lifeontech.substack.com/p/goals-values-and-technology-ea7 (23/01/2023)，檢索日期 8/03/2023.

4. Jenny Odell, *How to do Nothing: Resisting the Attention Economy* (London, Melville House Publishing, 2021).

5. John Tierney and Roy F. Baumeister, *The Power of Bad: How the Negativity Effect Rules Us and How We Can Rule It* (New York: Penguin, 2019).

6. Martin Heidegger, *Being and Time* (New York, HarperCollins, 2008).

索引

人物

4-5 畫

丹尼斯・迪奇　Dennis Dickey　23

丹妮・夏皮洛　Dani Shapiro　223, 228

丹妮爾・特舒爾　Danielle Teuscher　223-224

厄文・高夫曼　Erving Goffman　132-133, 151-152

尤金・扎拉邵　Eugene Zarashaw　102

卡爾・榮格　Carl Jung　129

卡蘿・安・諾博　Carol Anne Noble　247

史都華・里奇　Stuart Ritchie　146-147

史蒂芬・柯維　Stephen Covey　264

尼可拉斯・羅斯　Nikolas Rose　102, 202, 250, 276

尼克・蓋瑟　Nick Gazzard　248

尼德・盧德　Ned Ludd　182, 184, 189, 199, 208, 213, 268, 280

弗朗西斯・豪根　Frances Haugen　142-143, 146-147

弗朗索瓦－馬克・葛尼翁　François-Marc Gagnon　207

弗雷澤・桑普森　Fraser Sampson　109

6-10 畫

吉拉德・羅斯納　Gilad Rosner　102, 276

安東尼・波登　Antony Bourdain　255

托馬斯・品欽　Thomas Pynchon　182

朴贊郁　Alex Park Chan － wook　68

艾力克斯・哈利　Haley　58, 228

艾米莉亞・泰特　Amelia Tait　68

艾里克・艾瑞克森　Erik Erikson　3, 5-6, 7-8, 13, 17-19, 21, 25, 46, 48, 61, 64, 69, 71, 96, 123, 130, 132, 151, 160, 183, 194, 202, 211, 234, 240, 272, 279-280

艾迪娜・哈賓雅　Edina Harbinja　260, 276

艾爾・吉達里　Al Gidari　228, 233, 251-252

佛洛伊德　Sigmund Freud　17, 34, 59, 129, 187, 211, 230

佛格　B. J. Fogg　82

肖莎娜・祖博夫　Shoshana Zuboff　87

貝琳達・溫德　Belinda Winder　86, 276

亞倫・安蘇尼　Aaron Ansuini　207

尚・皮亞傑　Jean Piaget　63

彼得・威爾　Peter Weir　68, 177, 277-278

彼得・杜拉克　Peter Drucker　197-198

彼得・富西　Pete Fussey　118, 120, 137, 276

肯伊・威斯特　Kanye West　254

金・卡戴珊　Kim Kardashian　254

阿拉斯泰爾・麥吉本　Alastair MacGibbon　86

保羅・扎克　Paul Zak　192

哈利・哈洛　Harry Harlow　58-60, 65

威廉・夏特納　William Shatner　258

威廉・吉布森　William Gibson　155

洛琳・圖希爾　Lorraine Twohill　210

派翠克・史托客　Patrick Stokes　155

珍妮・奧德爾　Jenny Odell　268

珍娜・卡弗尼迪斯　Jenna Karvunidis　24, 27-29, 276

約翰・鮑比　John Bowlby　59, 65

班傑明・史波克　Dr Benjamin Spock　47, 65

索尼雅・李文斯頓　Sonia Livingstone　25

索菲亞・強森　Sophia Johnson　35-36

茱莉・加倫　Julie Garlen　116

茱莉亞・克里特　Julia Creet　229-230, 276

馬丁・塞利格曼　Martin Seligman　82

馬丁・海德格　Martin Heidegger　270-271

馬克・祖克柏　Mark Zuckerberg　74-75, 80, 141-142, 148

馬克・普倫斯基　Marc Prensky　182-183, 188, 190, 197

11-15 畫

張智星　Jang and Nayeon Ji-Sung　259

莎士比亞　William Shakespeare　150, 152

莎曼莎‧霍夫曼　Samantha Hoffman　109

麥可‧羅森菲德　Michael Rosenfeld　162

麥克‧威許　Michael Wesch　108

麥克‧艾靈頓　Michael Arrington　73-75

傑洛米‧邊沁　Jeremy Bentham　136-137

凱文‧朗迪　Kevin Roundy　177

凱西‧紐頓　Casey Newton　147

喬迪‧克魯格曼－拉布　Jodi Klugman-Rabb　223-224, 276

喬埃爾‧倫斯特羅姆　Joelle Renstrom　211

斯坦利‧霍爾　G. Stanley Hall　129-130

普莉緹‧梅蘭妮　Preeti Malani　226

塔瑪‧利佛　Tama Leaver　24, 34, 51, 276

奧塔薇亞‧布西亞　Ottavia Busia　255

愛米‧奧本　Amy Orben　143-144, 146, 150, 154

愛德華‧史諾登　Edward Snowden　41

愛德華‧特羅尼克　Edward Tronick　61-62

溫尼考特　D. W. Winnicott　33, 47, 62

瑞秋‧湯普森　Rachel Thompson　248, 275

葛妮斯‧派特洛　Gwyneth Paltrow　77

裘迪‧坎托　Jodi Kantor　201

詹姆斯‧威廉姆斯　James Williams　82

賈姬‧波爾　Jachie Pohl　113

路西安諾‧弗洛里迪　Luciano Floridi　154

路易斯‧郭德堡　Lewis Goldberg　185

歌德　Johann Wolfgang von Goethe　129

瑪利亞‧蒙特梭利　Maria Montessori　63

瑪麗‧艾因斯沃斯　Mary Ainsworth　60

瑪麗娜‧史密斯　Marina Smith　258

維多利亞‧納許　Victoria Nash　50, 276

赫伯特‧史賓塞　Herbert Spencer　133

劉黛比　Deb Liu　222

摩根‧內維爾　Morgan Neville　255

潘妮洛普‧李奇　Penelope Leach　48

16-20 畫

黛博拉‧盧普頓　Deborah Lupton　41-42

羅伯特‧朱利安－博查克‧威廉斯　Robert Julian-Borchak Williams　119

羅希‧普拉薩　Rohit Prasad　237-240, 255

蘇西‧蘭普　Suzy Lamplugh　172, 175, 177

作品與文獻

《Slate》　*The Slate*　211

《一切的未來》　*Future of Everything*　256

《亡者的資料探勘》　*Data Mining the Deceased*　229

《今日心理學》　*Psychology Today*　191

《少年維特的煩惱》　*Sorrows of Young Werther*　129

《日常生活中的自我呈現》　*The Presentation of Self in Everyday Life*　132

《再想一次》　*Think Again TV programme*　227

〈在生活宣言〉　Onlife Manifesto　154

《好管家》　*Good Housekeeping*　210

《如何「無所事事」：一種對注意力經濟的抵抗》　*How to Do Nothing:
Resisting the Attention Economy*　268

《我的英雄學院》　*My Hero Academia*　127

《我愛阿拉斯加》　*I Love Alaska*　250

《每日》　*The Daily podcast*　201

《每日電訊報》　*Telegraph*　198

《系譜的崇高》　*The Genealogical Sublime*　230

《波登人生不設限》　*Roadrunner film* (2021)　255

《哈佛商業評論》　*Harvard Business Review*　203

《星艦奇航記》　*Star Trek*　258

《旅程》　*Voyage*　255

《時代》　*Time*　210

《根：一個美國家庭的傳奇》　*Roots: The Saga of an American Family*　228

《紐約客》　*The New Yorker*　255

《紐約時報》　*New York Times*　72, 84, 120, 200, 204, 277

《華盛頓郵報》　*Washington Post*　121

《華爾街日報》　*Wall Street Journal*　141

《週刊報導》　*Week*　52

《黑鏡》　*Black Mirror*　252

《新科學家》 *New Scientist*   182
《楚門的世界》 *Truman Show film* (1998)   68-69
《與成功有約》 *The Seven Habits of Highly Effective People*   264
《衛報》 *Guardian*   28, 113, 150
《臉書文件》 *Facebook Files podcast*   141-142
《舊金山紀事報》 *San Francisco Chronicle*   257

科技與網站

1-5 畫

23andMe   219-221, 223
Alexa   238-239, 255, 260
Bark   100-102
ChatGPT   206-207, 208
ClassDojo   110-116, 123
Descript   256
DNA 測試　DNA tests   221-224, 226-228, 232-233
Flip Video   68
Google Classroom   110-111
Google Home   213
Google Play   174
Instagram   33-34, 36-37, 39, 41, 74-75, 79, 84, 131, 135, 139-143, 145-147,
　　150, 153, 161, 192, 243, 245, 267, 270
iPhone   68, 159
Life360   98, 101, 107
Meta   75, 142, 148
Qustodio   100
TikTok   150, 153
UnHerd   146
WhatsApp   99, 139-140, 142, 150, 155, 158-159
YouTube   26, 68, 99, 131, 243
Zoom   155, 190, 192, 265
人工智慧　artificial intelligence (AI)   20, 49, 88, 109, 112, 194, 198, 206-
　　207, 235, 237-239, 255-257, 260
十二月計畫　Project December   257-258
小貓頭鷹智慧襪　Owlet Smart Sock   46, 48, 65

6-10 畫

全球定位系統追蹤　GPS tracking　105, 176
安卓　Android　98, 174
亞斯楚（人工智慧機器人）　Astro AI robot　237-238, 258, 260
故事檔案　StoryFile　258
約會應用程式　dating apps　162-163
哭聲翻譯機　Cry Translator app　49

11-15 畫

推特　Twitter　28, 146, 150, 190, 192, 244, 255, 257, 267
教育科技　EdTech　109-112, 114, 118, 123
聊天機器人　chatbots　192, 203, 206-207, 257-258, 260-261
通用人工智慧　artificial general intelligence (AGI)　206
閉路電視攝影機　CCTV cameras　120
智慧型手機　smartphones　26, 49-50, 57, 62, 64, 68, 71, 96, 98-99, 139,
　　165, 214-215
智慧型嬰兒床　smart cribs　49
智慧餵食奶瓶　smart feeding bottles　49
雲端儲存　cloud storage　168, 244
酷柏人工智慧寶寶好眠組　Cubo AI Sleep Safety Bundle　49

16-20 畫

嬰兒科技　baby-tech　46, 48, 50, 56-57, 60, 65
臉書　Facebook　30-31, 32-33, 36-37, 41, 50, 71-72, 74-77, 79-80, 85, 87,
　　90, 102, 141-143, 145-147, 222, 227, 232, 243-244, 247-248, 250, 252-253
臉部辨識　facial recognition technology　36, 119-120, 121, 137

心理學名詞

4-5 畫

五大性格　'Big Five' personality traits　185
主動性對內疚感　Initiative vs Guilt　71, 279-280
正念技巧　mindfulness skills　267
生產對停滯　Generativity vs Stagnation　19, 183, 202, 279-280

6-10 畫

安全依附　secure attachment style　59-60, 70, 169, 172
依附類別　attachment styles　60
早期適應不良基模　early maladaptive schemas (EMS)　70, 104
自主獨立與羞愧懷疑　Autonomy vs Shame and Doubt　69
自我概念統合　self-concept unity　149
自我整合對絕望　Ego Integrity vs Despair　279-280
自信對不安　Confidence vs Insecurity　123, 280
免費基礎　'Free Basics'　142
身分認同對角色混淆　Identity vs Role Confusion　17, 130, 280
依附風格　attachment styles　180
性別認同　gender identity　29, 31, 116
治療框架　'therapeutic frame'　187
信任對不信任　Trust vs Mistrust　17, 279-280
紊亂型依附　disorganised attachment style　170
能動性對無力感　Agency vs Powerlessness　73, 280
逃避型依附　avoidant attachment style　170, 180

11-15 畫

統合對分裂　Harmonisation vs Compartmentalisation　280
習得的無助感　'learned helplessness'　82, 102
連貫對抗碎片化　Coherence vs Fragmentation　212
連結對孤立　Connection vs Isolation　280
創傷後壓力症候群　post-traumatic stress disorder (PTSD)　127, 172-173
普羅透斯效應　Proteus effect　149
無機恐懼症　nomophobia　57
焦慮型依附　anxious attachment　170, 180
進退有據對界線模糊　Boundary Clarity vs Boundary Uncertainty　161, 179
勤勉對自卑　Industry vs Inferiority　96, 122-123, 279-280
碎片化假說　fragmentation hypothesis　148-149
認同發展　identity development　21, 27, 149
認同感　sense of identity　70, 136, 151, 234

16-20 畫

擁抱對抗拒　Embracing vs Resistance　280

親密對孤獨　Intimacy vs Isolation　279-280

其他

1-5 畫

TechCrunch　73, 147

Z 世代　Generation Z　161, 177, 179, 279

千禧世代　Millennials　177, 279

大辭職潮　Great Resignation　205

中年危機　midlife crises　17, 183-184, 194

中國式社會信用系統　'social credit' system　109-110, 112, 114, 118, 123

心靈白板　tabula rasa　33

失智症　dementia　214, 216-217

白人民族主義　white nationalism　228

6-10 畫

在生活　'onlife'　154-155

行為期貨市場　'behavioural futures markets'　87

即時臉部辨識　live facial recognition (LFR)　137

妝點我的超音波　'Pimp My Ultrasound'　35

狂飆突進　Sturm und Drang　129-130

私人資訊濫用　Misuse of Private Information (MOPI)　84

貝塔世代　Generation Beta　57, 65, 91, 123, 279

身分盜竊　identity theft　86

性別揭曉派對　'gender-reveal' parties　6, 24, 26-27, 30

知情權　Right to Know　223-224

知識工作者　'knowledge workers'　197-198

社交媒體　social media　23, 25, 27, 31-32, 34-36, 38-40, 43, 68, 70-73, 75, 77-78, 79-81, 84, 86-87, 90-92, 99, 126-127, 129, 133-134, 136-143, 145, 148-150, 152-155, 243-244, 251, 253, 257, 260, 265, 271, 273, 280

阿法世代　Alpha Generation　48, 57, 68, 70-71, 89, 91, 97, 104, 106, 122-123, 125, 128, 154, 161, 179, 279

非自願單身　incel　178

非洲祖源 DNA　African Ancestry DNA　228

保護免受騷擾法案　Protection from Harassment Act　177

聯邦醫療保險　Medicare　227

陌生情境實驗 'Strange Situation' experiments 60
面無表情實驗 'Still Face Experiment' 61
記憶輔助 memory assistance 214

11-15 畫

假冒個人檔案詐騙 profile-cloning scammers 253
基因系譜學 genetic genealogy 228-229
常識隱私計畫 Common Sense Privacy Program 102, 111
給虛擬陌生人的悼詞 'Eulogy for a Virtual Stranger' 245
催產素 oxytocin 59, 192
準社交關係 parasocial relationships 88
照顧者敏感度假說 Caregiver Sensitivity Hypothesis 60
督察所 'Inspection House' 136
資料監控 'dataveillance' 41-42, 55
資料隱私日 Data Privacy Day 75, 80, 97
零工經濟 gig economy 194
監控資本家 'surveillance capitalists' 38, 87
維特效應 'Werther effect' 129
價值條件 'conditions of worth' 70
數位時代科技態度量表 Digital Age Technologies Attitude Scale (DATAS) 188-189
數位貧困 digital poverty 193

16-20 畫

盧德派份子 Luddites 268, 280
遺產聯絡人 Legacy Contacts 248
賽博格胎兒 cyborg foetus 36, 280

REBOOT: Reclaiming Your Life in a Tech-Obsessed World
Copyright © 2023 by Elaine Kasket.
Published by arrangement with Hardman & Swainson, through The Grayhawk Agency.
Traditional Chinese edition copyright © 2024 Owl Publishing House, a division of Cité Publishing LTD
ALL RIGHTS RESERVED.

數位自我：從出生到登出人生，科技如何影響人格發展？

作　　者　艾蓮‧卡斯凱特（Elaine Kasket）
譯　　者　白舜羽
選 書 人　王正緯
責任編輯　王正緯
校　　對　童霈文
版面構成　張靜怡
封面設計　兒日
行銷總監　張瑞芳
行銷主任　段人涵
版權主任　李季鴻
總 編 輯　謝宜英
出 版 者　貓頭鷹出版 OWL PUBLISHING HOUSE

事業群總經理　謝至平
發 行 人　何飛鵬
發　　行　英屬蓋曼群島商家庭傳媒股份有限公司城邦分公司
　　　　　115 台北市南港區昆陽街 16 號 8 樓
　　　　　劃撥帳號：19863813 ／戶名：書虫股份有限公司
城邦讀書花園：www.cite.com.tw ／購書服務信箱：service@readingclub.com.tw
購書服務專線：02-2500-7718~9（週一至週五 09:30-12:30；13:30-18:00）
24 小時傳真專線：02-2500-1990~1
香港發行所　城邦（香港）出版集團／電話：852-2508-6231 ／ hkcite@biznetvigator.com
馬新發行所　城邦（馬新）出版集團／電話：603-9056-3833 ／傳真：603-9057-6622
印 製 廠　中原造像股份有限公司
初　　版　2024 年 9 月
定　　價　新台幣 510 元／港幣 170 元（紙本書）
　　　　　新台幣 357 元（電子書）
I S B N　978-986-262-709-9（紙本平裝）／ 978-986-262-706-8（電子書 EPUB）

讀者意見信箱　owl@cph.com.tw
投稿信箱　owl.book@gmail.com
貓頭鷹臉書　facebook.com/owlpublishing

【大量採購，請洽專線】(02) 2500-1919

城邦讀書花園
www.cite.com.tw

國家圖書館出版品預行編目資料

數位自我：從出生到登出人生，科技如何影響人格
發展？／艾蓮‧卡斯凱特（Elaine Kasket）著；白
舜羽譯 .-- 初版 .-- 臺北市：貓頭鷹出版：英屬蓋
曼群島商家庭傳媒股份有限公司城邦分公司發行，
2024.09
　面；　公分 .
譯自：Reboot: reclaiming your life in a tech-obsessed
world.
ISBN 978-986-262-709-9（平裝）

1. CST：資訊社會　2. CST：人類行為
3. CST：社會心理學

541.75　　　　　　　　　　　　　113011596

本書採用品質穩定的紙張與無毒環保油墨印刷，以利讀者閱讀與典藏。